禮儀

国别礼仪金说

◎金正昆 著

世界知识出版社

本书涉及的48国国徽和国旗

亚洲

阿富汗

巴基斯坦

朝鲜

菲律宾

哈萨克斯坦

韩国

吉尔吉斯斯坦

老挝

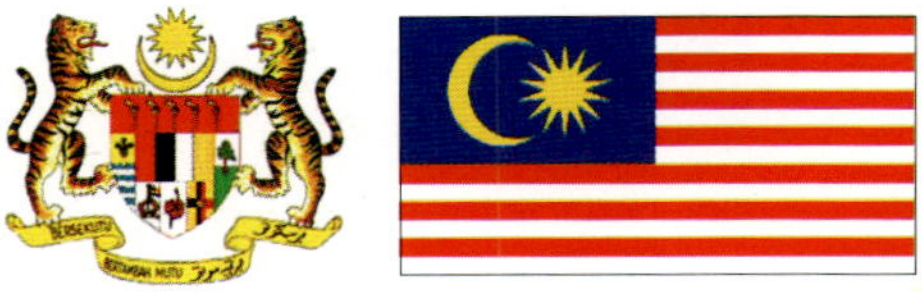

马来西亚　　缅甸

蒙古　　尼泊尔

日本　　沙特阿拉伯

塔吉克斯坦　　泰国

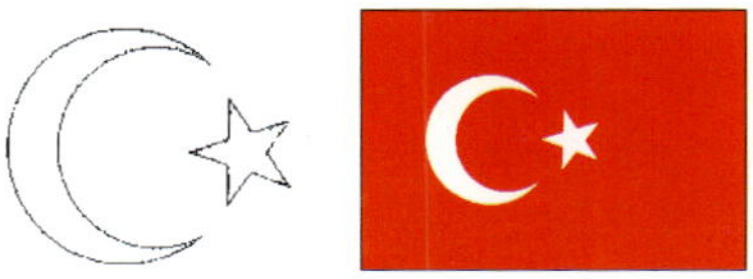

土耳其　　新加坡

伊朗

以色列

印度

印度尼西亚

越南

非洲

阿尔及利亚

埃及

南非

尼日利亚

坦桑尼亚

美洲

阿根廷

巴西

加拿大

美国

墨西哥

欧洲

比利时

德国

俄罗斯

法国

荷兰

罗马尼亚

瑞典

瑞士

西班牙

希腊

匈牙利

意大利

英国

大洋洲

澳大利亚

新西兰

序

中国素有“礼仪之邦”的美誉。早在3000多年前的殷周时期，周公就制礼作乐，此后经孔孟等丰富和完善，礼乐文明就成为了中华儒家文明的核心。汉以后，《仪礼》、《周礼》等礼乐文化的经典被先后列为古代文人必读之书。

何谓“礼仪”？孔子曰：“礼者，天地之序也。”“夫礼，先王以承天之道，以治人之情。”荀子说“礼者，养也。”简单地说，礼是基于对人情本身的了解，是一种伦理道德的要求。孔子曾警告儿子孔鲤说：“不学礼，无以立。”意思是说，人如果不学礼的话，是没有办法在社会上立足的。仪呢，荀子说“仪者，规也”。仪，就是规范。

中国是礼仪之邦，外国呢？其实，它们也不是什么蛮荒之地。各国都有不同风格的礼仪习俗。中国清王朝将各国视为文明“未开化”的戎、狄、蛮、夷，实在是由于这个老大帝国固步自封、囿于自己一块“小天地”的“世界观”而已。

古人有云：“仓廪实而知礼节，衣食足而后知荣辱。”随着我国改革开放的进一步加速，特别是走入新世纪之后，中国加入了WTO，正式成为了国际大家庭中的一员，与世界的联系日趋紧密。中国的国际交往愈发活跃，国人走出国门的人数也成倍增长。在国际交往中，无论是在国内接待外国友人，还是走向世界各地，我们除了要展现中国“文明礼仪之邦”的风范之外，还要遵守、尊重对方的风俗习惯与礼仪，这些都是最起码、最基本的要求。应该说，在匆匆走向世界的脚步声中，人民大学的金正昆教授适时推出的《国别礼仪金说》，为我们驻足回望世界各国礼仪文明成果，学做一个文明的国际人，提供了通俗的礼仪宝典。

本书从亚洲、非洲、美洲、欧洲和大洋洲共选取了48个具有典型性的国家，从礼仪的研究和操作的角度出发，对这些国家的基本概况、国家标志、社交礼仪、服饰礼仪、餐饮礼仪和习俗禁忌等进行了全面系统的梳理。它是金教授在长期的教学实践中宝贵经验的总结，资料丰富翔实，具有知识性、权威性。

不了解就不无所谓遵守与尊重。世界各国、各地区、各民族花样繁多的各种礼俗与当地的历史、文化、宗教传统密不可分，因此，本书不是泛泛地介绍几条干巴巴的礼仪规范，而是将与之相关的历史、地理、文化、民族、宗教、语言的知识融入其中。作者试图通过某个国家的礼仪和习俗勾勒出这个国家的整体风貌。从这个角度来说，本书就是各国的礼仪指南。它不仅涵盖了各国丰富的文化内涵，而且书中充盈着绚烂的人文色彩，闪耀着异域文化的神秘魅力，将本书看作是一本独具特色的人文旅游类图书并不为过。它对于从事外事工作、热衷出国旅游或想要了解外国风俗的读者来说，都是一本不容错过的经典读本。

当前，2008年北京奥运会在即，离2010年世博会召开不远，中国人学习礼仪、掌握礼仪、运用礼仪的积极性在普遍高涨。我相信，作为知名的礼仪与公共关系专家，金教授的这本《国别礼仪金说》，必将赢得同行的肯定与国人的欢迎。

是为序。

沈国放

2008年6月

前　言

在涉外交往中，有必要了解各国礼仪习俗，不然就会使“入乡随俗”、“客随主便”、“相互尊重”成为空谈。有鉴于此，特意撰写国别礼仪，以供学习和参考。本书里，被介绍的国家一共有48个。它们有的是我国的友好国家，有的是我国的重要贸易伙伴，有的是我国的周边国家，有的则在国际性、地区性事务中发挥着一定的影响。

对这48个国家的礼仪习俗的介绍，均各自分作基本概况、社交礼仪、服饰礼仪、餐饮礼仪、习俗禁忌等五个部分。之所以进行如此划分，主要是为了方便读者对这些国家的礼仪习俗能有一个较为全面的认识，并且有助于与这些国家的人员进行各种交往。

由于国际交往中各个国家之间的相互影响，以及宗教、民族、语言、文化和历史诸方面的原因，在所介绍的48个国家的礼仪习俗之中，往往会有一些大同小异之处，甚至还有极个别的完全雷同的地方，为了使介绍求全、求准，故不避此类“似曾相似”的情节。

在48个国家的顺序上，为系统起见，特分作五章，按亚洲、非洲、美洲、欧洲、大洋洲这一约定俗成的排列方法进行排列。而在各章之中排列具体国家的顺序时，则采取了按其各自国名的汉语拼音字母的先后顺序为序的方法。

目录

CONTENTS

第一章 亚洲国家礼俗

第二章 非洲国家礼俗

第三章 美洲国家礼俗

第四章 欧洲国家礼俗

第一章　亚洲国家礼俗

亚州的全称是亚细亚洲。“亚细亚洲”一词来源于古代西亚等地古人的闪米特语，意思是指东方日出的地方。其英文名为Asia。相传这个名称是由古代腓尼基人所起。频繁的海上活动，要求腓尼基人必须确定方位。所以，他们把爱琴海以东的地区泛称为“Asu”，意即“日出地”；而把爱琴海以西的地方则泛称为“Ereb”，意为“日没地”。Asia一词是由腓尼基语Asu演化来的，其所指的地域是不很明确的，范围是有限的。到公元前一世纪Asia已成为罗马帝国的一个行政省的名称，以后才逐渐扩大，包括现今整个亚洲地区，成为一个世界最大洲的洲名。

亚洲位于东半球的东北部，东濒太平洋，南临印度洋，北滨北冰洋，西达大西洋的属海地中海和黑海。亚洲面积为4400万平方公里，占世界陆地总面积的29.4%，是世界面积最大的一个洲，也是世界跨纬度最广的一个洲。亚洲地形以山地、高原为主，约占全洲面积的四分之三。平均海拔近1000米，地形起伏很大。地势中部高，四周低。亚洲是世界上大江大河汇集最多的大陆，拥有世界最高峰珠穆朗玛峰和最低的洼地死海。

亚洲的总人口约为36亿多，占世界总人口的60%，是世界人口最多的一个洲。居民主要是黄种人，约占全洲人口五分之三以上，其次为白种人和黑种人。全洲大小民族、种族共有约1000个，约占世界民族、种族总数的一半。其中有十几亿人口的汉族，也有人数仅几百的民族或部族。亚洲还是世界文明古国中国、印度和巴比伦的所在地，也是世界三大宗教基督教、伊斯兰教和佛教的发源地。

亚洲现有48个主权国家，按地理位置可以分为东亚、东南亚、南亚、西亚和中亚及外高加索几个次区域。截止到目前，与中国建立了正式外交关系的亚洲国家数目为46个。

收入本书作为介绍对象的亚洲国家有23个。

阿富汗礼俗

（一）基本概况

阿富汗的正式名称是阿富汗伊斯兰共和国。它位于亚洲的中西部地区，东部与中国为邻，北部连接乌兹别克斯坦、塔吉克斯坦、土库曼斯坦，西部同伊朗接壤，南部与东南部则和巴基斯坦交界。阿富汗是一个内陆国，其全国总面积约为64.75万平方公里。

阿富汗这一国名，据说来自古代一个酋长的名字。在波斯语里，“阿富汗”含有“山上人”之意；在梵语里，它的意思则是“骑士”。因此，阿富汗也被人们称作“山人国”或者“骑士国”。

阿富汗的行政区划是，全国一共分为34个省。在省以下设立县、区、乡、村。阿富汗的首都现为喀布尔。关于“喀布尔”的命名，一说它来自波斯语，意为“干草之桥”。另外一种说法，则是说它是由印度商人所起，意为“贸易中心”。

阿富汗全国总人口现为2850万，由普什图人、塔吉克人、乌兹别克人、土库曼人、俾路支人、哈萨拉人等20多个民族构成。在阿富汗各民族之中，普什图人和塔吉克人所占人数最多，分别达全国总人口的40%和30%。

阿富汗的国教是伊斯兰教。全国居民之中，约有98%的人都信奉伊斯兰教。在阿富汗穆斯林中，90%左右的人属于逊尼派。

阿富汗的官方语言是普什图语和达里语。达里语是波斯语的一种。货币为阿富汗尼。2007年，阿富汗人均GDP（国内生产总值）为362美元，在世界上排第165位。

阿富汗目前实行共和政体。国庆日为8月19日。

1955年1月20日，阿富汗与中国正式建立了大使级外交关系。

（二）国家标志

阿富汗的现用国旗是黑、红、绿三色旗。它启用于2004年1月4日，长宽比例是3∶2。旗面从左至右由黑、红、绿三个竖长方形组成，红色部分中央为白色的国徽图案。黑色是过去百年来战乱频仍、动荡不安的历史缩影，提醒国人不忘从前的艰苦辛酸；红色象征在浴血奋战中建立属于自己的国家；绿色象征对未来的繁荣与平安的希望。

阿富汗的现用国徽是圆形，中央是一座清真寺建筑图案，国旗分插在两侧。清真寺穹顶上方有太阳四射的光芒，其上下分别用阿拉伯文书写着“万物非主，唯有真主，穆罕默德是安拉的使者”和“真主伟大”；清真寺下方书写着阿富汗年历的“1298年”（即公元1919年，阿富汗独立之年）。两侧环绕着用绶带束扎的麦穗，底部绶带上书写着国名“阿富汗”。

阿富汗的现用国歌是《阿富汗伊斯兰国国歌》。

阿富汗的国花是郁金香。

阿富汗人对色彩绚丽、坚硬无比的青金石情有独钟，因此特意将其选定为国石。

（三）社交礼仪

阿富汗人普遍讲究礼貌，并且热情好客。对于交往对象，不论其信仰如何，出身如何，阿富汗人都主张不偏不倚、一视同仁。

在人际交往中，阿富汗人一般不与他人握手为礼。他们具有其民族传统的见面礼节，可以称之为“抚胸礼”。它的具体做法是：同交往对象会面时，先以右手按抚在自己的胸部，然后再向对方频频点头，并且在口中祝福对方：“愿真主保佑你！”

有些时候，在行“抚胸礼”之后，阿富汗人还会与交往对象拥抱，碰上了亲密的朋友，他们还往往会与对方进行亲吻，或者碰额两次为礼。

在行见面礼时，阿富汗人通常不摘自己的帽子。依照他们的看法，戴着帽子行礼才是讲礼貌的。

与他人相见时，阿富汗人有一个良好的习惯，在他们的脸上，总是会洋溢着发自内心的微笑。他们认为，不这样做，便会失敬于人。

乐善好施的阿富汗人，在碰上外乡人时，往往会将其请入自己的帐篷，用最好的食物招待上三天。然后，还有问寒问暖，打听其去向，并且尽量满足其请求。不过，在阿富汗人家里做客时，切不可再去别的人家拜访，不然会让主人感到无地自容。

阿富汗人的姓名，多以本人名字、父名和姓氏三个部分组成。其全称平日极少使用。对其进行称呼时，可以用其姓氏或名字加上职衔。

（四）服饰礼仪

阿富汗人的穿着打扮，从总体上讲，显然受到了伊斯兰教的深刻影响。与此同时，也有着自己鲜明的民族特征。

阿富汗人穿着打扮的一大特征，是由其可以体现出着装者社会地位或身份的不同。例如，阿富汗的官员、商人和知识分子，在交际应酬中往往会穿西服、皮便鞋，留着小胡子，并且经常头戴着船形的羊羔

皮帽。阿富汗的平民百姓们，则绝大多数都身穿竖条大花褂，脚蹬厚重的牛皮鞋，留着又浓又黑的大胡子，头上则往往缠着粗布的头巾。一般而言，阿富汗男子一辈子都是不剃去胡须的，而小孩子们则不大穿鞋子。

由于阿富汗是一个穆斯里国家，所以妇女在一生之中均须戴上面纱。她们在需要外出办事时，尤其非要戴上面纱不可。通常，阿富汗妇女所戴的面纱极长，从头顶一直要拖至脚跟，以便将她们的整个身躯都严严实实地裹在里面。她们所戴的面纱，一般仅在其头部的正面开有两个小洞，使其可以借此观察外部的环境。在乡间，有些阿富汗妇女外出劳作时，有些时候也不戴面纱。但是，她们一旦碰上了陌生的男子，便会立即罩上自己的面纱，或是赶紧捂上自己的脸部，迅速躲藏起来。

在阿富汗，广大妇女都有佩戴金银首饰的爱好。在某些地区，男人们还有在送别嘉宾时以自己的衣服或者佩刀相赠的传统。客人们若是穿着首领们所赠的服装或佩戴着首领们所赠的刀子，在其辖区之内，不但会畅行无阻，而且往往还会因此而受到特殊的照顾和保护。

阿富汗的普什图人历来骁勇崇武，加上阿富汗内战连年不断的缘故，该族的每个成年男子都养成了全副武装的习惯。他们平常总是肩上挎着枪支，腰上缠着子弹袋，年年如此，月月如此，天天如此。他们的这身打扮，大有演变成为该民族日常着装之势。

（五）餐饮礼仪

阿富汗人的饮食习惯往往因其地位、身份的不同有着明显的区别。就主食而论，普通的阿富汗人一般都以面食为主。他们大都爱吃烤面饼，尤其是爱吃一种用玉米粉制作的烤面饼。至于上流社会的阿富汗人，则以食用大米与牛羊肉为主。

在招待来宾时，阿富汗人一般都会以羊肉宴客。在必要的时候，他们会用全羊来招待客人，这表示对对方格外尊敬。在阿富汗赴宴时，大吃特吃、一吃再吃，才会令主人大为开心。

阿富汗人所作的菜肴，多采用烤、炸、烧、烩等烹饪方法。他们在口味上偏爱微辣之物，不能吃特别咸的东西。

根据伊斯兰教教规，阿富汗人严格地禁食猪肉，禁食自死之物，不吃动物的血液，不吃未诵安拉之名而宰杀之物。马、驴、骡、狗、蛇的肉和食肉的禽兽，酒和一切含有酒精的其他饮料，亦在禁食、禁饮之列。

除上列禁食之物以外，阿富汗人通常还不吃鱼、虾、蟹和一切海味。

在条件允许时，阿富汗人爱吃水果，并且酷爱饮茶。在他们的日常生活之中，茶是一日不可或缺的。他们认为，最好的茶，当推“无籽葡萄茶”。在平时，牛奶也是他们的常规饮料。

阿富汗人有以茶待客的习惯。届时，他们往往讲究敬客要敬三杯茶。在他们看来，第一杯茶用于止渴，第二杯茶表示友谊，第三杯茶则是礼节性的。这三杯茶，客人都必须喝掉。

某些时候，阿富汗人还会请客人吸烟，尤其是宾主同抽一袋水烟。

阿富汗人用餐的主要方式是，坐在地毯上，以右手抓食。在餐前与餐后，他们讲究以水洗手。宾主同洗时，主人往往要恭请客人首先洗手。

（六）习俗禁忌

与许多国家不同的是，黑色是阿富汗人最喜欢的一种色彩。阿富汗人认为，它是一种谦逊的颜色，并且象征着庄严和隆重。此外，他们喜欢的色彩还有红色和绿色。他们所不喜欢的色彩，主要是灰色与黄色。

阿富汗人忌讳的数字是“13”与“39”。他们认为，这两个数字都具有消极的含义。

向阿富汗人赠送礼品时，千万不要送酒类、雕塑和女人的照片。猪皮、猪鬃制品，带有猪、狗图案的东西，亦在禁送之列。

在阿富汗，千万不要随意对妇女或住所进行拍照或摄像。在斋月期间，阿富汗人白天是不吃、不喝的，因此此时切勿打扰他们。

与阿富汗人打交道时，不要以左手触摸对方，不要边走边谈，或是滥发脾气。宗教、战争、疾病、民族矛盾、男女关系，都是阿富汗人不愿聊的话题。如果谈一谈旅行见闻或生意经，则他们大多乐于积极参与。

巴基斯坦礼俗

（一）基本概况

巴基斯坦的正式国名是巴基斯坦伊斯兰共和国。它位于南亚次大陆西北。东邻印度，西接伊朗，东北同中国交界，西北连接阿富汗，南部则濒临阿拉布海。巴基斯坦的国土面积约为79.61万平方公里（不含巴控克什米尔），海岸线长约980公里。

对于巴基斯坦这一名称的来历，人们有着不同的解释。目前，最流行的有两种讲法。其一，是说它出自波斯语或乌尔都语。在这两种语言中，它的含义都是“清真之国”。其二，则是说它是由组成巴基斯坦的八个主要民族名称的第一个字母拼写在一起而成的。在民间，它还被人们理解成含有“纯洁的土地”之意。

巴基斯坦的行政区划是，全国分为4个省，以及中央直辖的10个部落区、北部地区和联邦首都区。该国首都为伊斯兰堡。它的本意是“伊斯兰教之城”。

巴基斯坦的全国总人口现约为1.58亿。主要民族有旁遮普人、普什图人、信德人、巴丹人、俾路支人，等等。

巴基斯坦宪法规定：伊斯兰教为该国国教。目前，巴基斯坦全国总人口的95%以上都信仰伊斯兰教。在巴基斯坦，伊斯兰教的各个教派都有自己的势力范围。其中以逊尼派的影响最大，它的信徒已占到该国穆斯林的一半以上。

巴基斯坦的国语是乌尔都语，英语则是其官方语言。巴基斯坦规定：各个省均有权使用本地语言作为对国语的补充。货币为巴基斯坦卢比。2007年，巴基斯坦人均GDP（国内生产总值）为909美元，在世界上排第135位。

巴基斯坦如今实行内阁制共和政体。它是英联邦成员国之一。巴基斯坦的国庆日是3月23日。国徽格言：虔诚、统一、戒律。

1951年5月21日，巴基斯坦与中国正式建立了大使级外交关系。

（二）国家标志

巴基斯坦的现用国旗启用于1947年8月14日，长宽比例为3∶2。国旗左侧为白色竖长方形，右侧为深绿色长方形，中央有一颗白色五角星和一弯白色新月。绿色象征繁荣，白色象征和平，新月象征进步，五角星象征光明和知识。此外，绿色也象征国教伊斯兰教；白色象征信奉印度教、佛教和基督教的少数民族。

巴基斯坦的现用国徽中心图案为盾形，盾面上有棉花、小麦、茶和黄麻四组图案，代表巴基斯坦的主要农作物。顶端为象征伊斯兰教的星月，两侧是鲜花和绿叶。底部的绶带上用乌尔都文书写着“虔诚、统一、戒律”。它启用于1955年。

巴基斯坦的现用国歌是《祝福这神圣国土》，启用于1954年。

巴基斯坦的国花是茉莉花。茉莉花原产于巴基斯坦，因其芬芳迷人而广受喜爱，不仅全国各地广为种植，而且也是人际交往中的最佳礼品。

（三）社交礼仪

在巴基斯坦，人们在见面之时通常要先说一句：“真主保佑”，这是伊斯兰教徒的习惯做法之一。

巴基斯坦人在社交活动中所行的见面礼节主要是握手礼。但是，遇到巴基斯坦妇女时，千万不要主动与对方握手。有必要向其致意的时候，通常含笑向其点头即可。由于巴基斯坦是一个伊斯兰国家，在那里所举行的社交聚会，参加者几乎清一色的都是男子。按照伊斯兰教教规，妇女是不宜在公共场合抛头露面的，因此在该国很少有妇女参加社交活动。男士在巴基斯坦出席社交活动时，以不带夫人为宜。即使是乘坐公共汽车时，在巴基斯坦也是男女分开的。

巴基斯坦人与故旧久别重逢的时候，往往以拥抱为礼，巴基斯坦人所行的拥抱礼颇具特色。具体来讲，他们在拥抱对方时先将头靠左边拥抱一次，接着再向右边拥抱一次，最后还要再向左边拥抱一次。巴基斯坦妇女与亲属见面时，除行拥抱礼以外，还要互吻对方的面颊和额头。

有些时候，一些巴基斯坦的穆斯林还会向熟人或来客行“抚胸礼”。它的做法是：向交往对象躬身点头，口诵“真主保佑”之词，并且同时用右手按住自己的左胸，以此来表示对对方衷心的祝福。

在巴基斯坦，男士一定要切记：不要问候巴基斯坦的成年女子“夫人好”。在公共场合，男女千万不要在大庭广众之前拥抱亲吻。那样做的结果是，不仅会让人嗤之以鼻，而且还有遭到囚禁的可能。顺便提一下，在巴基斯坦，在公共场合有意无意接触了妇女的身体，也是冒天下之大不韪的。

巴基斯坦人在欢迎嘉宾时，有在对方脖子上挂上一条用鲜花制成的花环的习俗。这种做法，是给予嘉宾的一种礼遇。

需要称呼巴基斯坦人时，应按照当地的习惯做法，不宜直呼对方的名字，而是称呼其姓氏，同时加上某些适当的头衔。在巴基斯坦，将长辈称为“大叔”、“大妈”，表示尊重；将同辈称为“弟兄”、“姐妹”，则表示亲切。

有必要对他们使用统称时，最得体的做法是将其统称为“巴基斯坦人”，而不宜以具体民族相称。在巴基斯坦，伊斯兰教徒被称为“穆斯林民族”或“多数民族”，非伊斯兰教徒则被叫做“少数民族”。跟当地人打交道时，务必要尊重他们的这种习惯。

在人际交往中，能讲一口流利的英语的人深受巴基斯坦人的敬重。反之，则会被视为没有受过良好教育，因而会受到冷遇。

（四）服饰礼仪

巴基斯坦人的穿着打扮，时时处处都必须严格地恪守伊斯兰教教规，丝毫不得与之相悖。

在日常生活里，巴基斯坦男子一年四季大都穿着淡色宽松的长衫、长裤。夏天的时候，他们绝不会穿背心短裤，更不会打赤膊，但往往会穿凉鞋，甚至赤脚。天冷之时，他们通常会身披一条毯子御寒，但却不喜欢穿棉衣或毛衣。

依照伊斯兰教教规，妇女除手、脚之外，身体的其他部位不得暴露在外。因此，巴基斯坦妇女的日常穿着，主要是一件不露胳膊、不露腿部的宽大的长袍。出门在外时，她们还必须以面纱遮盖自己的面容，仅仅允许将双眼露在外面。在巴基斯坦，妇女是不允许穿裙子的。不然的话，就会被当作“坏女人”看待。

尽管如此，巴基斯坦妇女依旧尽一切可能想方设法地装扮自己。平日，她们喜欢将手指甲和脚趾甲染成深红色，并且大量地佩戴耳饰、颈饰、臂饰、鼻饰、足饰等各式各样的首饰。有时，她们所佩戴的首饰往往还被赋予某种特别的寓意。比如，佩戴鼻环，便是已婚的标志。

跟巴基斯坦人打交道时，切勿穿着黄色的服装。因为他们认为，那种色彩为僧侣专用。

在巴基斯坦的公共场所行动时，尽量不要穿背心、短衫或短裤。参拜清真寺时，尤须着装严谨。在进入清真寺之前，还必须脱去鞋子。

（五）餐饮礼仪

在饮食方面，巴基斯坦人的主食是面食和大米，并且爱吃粗面烙饼和抓饭。在副食方面，他们主要吃牛肉、羊肉、鸡肉和鸡蛋，同时也很爱吃豆制品、蔬菜泥。

巴基斯坦人做菜时，往往以煮、炸为主，他们从来不吃炒菜。有时，他们还有生食蔬菜之习。从口味上来讲，他们爱吃甜、辣之物，不喜食过咸之物。

巴基斯坦人平日爱喝奶茶、牛奶和酸奶。在进餐之时，他们往往以冰冻冷水佐餐。有时，他们甚至还以之同他人“干杯”。

在一般情况下，巴基斯坦人用餐时喜欢用右手抓取食物。不过，在正规的宴请中，他们也能使用刀叉。

从饮食禁忌上讲，巴基斯坦人不吃猪肉、自死之物、动物的血和非按教规宰杀之物，不吃母鸡、甲鱼、螃蟹、海狗、禾花雀，不吃鱼肚和海参。对于酒和含有酒精的一切饮料，他们都绝对不饮用。通常，他们还不抽香烟。

用左手取用食物，在巴基斯坦亦属非礼之举。

（六）习俗禁忌

在巴基斯坦，人们普遍喜爱绿色、新月和星星的图案，因为它们都是穆斯林吉祥、幸运的象征，并且是该国国旗重要的组成部分。

巴基斯坦人认为黑色象征着消极，因而对其没有任何好感。除绿色之外，他们最为喜爱的色彩还有金色、银色和其他一些鲜艳之色。

“13”和“420”这两个数字，在巴基斯坦被视为会给人们带来灾难与厄运的不祥之数。在一般情况下，巴基斯坦人碰见它们时都会很不高兴。在每个星期五，他们还往往不会办公。

巴基斯坦人不欢迎的礼品有：酒、猪皮或猪鬃制品、带有女性图片的书刊和雕塑，等等。巴基斯坦人还非常讨厌送其手帕。他们认为，手帕是在人们悲伤之时擦眼泪所使用的。必须切记的还有，尽量不要给女主人送礼物。

巴基斯坦人对拍照、录像、摄制电影没有多大兴趣。未经允许，千万不要擅自对他们那么做。尤其要切记，在巴基斯坦，万万不可对妇女拍照、摄像或拍摄电影。

在一般情况下，巴基斯坦人在交谈时不喜欢涉及政治、军队和宗教问题。对于印巴两国关系，尤其是克什米尔争端和两国的与核有关的问题，更是不愿提及。

巴基斯坦人对于拍打别人后背的动作极度反感，因为在该国，只有警察抓人时才会如此这般。通常，他们在人际交往中有凝视对方的习惯，但是忌讳在此刻双手握拳，或是露出自己的鞋底。

女子在街上行走时，不宜眼皮乱眨或乱瞥，不然就会被人误认为是行为不端。

巴基斯坦人极爱洗澡，但他们只习惯于淋浴或以壶盛水冲洗，而绝不洗盆澡。他们认为，那样做是很不干净的。

朝鲜礼俗

（一）基本概况

朝鲜的正式名称是朝鲜民主主义人民共和国。它位于亚洲东北部的朝鲜半岛北部。它的北部与中国相邻，东北部同俄罗斯接壤，西南部与韩国交界，东侧临日本海，西部濒临黄海。朝鲜的全国总面积约为12.3万平方公里，半岛海岸线全长约17300公里。

朝鲜这一国名，在该国语言里具有“朝日鲜明”之意。因此，朝鲜意即“朝日鲜明之国”。有时，它亦被称为“清晨之国”或“晨曦清亮之国”。在欧美，它常常被人们以其古称“高丽”相称，其本意为“山高水丽”。

按照全国的行政区划，朝鲜目前分成9个道，3个直辖市。朝鲜的首都是平壤。在朝鲜语里，“平壤”的含义是“平原”或“平坦的土壤”。

朝鲜全国总人口现为2314.9万。民族是单一的朝鲜族。

朝鲜的主要宗教为佛教和基督教。不过，当前信奉宗教的人不是很多。

朝鲜的国语是朝鲜语。它是朝鲜人民单一的民族语言。货币为朝鲜元。2007年，朝鲜人均GDP（国内生产总值）约为1007美元，在世界上排第131位。

朝鲜实行社会主义制度。它的国庆日是9月9日。

1949年10月6日，朝鲜与中国正式建立了大使级外交关系。

（二）国家标志

朝鲜的现用国旗启用于1948年9月9日，长宽比例为2：1。国旗中间为红色，上下各有一道蓝色宽条，红蓝之间以白色细条相隔；红色部

分左侧为白色圆面，中央是一颗红色五角星。红色象征朝鲜人民的革命传统和爱国主义精神；蓝色象征国家的主权、和平及同世界各国人民的友谊；白色是朝鲜民族的传统色彩，象征朝鲜是单一的民族；红色五角星象征朝鲜走社会主义和共产主义道路。

朝鲜的现用国徽为椭圆形，主体图案描绘了朝鲜实行社会主义的光辉前程。象征革命的五角星光芒万丈；水电站的大坝、发电站厂房和高压输电塔象征现代工业和领导者工人阶级；两侧的稻穗则象征着农业和工人阶级的同盟者农民；红色绶带象征团结和威力；下端用朝鲜文书写着“朝鲜民主主义人民共和国”。它启用于1948年。

朝鲜的现用国歌是《爱国歌》，启用于1948年。

朝鲜人对金达莱花有着特殊的感情，他们认为她是其民族的化身，并且象征着繁荣昌盛，幸福永存。金达莱花实际上就是人们通常所说的杜鹃花，通常被视为朝鲜的国花。对于木槿花，朝鲜人也极为喜爱，认为她象征着坚毅不屈。因此，也有人说朝鲜的国花是木槿花。

（三）社交礼仪

朝鲜人在公共场合非常注重礼仪。按照民族传统，朝鲜人与外人相见时所行的见面礼节是鞠躬礼。在行鞠躬礼时，须首先站直，双手置于身体两侧，然后向行礼对象躬身致意，并且同时问候对方“您好！”在行礼时，通常不准头戴帽子，手提物品。在一般情况下，主人要先向客人施礼，晚辈、下属要先向长辈、上级施礼。对方也必须鞠躬还礼。

受西方文化的影响，目前朝鲜人在社交场合大多以鞠躬礼、握手礼并用，来作为见面礼节。在行礼时，他们一般是先鞠躬，后握手。在握手时，可用双手，也可以单用右手。在一般情况下，朝鲜妇女不与男子握手，而只是鞠躬为礼。朝鲜男子与外国妇女握手，则是许可的。

朝鲜人有着尊老、敬老的良好传统。在朝鲜民间，晚辈在拜见长辈时，有时要行跪拜礼。路遇长辈时，晚辈要首先上前问候对方，并在必要时为其让路。在公共场所，将上了年岁的人尊称为“老爷爷”、“老妈妈”，是一种应有的礼貌。

在日常交往中，称呼朝鲜人时最好采用尊称或其职务、职称。直呼其名的做法，他们是不习惯的。

朝鲜人的姓名与中国人的姓名相类似，一般由两三个字组成，姓氏在前，名字在后。在朝鲜，姓“金”、“李”、“朴”、“崔”、“郑”的人最多，它们合称“朝鲜五大姓”。在初次见面时，朝鲜人对姓氏相同、籍贯相同的人，往往会感到格外亲切。

需要强调的是，在与朝鲜人提及“李”这个姓氏时，切勿采用“十八子”这个提法。在朝鲜语里，“十八子”的发音，同一个很下流的词发音相同，故此令人颇为反感。

（四）服饰礼仪

目前，朝鲜人在工作、交往之中，特别是在商务活动或对外活动中，一般都穿西式的服装。但是，在节日和喜庆之时，他们则有穿着本民族服装的习惯。在公共场合，他们不惯于穿背心、短裤。

在节庆日，妇女通常都穿短袄、长裙。她们所穿的短袄，通常短小紧身，小巧玲珑，领子呈圆形，袖子呈灯笼状，下摆呈弧形。衣襟倾斜，并饰有飘带。在领口、袖口、下摆和飘带上，均镶有宽边。他们所穿的长裙，则一般上至胸口，下至脚面，是一种多褶裙。

朝鲜男子的民族服装有袄、裤、坎肩、长袍，等等。通常，他们上身穿袄。它长袖而无领，穿时右襟在里，左襟在外，以带子结成活扣。在它的外边，有时可加上一件无领、无袖的坎肩。他们的下身，则大都

穿裤腿宽大的长裆裤。穿的时候，裤脚要由里往外绾，再在外面系上腿带。出门在外的时候，朝鲜男子还惯于披上一件长袍，并且头上再戴上一顶小礼帽。

过去，朝鲜人所穿的民族服装一向以白色为主。由于他们酷爱白色服装，故此在世界上有“白衣民族”之称。朝鲜也因此被人称作“白衣之国”。

在一般情况下，朝鲜人在家中待客时宾主大都席地而坐。由于拜访朝鲜人时进门必须首先脱鞋，所以切记此前一定要穿上一双无异味、无破洞的干净袜子，不然肯定会当场献丑。在朝鲜，在外人面前不穿袜子是一种失礼行为。

（五）餐饮礼仪

朝鲜人的饮食极富其民族特色。他们的主食，是兼吃米、面，并以米饭、打糕、冷面、饺子汤最受欢迎。打糕，是一种手工打制而成的米糕。冷面，是一种用荞麦面做成的凉面。饺子汤，则是将在牛肉汤里煮熟的大馅饺子连饺子带汤一起上桌。它们都是待客时的上佳之选，往往不可或缺。

朝鲜人爱吃的菜肴，大多偏辣、偏酸。他们做菜时忌油腻，不放糖，不加花椒，爱吃清淡之物。在朝鲜菜里，名声最大的有泡菜、烤牛肉、人参鸡，等等。一般而论，朝鲜人还大都爱吃狗肉。

朝鲜人一般都爱喝酒，日常饮料则为凉白开水或清茶。在用餐时，他们通常不喝清汤。

朝鲜人主要的饮食禁忌是：不吃鸭子、羊肉或肥猪肉；讨厌吃稀饭；吃热菜时，不喜欢加醋。对可口可乐等西式饮食，朝鲜人一般不感兴趣。

朝鲜人的主要餐具是筷子和碗。在一般情况下，他们都讲究冬用铜碗，夏用瓷碗。在用餐时，他们多围坐在一张矮桌周围。但是，在民间，有公公与儿媳、大伯与弟媳不同桌用餐的讲究。

用餐的时候，讲究尊老的朝鲜人，一定要先给长辈盛饭。在长辈动筷子之前，其他人是不准开吃的。

在宴客饮酒时，朝鲜人的主要礼节是：斟酒要按照年龄、辈分、地位的顺序，依次由高而低地进行。在敬酒时，敬酒人必须先向对方鞠躬，然后再致祝辞。在碰杯时，杯子须较对方为低。敬酒之后，应先向对方鞠躬，然后方可离去。

（六）习俗禁忌

朝鲜人最欣赏的动物是熊和虎。前者，被视为其民族的祖先。后者，在民间则被当作山神。

过去，朝鲜人普遍崇拜太阳神，并且往往以太阳神的子孙而自称。朝鲜人还认为白色代表着太阳光，所以他们对白色厚爱无比。

朝鲜人很不喜欢“4”这个数字，因为它的发音与“死”类似，被视为只会预示着厄运。在朝鲜语里，与“死”发音相近的还有“私”、“师”、“事”等几个词，有不少朝鲜人对它们也很忌讳。

尽管朝鲜人不禁止吸烟，但是他们不允许晚辈在长辈面前吸烟，尤其是不允许孩子在父母面前吸烟。

在朝鲜，递接东西时以用双手为佳。在他人面前，不得吐痰、擤鼻涕、掏耳朵。平时，朝鲜人能歌善舞。压跷板、荡秋千、摔跤为其传统体育项目。妇女擅长头顶重物行走。

对于非议尊长、男女关系、政治问题、国内困难、南北统一以及谈论美、日、韩诸问题，朝鲜人往往都不愿涉及。

菲律宾礼俗

（一）基本概况

菲律宾的正式国名是菲律宾共和国。它位于亚洲的东南部，是一个由7107个岛屿组成的群岛国家。它北隔巴士海峡与我国的台湾遥遥相对，南与马来西亚、印度尼西亚等国隔海相望，西部濒南中国海，东部则面临太平洋。国土面积为29.97万平方公里，海岸线约长18533公里。

菲律宾既是国名，同时也是群岛的名称。它还是亚洲唯一一个用外国人名命名的国家，具体而言，它是以16世纪西班牙国王菲律普二世之名命名的。在世界上，菲律宾因其风光秀丽、盛产瓜果，还有“东方明珠”、“世界椰王”、“太平洋果盘”等美称。

从地理上讲，菲律宾全境可以分为吕宋、维萨亚、棉兰老等三大部分。根据行政区划，全国则分为17个地区，下设79个省。菲律宾的首都是大马尼拉市。在菲律宾语里，它的含义是“有靛蓝的地方”。

菲律宾的全国总人口约为8046.8万，分为80多个民族。其中马来人占85%以上，华人有50多万。此外，还有少量的印度尼西亚人和阿拉伯人。

菲律宾全国总人口的84%左右信仰天主教，是故它又有“亚洲唯一的天主教国家”之称。

菲律宾的国语是菲律宾语，亦称他加禄语。英语与菲律宾语并列为官方语言。货币为菲律宾比索。2007年，菲律宾人均GDP（国内生产总值）为1590美元，在世界上排第117位。

菲律宾现行的是总统制共和政体。它的国庆日是6月12日。

1975年6月9日，菲律宾与中国建立了正式的大使级外交关系。

（二）国家标志

菲律宾的现用国旗启用于1898年5月19日，长宽比例为2∶1。国旗左侧为白色等边三角形，三个角上各有一颗黄色五角星，中央是一个黄色太阳；右侧自上而下为蓝、红两个直角梯形（在战时，红色在上，蓝色在下）。蓝色象征和平、真理和正义，红色象征爱国主义和勇敢，白色象征平等和博爱；太阳象征独立和自由，太阳上的八道光束象征当年奋起反抗西班牙殖民统治的八个省；三颗星代表国家的三个主要区域：吕宋、萨马和棉兰老。

菲律宾的现用国徽为盾形，盾形的下面有一条飘带，上面写着“菲律宾共和国”。国徽的图案代表菲律宾的三个历史时期。国徽的上方和中部代表菲律宾共和国时期，底色都是白色，上方有三个金黄色的五角星，代表菲律宾的三大区域；中部是有八道金黄色射线的太阳，表示阳光普照全国。国徽的右下方代表西班牙殖民统治时期，红色的底面上有一只金黄色的狮子，这是当时西班牙王国国旗上的竞狮图形。国徽的左下方代表美国殖民统治时期，蓝色的底面上绘有一只金黄色的美国秃头鹰，左爪握着橄榄枝，表示和平；右爪握着三支矛，表示随时准备战

斗，以保卫和平。它启用于1946年。

菲律宾的现用国歌是《菲律宾民族进行曲》，它于1898年成为菲律宾国歌。

菲律宾的国花是茉莉花，她是人们最喜欢的鲜花，并被人们视为革命的标志和自由的象征。在日常生活里，茉莉花还是男女之间表达爱情的一种信物。

菲律宾还有自己的国树、国果和国石，它们分别是纳拉树、芒果和珍珠。对于上述物品，千万不要有失敬之举，否则就会被当作对菲律宾人的一种侮辱。

（三）社交礼仪

菲律宾人天性和蔼可亲，作风大方，并且非常善于交际。在公共场合，他们往往会主动与别人打招呼。跟菲律宾人进行交际应酬时，务必要自然一些，随和一些，开心一些。若是面无表情，三缄其口，则会被对方误解为不愿意与其打交道。

许多菲律宾人在跟别人打招呼时，惯于抬起眉头，以示问候对方。这一动作，有时表示“我明白你”的意思，有时则表示对某事感到惊奇。当菲律宾人以这一动作向自己打招呼时，应做出相应的动作，以示礼貌。

在社交活动中，菲律宾人采用最多的会面礼节是握手。与熟人或至交相见时，他们往往显得非常随便，甚至连握手也会省去。有些相熟的男子相见，还会相互拍一下对方的肩膀，以示亲切和打招呼。不过，需要提请他人注意某事时，可千万不要拍对方的肩膀，不然就是失敬于对方。

菲律宾人对长辈是极其尊重的。晚辈见到长辈时，有的要恭恭敬敬地向对方欠身鞠躬，有的则会上前轻吻对方的手背，以示敬重之意。年轻姑娘见到长辈时，往往会上前轻吻对方的两颊为礼。

受西方文化的影响，在菲律宾的上流社会中，“女士优先”十分流行。不论是问候、行礼还是迎来送往，人们都注意对女士照顾有加。不过，在乡村之中，妇女的地位依旧很低，并且难以受到种种优厚的待遇。

菲律宾的穆斯林不是很多。他们在见面时，往往会行“捂头礼”。由于天气炎热之故，菲律宾的穆斯林有时在室外不戴帽子。但不戴帽子的穆斯林在室外与人相见致意时，必须先用左手捂住自己的头部，以示对对方的敬重。

菲律宾人非常好客。在欢迎远道而来的嘉宾时，他们通常会将用茉莉花编成的花环献给对方，并且将其挂在对方的脖子之上。这一做法，在当地表示主人对客人充满了纯真的友谊。

由于在历史上有相当长的一段时期菲律宾曾是西班牙的殖民地，故此西班牙文化至今在当地仍有一定的影响。以称呼而论，菲律宾人的姓名大多数都是西班牙式的。

菲律宾人对有真才实学的人极为尊重，所以跟有教授、博士、律师、医生、法官、工程师之类学衔或专业职称的人打交道时，最好直接以此相称。这样做，会令对方大为开怀。

（四）服饰礼仪

在大凡正规一些的场所，有身份的菲律宾人都讲究穿着本国的国服。菲律宾男子所穿的国服名叫“巴隆·他加禄”。它是一种丝制的敞领衬衫，袖子有长有短，两侧开衩，腰部略窄，前面有两行刺绣，并有两只大口袋，色彩多为白色或淡黄色。穿这种服装，不仅凉爽，而且方便。它可配以长裤，但不必扎领带。它的正规穿法，是下摆不宜扎在裤腰之内，而应令其自然下垂于裤外。

菲律宾女子所穿的国服叫做“特尔诺”，它是由菲律宾前总统夫人阿基诺夫人身体力行推广开的。它的外形，犹如一件圆领短袖的连衣裙。但是，它两袖挺直，两边高出肩部不少，好似蝴蝶展翅，因而也叫“蝴蝶服”。

在平时，菲律宾男子上身爱穿色彩鲜艳的宽松上衣，下身则围以长至踝部的沙笼。在他们的头上，要系一块手帕，并且要在右边打结。菲律宾妇女则往往爱穿一件白色或其他浅色的、长到脚部的、宽大的裙式棉布长衫。在不少情况下，菲律宾人往往不穿鞋子。平时，他们多爱穿拖鞋。

在对外交往中，菲律宾人也常穿西式服装。但是，他们不允许在公共场所着装过于随便。穿着短裤、无袖服装或是过分艳丽的服装上教堂去，便绝对是禁止的。在公共场合打赤膊，也会令人侧目。

（五）餐饮礼仪

在饮食习惯上，仅有少数上层人士平日爱吃西式菜肴，绝大多数的菲律宾人通常还是喜欢具有本国风味的饭菜的。

具体说来，菲律宾人的主食大体上以米饭为主，有些人平常也喜欢吃一些玉米饭。就副食而言，肉类、蛋禽、海鲜、蔬菜等，都深受他们的喜爱。在一般情况下，绝大多数菲律宾人是不忌肉食的，然而也有一些人却对此一点儿也不吃。生姜、动物内脏、腥味大的东西、整条的鱼，许多人也不吃。

在总体上讲，菲律宾人的口味趋向于清淡。可是，在用餐之时，他们之中的绝大多数人却惯于在菜肴里多放调味品，尤其是那些香辣的调味品。除此之外，他们还喜吃鲜嫩一些的菜肴，并且爱吃各种水果。

在日常生活之中，菲律宾人对于各式各样的饮料大都来者不拒。极其特别的一点，是他们不分男女老幼，都十分爱喝啤酒。

平日，菲律宾人很爱嚼甘蔗。嚼食槟榔，则更是他们的普遍习俗。在招待客人时，他们也往往要上一些槟榔。除此以外，菲律宾的伊戈罗人平时还喜欢咀嚼烟叶。

在一般情况下，许多菲律宾人习惯用叉和匙并用进食。他们的具体做法，是左手执叉，右手握匙。只有在上流社会里，人们才用刀叉进餐。在广大乡村里，不少人依旧习惯于直接用右手抓食食物。

在宴请活动中，菲律宾人有一些比较特别的讲究。邀请菲律宾人赴宴，务必要多次进行邀请，不然就会被理解为纯属客气，从而遭到婉言谢绝。出席菲律宾人举行的宴请时，在主人第一次敬酒或为自己上菜时，同样也要谦让一下。当主人第二次这样做时，方可接受。另外，还务必要记住，不要抢在主人之前落座。当主人以手示意自己该在何处就座时，才可以入座。

（六）习俗禁忌

在人际交往之中，菲律宾人喜欢在登门拜访时赠送一些礼品。工艺品、酒类、糖果、水果等，皆为适当之选。赠送过分贵重的礼品，则是不必要的。在接受他人所赠的礼品时，菲律宾人通常是不会打开礼品的外包装的。

在闲谈的时候，赞美家庭生活的乐趣，是家庭观念甚强的菲律宾人最欢迎的话题。对于该国政治、宗教、民族、腐败问题，评论第二次世界大战、菲美关系以及外国援助等，则最好不要涉及。

菲律宾人认为，“13”这一数字是厄运、灾难的象征，因此对它讳莫如深。他们还认为，人的左手是不干净的，所以绝对不可以之接触他人。

在菲律宾，站立之时双臂交叉于身前，或是长时间与他人对视，均为失礼之举。前者意味着发脾气，后者则会被理解为蓄意进行挑衅。

拜访菲律宾人时，进门前最好脱鞋。同时还要记住，不要窥视主人的卧室和厨房。去卫生间时，务须求得主人首肯。

红色与茶色被菲律宾人视为不祥之色，白色则受其珍爱。

哈萨克斯坦礼俗

（一）基本概况

哈萨克斯坦的正式名称是哈萨克斯坦共和国。它位于亚洲中部地区，北部与俄罗斯相连，南部同土库曼斯坦、乌兹别克斯坦、吉尔吉斯斯坦交界，东部与中国接壤，西部则濒临里海。目前，哈萨克斯坦是世界上最大的内陆国。其国土面积约为272.49万平方公里。

从国名方面来讲，哈萨克斯坦是一个以其主体民族的名称命名的国家。具体而言，“哈萨克”一词来自突厥语，其含义为“自由之民”。而“斯坦”一词，在突厥语里，则含有“国家”之意。因此，“哈萨克斯塔”意即“自由之民的国家”。

在行政区划上，哈萨克斯坦目前设有14个州。现在，哈萨克斯坦的首都是阿斯塔纳。“阿斯塔纳”在哈萨克语里意即“垦荒城”。

哈萨克斯坦目前的全国总人口约为1483万，由哈萨克人、俄罗斯人、乌兹别克人、乌克兰人、鞑靼人等130多个民族组成。在哈萨克斯坦，主体民族是哈萨克人，它约占全国总人口的53%以上。俄罗斯人也占到哈萨克斯坦全国人口总数的30%。

哈萨克斯坦人的主要宗教信仰是伊斯兰教，哈萨克斯坦的穆斯林多属于逊尼派，也有一定数量的人信奉东正教。

哈萨克斯坦的国语是哈萨克语，哈萨克语与俄语并列为通用语。货币为坚戈。2007年，哈萨克斯坦的人均GDP（国内生产总值）为6314美元，在世界上排第65位。

哈萨克斯坦目前实行总统制共和政体。它是独联体成员国之一。哈萨克斯坦的国庆日是12月16日。

1992年1月3日，哈萨克斯坦与中国建立了正式的大使级外交关系。

（二）国家标志

哈萨克斯坦的现用国旗启用于1992年6月4日，长宽比例为2∶1。蓝色旗面的中央是金色太阳和雄鹰图案，左侧边缘为哈萨克传统民族服饰上的金色花纹图案组成的竖条。蓝色表示天空，象征幸运、安宁、和平与统一；金色太阳和雄鹰象征爱、自由与哈萨克斯坦人民的愿望；民族服饰花纹图案展现哈萨克斯坦的文化传统和民族特色。

哈萨克斯坦的现用国徽为圆形，中央为哈萨克牧人住的毛毡圆顶帐篷，表现哈游牧民族的特色；两侧各有一匹长着尖角和翅膀的金色骏马，象征哈的历史传统和信念；顶端一颗金色的五角星映衬在太阳的光线中。底部的绶带上用哈萨克文书写着“哈萨克斯坦”。

哈萨克斯坦的现用国歌是《我的哈萨克斯坦》，是哈萨克斯坦政府于2006年新采用的。

（三）社交礼仪

在人际交往中，哈萨克斯坦人极其重视讲文明，讲礼貌。他们待人接物的信条是：“对长者要尊敬，对幼者要扶持，对友人要忠诚。”

哈萨克斯坦人在交往应酬中所采用的见面礼节，往往会因为交往对象的不同而有所不同。他们常用的见面礼节主要有：

其一，握手礼。它多用于正式的社交场合，并且多见于男子之间使用。

其二，亲吻礼。它一般使用于亲朋好友之间。性别不同、长有不同的人，亲吻的部位往往会有所变化。平辈人相互之间，往往互吻面颊。晚辈对于长辈，通常是亲吻手背，或者互吻面颊。长辈对于晚辈，则吻其前额或眼部为礼。

其三，注目礼。它是夫妻之间在大庭广众之前所采用的见面礼节。

其四，屈膝礼。在一般情况下，哈萨克斯坦妇女在行见面礼时，是不习惯直接与交往对象进行身体接触的。面对对方，欠身屈膝，便是她们所用最多的见面礼节。

其五，抚胸礼。遇到尊长或接待来宾时，哈萨克斯坦人的传统礼节，是右手按胸，躬身约为30度左右施礼，口中讲出吉祥祝颂之语，然后再与对方相互握手。此即所谓抚胸礼。

需要指出的是，哈萨克斯坦人在与他人相见的时候，有两个自己的独特做法。同他们打交道时，对此以心中有数为宜，免得对其产生误会。

第一，哈萨克斯坦人在与别人见面或者交谈时，大都忌讳脱去帽子。在他们来看，在外人面前脱去帽子乃是不礼貌的行为。他们的这一独特礼节，被有人戏称为“戴帽礼”。

第二，哈萨克斯坦人在问候别人时，一般都是首先问候对方“牲畜平安”，接下来才会问候对方“全家平安”。他们之所以对牲畜重视有加，主要是由于过去牲畜与以游牧为生的他们息息相关。

（四）服饰礼仪

在交际应酬之中，尤其是在商务活动和对外交往中，哈萨克斯坦人大都穿着西装或者套裙。不过从式样上来讲，他们所穿的西装、套裙都较为传统、保守一些。

在民间，尤其是在自己的传统节庆活动里，哈萨克斯坦人则往往会穿上自己本民族的服装。他们日常所穿的民族服装主要是：男子夏穿白色的宽大衬衫，宽裆裤子，外罩一件齐膝的无袖长衣，头戴绣花小帽或是浅色尖顶软毡帽。在冬季，则在外面穿上一件皮大衣，并且头戴皮帽，脚穿毡袜和高统皮靴。

女子大都喜欢穿用白布或丝绸缝制而成的连衣裙，并且头戴用毛皮镶边的尖顶帽或是上边插有飞禽羽毛的皮帽，脚蹬软皮靴。短小的上衣，绣花丝绒的坎肩，裤脚带褶的灯笼裤，通常也是她们喜爱的着装。哈萨克斯坦妇女非常喜欢各种装饰之物。她们往往爱在自己的上衣胸前钉上一串光彩夺目的银色扣子，并且爱戴手镯、项链和耳环。

崇尚勇武的哈萨克斯坦人素有使用动物的毛皮来装扮自己的习惯。例如，有些哈萨克斯坦男孩子的衣扣是用鹰爪做成的，以期他将来像鹰一样勇敢。有的哈萨克斯坦女孩子的帽子顶上则插着猫头鹰的羽毛，表明她希望自己像猫头鹰一样机敏。

（五）餐饮礼仪

在哈萨克斯坦，不同的民族饮食习惯往往会有所不同。就一般而论，哈萨克斯坦人平日以肉食为主，面食为辅。除城里人之外，其他人

极少会吃蔬菜。

哈萨克斯坦人所吃的肉食，主要是羊肉，兼以牛肉。有一部分人，也吃马肉、驼肉。他们最爱吃的东西，叫做“金特”。它是将幼畜肉用奶油混合之后，装入马肠之内煮成的。各种乳制品，诸如奶皮子、奶豆腐、奶疙瘩等，都是哈萨克人的平常之食。哈萨克斯坦人一般都爱吃一种叫做“馕”的烤面饼，并且喜食抓饭与面条。

在一般情况下，哈萨克斯坦人所吃的蔬菜品种不多，其中主要有黄瓜、西红柿、葱头、卷心菜，等等。在制作菜肴时，他们口味较重，偏好甜、辣、酸，爱用胡椒和番茄酱。

在哈萨克斯坦，不同民族的饮食禁忌大不相同。作为穆斯林，哈萨克族、乌孜别克族的人，通常忌食猪肉、自死之物、动物的血以及未诵安拉之名宰杀之物。狗肉、驴肉、骡肉、整条的鱼，他们也是不吃的。此外，他们一般都不饮酒。

俄罗斯族的人，通常都不吃海参、海蜇、乌贼和木耳。有不少的人，还不吃虾和鸡蛋。不过，他们不禁酒，也不禁食猪肉。他们平日以面食为主，并且最爱吃面包。

鞑靼族人的禁食之物，与哈萨克族人大致相近。他们主要不吃猪肉、驴肉和骡肉。

在设宴招待来宾时，哈萨克斯坦人一般都讲究要上羊肉。在宰羊前，他们常会牵过它来让客人过目。在他们的眼里，羊头乃是席上之珍。因为这一原因，在宴客的时候，他们一定会乐于将羊头摆上宴席。他们认为，惟有用羊头来招待客人，方能表达自己对待客人的赤诚之心。吃过羊头之后，他们才会吃其他部位的羊肉。

按照哈萨克斯坦人的民族传统，牛奶、羊奶、马奶、酸奶和奶茶，都是上佳的饮料，并且可被用于待客。参加哈萨克斯坦人的宴请时，最好记住先从自己的盘子里取一些羊肉，请女主人品尝。此举在哈萨克斯坦人看来，意味着客人对主人的敬重和感谢之意。有时，客人还须切下一只羊耳朵，送给在场的最年轻的男子。此举意在叮嘱其孝敬父母。

哈萨克斯坦人在用餐时，往往不摆桌子，而是在地毯上铺上一大块方巾，然后大家围坐在它的四周。在一般情况下，哈萨克斯坦人爱用右手直接抓取食物而食。因此，在他们那里才出了大名鼎鼎的"手抓肉"和"手抓饭"。只有在很正规的社交宴请之中，哈萨克斯坦人才以刀叉取食。

（六）习俗禁忌

在色彩方面，哈萨克斯坦人最喜爱的是绿色。他们认为，绿色象征着积极向上，并且可以给人们带来吉祥和幸福。哈萨克斯坦人不喜欢的色彩，主要是被认为丧葬活动专用的黑色。

对于动物，哈萨克斯坦人有着自己的特殊眼光和品味。他们最喜欢的是猫头鹰。在他们看来，猫头鹰不仅仅是一种益鸟，而且还象征着坚定、勇敢和一往无前。在日常生活里，哈萨克斯坦人往往将猫头鹰的羽毛或图案作为珍贵之物，用来进行居所和服装的装饰。对于猪、狗及其皮毛制品或图案，哈萨克的穆斯林们都是非常忌讳的。

哈萨克斯坦人还有一个特殊的禁忌，即不允许用脚去踢羊，或是用脚去踩、踏动物和食盐。

当哈萨克斯坦人在场时，切勿用手指或棍棒对其指指点点，特别是不要用手指或棍棒对他们指指点点地清点人数。他们认为这是成心将人视作牲畜，是一种污辱人的表现。

同哈萨克斯坦人进行交谈时，切勿自作多情地当面称道对方的孩子和家中饲养的牲畜。在他们看来，这只会给他们的孩子和家中所饲养的牲畜带来厄运。与哈萨克斯坦人谈论前苏联问题、国内民族矛盾以及俄罗斯与哈萨克斯坦的特殊关系，都不受欢迎。

在哈萨克斯坦，人们历来讲究“右高左低”。因此，人们出门、进门要先迈右腿，服务、致礼要使用右手，就连穿衣服也要先伸右胳膊、右腿。用左手接触他人，则是被禁止的。

当穆斯林做礼拜时，绝对禁止别人从其面前通过。

韩国礼俗

（一）基本概况

韩国的正式名称是大韩民国。它位于亚洲东北部的朝鲜半岛的南部，北接朝鲜，东、西、南三面分别为日本海、朝鲜海峡和中国黄海所环绕，并且隔海与俄罗斯、日本、中国遥遥相望。韩国的全国总面积为9.96万平方公里，约占朝鲜半岛总面积的45%左右。半岛海岸线全长约17300公里。

韩国作为国家的名称，乃出自其历史上李氏王朝时高宗李熙于1897年所定之国号“大韩”。进而言之，它又与该国主体民族韩族的族称有关。

韩国目前的行政区划，是全国分为1个特别市（首尔市）、9个道、6个广域市。它的首都，是首尔。在韩国语里，“首尔”意即“都城”。过去，中国人往往习惯于将韩国的首都称为“汉城”。对于这一称呼，韩国人十分反感。他们认为，那种叫法带有明显的“大汉族主义倾向”。在世界上，首尔有“皇宫之城”之名。

韩国全国总人口目前约为4725.4万左右，全部都是单一的韩族人。韩族人，其实就是朝鲜族人。

韩国的主要宗教是佛教。除此之外，也有一些韩国人信奉儒教、天主教、基督教或天道教。

韩国的官方语言是韩语，亦即朝鲜语。在韩国，有不少人，其中尤以上年纪者居多，懂得一点儿中文。货币为韩国元。2007年，韩国人均GDP（国内生产总值）为19624美元，在世界上排第34位。

韩国目前实行的是总统制共和政体。韩国的国庆日是8月15日。

1992年8月24日，韩国与中国正式建立了大使级外交关系。

（二）国家标志

韩国的现用国旗是太极旗。它启用于1949年10月15日，长宽比例为3：2。旗面为白色，中间为阴阳图案（又称太极图案），上红下蓝。图案周围有四组八卦符号，左上为乾，代表天；右下为坤，代表地；右上为坎，代表水；左下为离，代表火。阴阳与八卦图案象征宇宙的和谐与统一。

韩国的现用国徽是圆形。图案是五瓣的黄色木槿花，正中间为阴阳图案。木槿花是韩国的国花，被韩国人称为“无穷花”，象征世代生生不息和坚韧不拔的民族精神。底部蓝色绶带上用韩语写着“大韩民国”。它启用于1963年。

韩国的现用国歌是《爱国歌》，启用于1948年。

韩国的国花为无穷花，国树为松树，国鸟为喜鹊，国兽为老虎。对此，不要妄加非议，更不能当着韩国人的面不恭不敬。

（三）社交礼仪

在人际交往中，韩国人的常规礼仪既保留了自己的民族特点，又受到了西方文化与中国儒家文化的双重影响。

在大凡正规一些的交际场合，韩国人一般都采用握手礼作为见面礼节。在行握手礼时，他们讲究使用双手，或单独使用右手。当晚辈、下属与长辈、上级握手时，后者伸出手来之后，前者须先以右手握手，随后再将自己的左手轻置于后者的右手之上。韩国人的这种做法，是为了表示自己对对方的特殊尊重。

韩国妇女在一般情况下不与男子握手，而往往代之以鞠躬或者点头致意。韩国小孩子向成年人所行的见面礼，大抵也是如此。

与朝鲜人一样，韩国人在不少场合有时也同时采用先鞠躬、后握手的方式，作为与他人相见时的礼节。

同他人相见或告别时，若对方是有地位、身份的人，韩国人往往要多次行礼。行礼三五次，也不算其多。有个别的韩国人，在这种时候，甚至会讲一句话，行一次礼。

在一般情况下，韩国人在称呼他人时爱用尊称和敬语，但很少会直接叫出对方的名字。要是交往对象拥有能够反映其社会地位的头衔，那么韩国人在称呼对方时一定会屡用不止。

在社交场合，韩国人，特别是年轻一代的韩国人，大部分都会讲一些英语，并且将此视为有教养、受过良好教育的标志之一。由于迄今为止仍对日本昔日的侵略占领耿耿于怀，韩国人对讲日语的人普遍没有好感。

与外人初次打交道时，韩国人非常讲究预先约定，遵守时间，并且十分重视名片的使用。

（四）服饰礼仪

韩国人非常看重自己留给交往对象的印象如何，为了维护个人形象，他们对社交场合的穿着打扮十分在意，不少妇女不惜重金为自己整容。

除个别墨守成规的老年人之外，韩国人在交际应酬之中通常都穿着西式服装。但是，他们的着装很讲究朴素整洁，并且较为庄重保守。例如，在商务活动中，韩国男子都会穿深色的西服套装，而韩国妇女的着装则绝对不会过于前卫。在韩国，邋里邋遢、衣冠不整的人，和着装过露、过透的人一样，都是让人看不起的。

在某些特定的场合，尤其是在逢年过节的时候，韩国人往往会穿自己本民族的传统服装。在乡村里、老年人之中，这种情况尤为多见。在休闲时，年轻人的衣着则较为另类。

韩国人的民族传统服装是：男子上身穿袄，下身穿宽大的长裆裤。外面有时还会加上一件坎肩，甚至再披上一件长袍。过去，韩国男子外出之际还喜头戴一顶斗笠。韩国妇女则大都上穿短袄，下着齐胸长裙。

在韩国，参加社交活动时光脚穿鞋子，是一种失礼的行为。其实，在社交活动中穿袜子，往往还有一个好处，即进屋之际需要脱鞋时，不至于过分尴尬。

进屋之前需要脱鞋时，韩国人是不准将鞋尖直对房间之内的。不然的话，会令对方极度不满。

（五）餐饮礼仪

韩国人的饮食，在一般情况下以辣和酸为主要特点。具体而言，韩国人的主食，主要是米饭、冷面。他们爱吃的菜肴，则主要有泡菜、烤牛肉、烧狗肉、人参鸡等。不过，就总体来说，韩国菜的品种并不太多，而且其中的绝大多数都比较清淡。有的韩国人，甚至爱吃冷菜、生菜。

韩国人的饮料较多。韩国的男子通常酒量都不错，对烧酒、清酒、啤酒往往来者不拒。韩国妇女则多不饮酒。平日，韩国人喝的较多的则是茶和咖啡。许多韩国人还喜欢喝大麦茶或凉开水。但是，韩国人通常不喝稀粥，并且不喜欢喝清汤，他们认定只有穷人才会如此。

韩国人一般都不吃过腻、过油、过甜的东西，并且不吃鸭子、羊肉和肥猪肉。至于熊肉、虎肉，他们绝对不敢吃。

在用餐的时候，韩国人是用筷子的。为了环保，韩国的餐馆里往往只向用餐者提供铁筷子。关于筷子，韩国人的讲究是，与长辈同桌就餐时不许先动筷子，不可用筷子对别人指指点点，在用餐完毕后要将筷子整齐地放在餐桌的桌面上。

韩国人认为，吃饭的时候不宜边吃边谈，高谈阔论。吃东西时，嘴里响声大作，也是非常丢人的。

韩国人在自己家中设宴招待来宾时，宾主一般都是围在一张矮腿方桌周围，盘腿席地而坐的。在这种情况下，切勿用手摸脚，悄悄脱袜子。将双腿直伸开来，或是双腿叉开，都是不允许的。

（六）习俗禁忌

韩国人大都珍爱白色，并且对熊和虎十分崇拜。由于发音与“死”相同的缘故，韩国人对“4”这一数字十分厌恶。受西方风俗影响，也有不少韩国人不喜欢“13”这个数。

与韩国人交谈时，发音与“死”相似的“私”、“师”、“事”等几个词最好不要使用。将“李”这个姓氏按汉字笔画称为“十八子”，也不合适。在妇女面前，尤其不要这么做。需要对其国家或民族进行称呼时，不要将其称为“南朝鲜”、“南韩”、或“朝鲜人”，而宜分别称为“韩国”或“韩国人”。在韩国，不宜谈论的话题有：政治腐败、经济危机、意识形态、南北分裂、韩美关系、韩日关系、日本之长，等等。

韩国人的民族自尊心很强，他们强调所谓“身土不二”，反对崇洋媚外，倡导使用国货。在韩国，一身外国名牌的人，往往会被韩国人看不起。需要向韩国人馈赠礼品时，宜选择鲜花、酒类或工艺品。但是，最好不要送日本货，特别是不要特意指出这一点。在接受礼品时，韩国人大都不习惯于当场打开其外包装。

尽管在主流社会，韩国人已十分西化，但在韩国民间，仍讲究“男尊女卑”。进入房间时，女人不可走在男人前面。进入房间后，女人须帮助男人脱下外套。男女一同就座时，女人应自动坐在下座，并且不得坐得高于男子。通常，女子还不得在男子面前高声谈笑，不得从男子身前通过。与此同时，尊重长辈在韩国被视为做人的基本修养。在日常生活里，长辈通常说一不二。

韩国人和中国人一样，也有过春节、清明、端午、中秋等传统节日的习惯。

吉尔吉斯斯坦礼俗

（一）基本概况

吉尔吉斯斯坦的正式名称是吉尔吉斯共和国。吉尔吉斯斯坦位于亚洲中部地区的东北部，它北部连接哈萨克斯坦，西部与乌兹别克斯坦相交，南部与塔吉克斯坦接壤，东南部则与中国交界。吉尔吉斯斯坦是一个内陆国家，它的全国总面积大约是19.85万平方公里。

吉尔吉斯，是一个由其主体民族吉尔吉斯斯坦的族名而得名的国家。在吉尔吉斯语里，“吉尔吉斯”是由“草原”与“流浪”两个词所构成的一个词。它的含义即“草原上的游牧民”。由于“斯坦”一词意即“国家”，所以“吉尔吉斯斯坦”的本意便是“草原游牧民之国”。

吉尔吉斯斯坦在行政区划上设7个州，1个市。它的首都是比什凯克。以前，比什凯克被叫做伏龙芝。在吉尔吉斯语里“比什凯克”意即“牛奶棒”。而“伏龙芝”则是前苏联杰出将帅的名字。

吉尔吉斯斯坦目前的全国总人口约为506.5多万，由吉尔吉斯人、乌兹别克人、俄罗斯人等80多个民族所构成。吉尔吉斯人是吉尔吉斯斯坦的主体民族。在全国总人口之中，吉尔吉斯族大约占65%左右，乌兹别克族占14%，俄罗斯族则占12.5%。

吉尔吉斯斯坦的主要宗教为伊斯兰教。吉尔吉斯斯坦人口的70%，都信仰伊斯兰教，并且多数属于逊尼派。

吉尔吉斯斯坦的国语是吉尔吉斯语，吉尔吉斯语与俄语并列为通用语。货币为索姆。2007年，吉尔吉斯斯坦人均GDP（国内生产总值）为663美元，在世界上排第149位。

吉尔吉斯斯坦目前实行总统制共和政体。它是独联体成员国之一。吉尔吉斯的国庆日是8月31日。

1992年1月5日，吉尔吉斯与中国正式建立了大使级外交关系。

（二）国家标志

吉尔吉斯斯坦的现用国旗启用于1992年3月3日，长宽比例为5∶3。国旗为红色旗面，中央为放射光芒的金色太阳和吉尔吉斯游牧民族使用的圆形帐篷图案。红色是吉尔吉斯民族英雄马纳斯使用的旗帜颜色，象征勇敢；太阳象征和平与财富，太阳的四十道光芒代表吉尔吉斯斯坦的四十个部落；描绘在太阳中的帐篷象征祖国与天地。

吉尔吉斯斯坦的现用国徽为圆形，中央为雄鹰、太阳、雪山和湖泊图案。雄鹰象征生活在高山上的吉尔吉斯人民慷慨宽宏的秉性、敏锐的洞察力和对世界美好的愿望；蓝色的湖泊象征自然之美、生命和能量之源。两侧环绕着棉花和麦穗，顶端和底部用吉尔吉斯文书写着国名。它是吉尔吉斯斯坦政府沿用的原苏联时代吉尔吉斯加盟共和国的标志。

吉尔吉斯斯坦的现用国歌是《吉尔吉斯斯坦共和国国歌》，启用于1992年。

（三）社交礼仪

在待人接物方面，吉尔吉斯斯坦人总的特点是耿直诚恳，爽快奔放，乐于交际，彬彬有礼。对于远道而来的客人，他们不论亲疏，一律都会热情相待，并且给予对方无微不至的关怀。

吉尔吉斯斯坦人在人际交往中，不管是迎来送往，还是会面告辞，都会主动向交往对象施礼，以示自己对对方敬重有加。与此同时，他们还必定会向对方致以亲切而友好的问候或祝愿。

就见面礼节而论，不同的民族往往又有各自不同的做法。吉尔吉斯族、乌孜别克族的人，在日常生活之中所用最多的是“抚胸礼”。在行礼时，他们要以右手按住自己的胸部，然后再向交往对象鞠躬为礼。只有在比较正规的社交活动中，他们才与别人相互握手，但是妇女们大都不与外人握手。由于这两个民族的人多为穆斯林，因而他们在见面时往往会虔诚地祝颂交往对象：“真主保佑你！”

俄罗斯族的人，在与他人见面时通常都习惯握手为礼。倘如与亲朋好友相见，他们还喜欢热情地与对方拥抱并且亲吻。

（四）服饰礼仪

在吉尔吉斯斯坦，人们在日常生活里，尤其是在正式一些的交际应酬之中，都已经习惯于穿西装、套裙以及皮鞋。爱美的妇女们，有时还爱穿各式各样的连衣裙。

然而在欢度各民族的传统节日，或是举行盛大的庆祝活动时，吉尔吉斯斯坦人也有穿着自己本民族服装的习惯。

吉尔吉斯族的男子，平日最爱穿羊皮袄、长袍子和牛皮软靴。该族的妇女，通常则爱穿宽松肥大的连衣裙和灯笼裤，并且往往还外罩坎肩，再披上一件丝绒长袍。在长袍之外，还惯于系上一条开襟的绣花围裙。她们所穿的鞋子，大多也是牛皮软靴。在一般情况下，吉尔吉斯族人不分男女，都不喜欢让自己的头顶暴露在外。他们的方法，便是头戴帽子，并且天天如此。他们所戴的帽子，有毡帽、皮帽和绣花帽，等等。

乌孜别克族的民族服装则是：男子头戴绣花小帽，身穿短袖衫，下着宽裆裤，脚蹬大皮靴，外穿花条丝绸长袍，并在其外面系上彩色腰带。女子则多穿肥大带褶的连衣裙，下配灯笼裤，脚上穿皮靴或皮鞋。有时，她们还喜欢披上一块大披肩，或者加上一件坎肩或短上衣。

由于宗教信仰方面的原因，在吉尔吉斯斯坦，女性穿着过分暴露、过分短小、过分透明的服装，不仅会惹来非议，而且还会令一般人敬而远之。

吉尔吉斯斯坦人还认为，妇女绝对不应在他人面前撩裙而坐，那样的话，不但会露出大腿有碍观瞻，而且还有引诱男人和伤风败俗之嫌。

（五）餐饮礼仪

吉尔吉斯斯坦人的饮食习惯，与其他中亚国家人民的饮食习惯大体相似。吉尔吉斯斯坦人所吃的主食，一般以面食为主，大米为辅。他们最爱吃的食物，有烤面饼和手抓饭。

在肉类方面，吉尔吉斯斯坦人比较爱吃羊肉、牛肉和鸡肉。其中的"代表作"，有烤全羊、手抓肉、烧牛肉，等等。他们爱吃的蔬菜，则主要有西红柿、黄瓜、土豆、胡萝卜和卷心菜。就一般而论，他们的口味比较重，不忌油腻，并且爱吃辛辣之物。在用餐时，他们通常用右手取食。

吉尔吉斯斯坦人的饮料，有奶茶、酸奶、马奶，等等。用砖茶加奶烹煮而成的奶茶，最受其欢迎。

吉尔吉斯斯坦的穆斯林忌食猪肉，忌食自死之物、动物的血和未诵安拉之名宰杀之物，忌饮酒。其他的人，一般不吃狗肉、驴肉、骡肉、海参、海蜇和乌贼。

（六）习俗禁忌

吉尔吉斯斯坦人非常爱马，并且将其视为吉祥的象征。吉尔吉斯斯坦的乌兹别克人，则对狼极为崇拜。他们将狼视为神的化身，并且将它当作本民族的标志，而把自己看成狼的"善男信女"。成年的乌兹别克人往往怀揣狼牙、狼爪和狼尾，并且将其作为礼品赠送与人。

对于绿色，吉尔吉斯斯坦人非常偏爱。他们认为，绿色乃是生命之色，并且象征着美好和吉祥。他们忌讳的色彩是黑色，其原因在于，黑色被视为死亡的化身。

在公共场所中，吉尔吉斯斯坦人十分讲究举止行为必须文明大方。在他们看来，在众人面前剔牙、挖鼻孔、吐痰或是掏耳朵，都是令人作呕的不雅之举。

吉尔吉斯斯坦人还主张递接物品或与人握手时，仅能使用右手。若是用左手去做这些事，必定会令其大为不满。

老挝礼俗

（一）基本概况

老挝的全名是老挝人民民主共和国。它位于亚洲东南部的中南半岛的西北部，北面与中国相接，南面与柬埔寨接壤，东面与越南为邻，西面和西南面则分别与缅甸、泰国交界。老挝的国土面积为23.68万平方公里，它是一个内陆国家。

老挝这一国名，来自该国主要民族老挝族之名。从词义上讲，它表示“人”或“人类”。有时，人们也将老挝称为寮国。由于老挝过去大象很多，故被人们称为“万象之邦”。其国土面积的80%左右都是高原或山地，所以它又有“印度支那屋脊”之称。

老挝全国分为上寮、中寮和下寮三个部分。在行政区划上，则分为16个省，1个直辖市。老挝的首都是万象，又称“月亮之城”。

老挝全国总人口目前大约为580万左右。全国的主要民族共有三个，即老龙族、老听族和老松族。老挝人数最多的民族是老龙族，它又叫老挝族或寮族。据统计，全国总人口之中，老龙族约占60%，除此之外，老挝还生活着3万左右的华侨华人。

老挝人普遍信奉佛教，因此可以说佛教是老挝的主要宗教。

老挝的官方语言是老挝语，法语也是一种在老挝广为通用的语言。货币为新基普。2007年，老挝人均GDP（国内生产总值）为653美元，在世界上排第150位。

老挝现在实行社会主义制度。它的国庆日是12月2日。国徽格言是：和平、独立、民主、统一、繁荣昌盛。

1961年4月25日，老挝与中国正式建立了大使级的外交关系。

（二）国家标志

老挝的现用国旗启用于1975年12月2日，长宽比例为3：2。国旗中间为蓝色长条，上下各有一道红色宽条；蓝色部分中间为白色圆月。蓝色象征老挝美丽富饶的国土，也象征人民热爱国家与和平安宁的生活；红色象征革命，表示誓以鲜血保卫祖国；白色圆月表示老挝人民革命党的领导。

老挝的现用国徽是圆形，正中有一座金色大塔，是老挝著名的古迹，是国家历史、文化及传统的象征，也被老挝佛教徒视为圣洁的象征；大塔前的水坝、输电塔象征其丰富的水资源与电力工业；森林、田野和稻穗象征着林业和农业；公路象征着交通运输业；红色齿轮象征着基础工业。左右两侧红色绶带上分别用老挝文书写着“和平、独立、民主”和“统一、繁荣”，底部书写着国名。

老挝的现用国歌是《老挝人民民主共和国国歌》。

老挝的国花是占芭花。

（三）社交礼仪

在人际交往中，老挝人大都态度诚恳，待人谦恭。在社交活动中与别人见面时，他们所行最多的见面礼节是合十礼。行合十礼时，他们通常还要互问：“您好！”

在对外交往中，或是年轻人居多的社交场合，老挝人有时也采用握手礼。但是，绝大多数的妇女还是习惯于采用合十礼。即使异性之间相互握手，男子也不可重重地狠握女子的手。异性之间亲吻拥抱，老挝人也看不惯。

老挝民间有一种传统的祝福礼仪——拴线。老挝人拴线的范围甚广，迎宾送客、婚嫁喜庆、逢年过节、出门远行等皆在其列。拴线的主要作用，是系住灵魂，祛祸除邪，聚福集祉。具体的做法是：先默诵祝词，再由年轻姑娘或老大娘将浸过香水的洁白棉线先左后右地拴在被祝颂者的手腕之上。拴线之后，最好任其自行脱落，至少也要把它戴上三天，才会有成效。当老挝人给予自己拴线的礼遇后，勿忘当场向其行合十礼致意。

老挝人认为，直接称呼他人的姓名是不尊重对方的行为。在一般情况下，有必要这样做时，他们一定会先在对方姓名之前加上某些表示亲切或尊重的称呼。例如，意为“先生”的“探”，意为“大爷”的“仓”，意为“大妈”的“把”，意为“大叔”的“乔”，意为“大婶”的“那”，意为“大哥”的“艾”，等等。

老挝妇女在社交场所大都表现得极其恭顺。在一般情况下，她们绝对不会在来宾面前横着穿行。向客人递送物品时，她们通常都要采用蹲姿，有时甚至会跪在客人面前。

（四）服饰礼仪

由于老挝的天气一年四季潮湿炎热，因此老挝人的服饰便有着明显的热带特色。此外，不同民族的人，在着装方面还有显著的不同。

老龙族人的日常着装是：男子上身穿无领对襟上衣，下身劳作时穿长裤，休闲时则穿沙笼。平日，他们还时常将一条水布盘在头上，或是系在腰上。女子一般上身穿无领上衣，下身则围以一条筒裙。同时，还讲究从右肩穿过左腋围上一条披肩，并在腰上系上饰有银制带花的腰带。

老挝族人的日常服装则是：男子上穿衬衣，下穿深色长裤，或是围上一条很薄的红色布巾。女子喜欢穿色彩鲜艳的短上衣，黑色条纹布的花裙，或蓝色的裙子，并时常佩戴珠串一类的饰物。

在老挝的很多地方，妇女对又粗又大的木制耳环情有独钟。她们认为，越是粗粗大大的耳环才越是漂亮。在这一习俗的影响之下，不少老挝妇女的耳孔被粗大的耳环坠得非常宽大，有些人的耳朵甚至因此垂到了肩膀之上。

（五）餐饮礼仪

老挝人的饮食讲究实惠，总体上来讲较为简单。平日，他们吃的最多的是米饭和鲜鱼。只有逢年过节之时，他们才会宰猪杀羊。

在口味方面，老挝人偏好稍微酸、辣、甜一些的食物。以炒、烧、烤、氽等方法烹制的菜肴，均是他们来者不拒的。

在老挝民间，有一些很有特色的饭菜，例如竹筒饭、棕榈粑粑等。竹筒饭，是以竹筒盛入大米之后做成的米饭。棕榈粑粑，则是用棕榈粉制饼，在烧热的石块上烤制而成的。

在日常生活里，老挝人很喜欢吸烟、嚼槟榔，并且大都能够喝酒。在老挝的许多地方，待客的一种主要礼仪，是宾主共饮一坛主人自制的糯米酒。在饮这种酒时，宾主要席地而坐，各自依次通过插入酒坛中的一个竹管来吸饮坛中之酒。老挝人认为，这种做法不但能够创造出一种亲切而热烈的气氛，而且有助于宾主之间加深感情。

老挝的佛教徒极多。他们在饮食方面的主要讲究是：日进两餐，过午不食。不禁酒，不必食素。但是，“忌食十肉”，即不吃人肉、象肉、虎肉、豹肉、狮肉、马肉、狗肉、蛇肉、猫肉、龟肉等10种肉，则为他们所严格遵守。

在进餐之际，老挝人不用刀、叉、匙，而惯用右手抓食。有许多老挝人也会用筷子，只是他们使用筷子的具体方法与中国人大为不同：在吃饭的时候，他们是用同一双筷子的一头夹饭，另一头去夹菜的。

（六）习俗禁忌

在老挝，人们对白色的印象不佳，它被视为一种很不吉利的色彩。

通常，在老挝人家里不会挂白色蚊帐，他们在睡觉的时候也忌盖着白色被子。

由于老挝人普遍信奉佛教，因此跟老挝人打交道时，务必要了解佛门的禁忌，并且认真加以遵守。一般而言，以下四点尤需特别引起重视：第一，不要对佛教进行非议。第二，不要对佛像有所不恭。尤其要牢记，不要用手或身体下部去触摸佛像，不要攀登或蹬踩佛像，不要乱丢佛像或是将其放进口袋里。第三，不要对僧侣有失敬意。不要站得或坐得高于僧侣，不要对僧侣出言不逊。妇女还要切记，不要与僧侣平起平坐，或是触碰对方。第四，不要对佛寺不加尊重。参观佛寺时，进门前要脱下鞋子，不要大声说笑，不要穿得过分随便。

在历史上，老挝与法国、越南都曾有过一段极其特殊的关系，老挝人对此都有自己的一定看法。与其进行交谈时，切勿涉及类似问题。

老挝人认为：头是神圣之处，不容他人触摸；脚是下贱的部分，坐下来后不仅不应乱动，而且最好别让人看到。在老挝，用下巴指向某处意味着“请注意”。用左手触摸东西，或从坐卧之人身上跨过去，均为严重的失礼行为。与别人交谈时，将手放在口袋里或者手舞足蹈，也是不礼貌的。

在人际交往中，老挝人经常面含微笑。但是，他们的微笑往往有着不同的寓意：有时它表示问候，有时它表示窘迫，有时它还表示感兴趣。

马来西亚礼俗

(一)基本概况

国家的正式名称即为马来西亚。它位于东南亚地区的南端，北部与泰国、文莱为邻，南接新加坡、印度尼西亚。其国土地处于热带，并且绝大部分为海洋所环绕。它的全国总面积为33.03万平方公里，海岸线总长达4192公里。

在马来语里，“马来”一词带有“黄金”之意。“马来西亚”这一名称，意即“黄金之国”，这说明当地盛产黄金。出于同样的原因，盛产橡胶和锡的马来西亚，有时也被人们称作“橡胶王国”或“锡的王国”。在19世纪下半叶时，欧洲人便开始使用“马来西亚”一词，不过他们那时是将它与马来群岛画等号的。有些海外华人惯于称其为“大马”。

目前，马来西亚全国划分为13个州。从地理位置上看，人们惯于将全境被南中国海分为两大部分的马来西亚国土，分别称为“东马”和“西马”。“东马”包括沙巴、沙捞越两个州，位于加里曼丹岛的北部。“西马”则包括了其余的11个州，位于马来半岛的南部。马来西亚的首都是吉隆坡，它位于“西马”。在马来语中，“吉隆坡”一词的本意是“泥泞的河口”。

马来西亚全国的总人口约为2664万，其中马来人占61.5%，马来西亚籍华人和华侨则占三分之一左右。除此之外，还有少量的印度人和巴基斯坦人。

马来西亚是一个以伊斯兰教为国教的国家，全国总人口的一半以上都信奉伊斯兰教，并且属于逊尼派。在马来西亚，马来人基本上都是虔诚的穆斯林。

马来语为国语，通用英语，华语使用较广泛。货币为林吉特。2007年，马来西亚人均GDP（国内生产总值）为6146美元，在世界上排第

67位。

从整体上看，马来西亚是一个实行君主立宪制的联邦制国家。其国家元首由13个州首脑所组成的统治者会议推选而出，任期5年。目前，马来西亚仍为英联邦成员国之一。马来西亚的国庆日是8月31日。国徽格言：团结就是力量。

1974年5月31日，马来西亚与中国正式建立了大使级外交关系。

（二）国家标志

马来西亚的现用国旗启用于1963年9月16日，长宽比例为2∶1。国旗由十四道红、白相间的平行横条组成，左上角蓝色长方形上有一弯金色新月和一颗有十四个尖角的金星。红、白两色是东南亚人民喜爱的传统颜色，十四道红、白横条代表国家的十三个州和联邦政府的平等地位；蓝色象征马来西亚人民的团结；黄色是马来西亚君主的传统颜色，象征国家元首；星月则代表马来西亚伊斯兰教；十四角星象征国家十三个州同联邦政府的团结。

马来西亚的现用国徽中心图案为盾形，上端绘有一弯新月和一颗十四角星。盾面上图案和颜色都用来象征该国的组成和它的行政区划，下部中间为马来西亚的国花——班加拉亚。盾形两旁是两只马来虎，下端黄色绶带上用马来文（左为拉丁字母，右为阿拉伯字母的变体爪宜字母）写着“团结就是力量”。

马来西亚的现用国歌是《我的祖国》。

马来西亚的国花是扶桑花，在马来西亚叫做“班加拉亚”，广受马来西亚人的喜爱。

（三）社交礼仪

在马来西亚，不同民族的人采用不同的见面礼节。马来人的常规做法是：向对方轻轻点头，以示尊重。除男人之间的交往以外，马来人很少相互握手，男女之间尤其不会这么做。马来人传统的见面礼节是所谓“摸手礼”。它的具体做法为：与他人相见时，一方将双手首先伸向对方，另一方则伸出自己的双手，轻轻摸一下对方伸过来的双手，随后将自己的双手收回胸前，稍举一下，同时身体前弯呈鞠躬状。与此同时，他们往往还会郑重其事地祝愿对方：“真主保佑！”或“一路平安”。被

问候者须回以："愿你也一样好。"

马来西亚的华人与印度人同外人见面时，则大多以握手作为见面礼节。

在马来西亚民间，人们见面时经常会问对方："你到哪里去？"它的真实含义，与我国许多地方略同，仅仅是一种一般性问候而已。对此，既可以回答，也可以不答。

马来人的姓名颇具特点，他们通常只有自己的名字，而没有固定的姓氏。在一般情况下，马来人总是儿子以父名为姓，父亲则又姓祖父的名字，因此一家几代人的姓氏会各不相同。

由于屡遭外来侵略之故，马来人在对外交往中显得有些敏感多疑，对外国人往往轻易不会信任。在无人介绍时，他们不爱主动与外国人交谈。即使在商务谈判中，他们也是问得多，答得少。在一般情况下，不宜与其谈论国内政治、马来西亚与新加坡或西方国家的关系，不宜议论宗教或民族问题。但是与熟人交往时，他们却以“笑口常开”作为一种基本礼貌。他们认定，与别人打交道时，面无表情，不苟言笑，意味着对别人不怀好意。

（四）服饰礼仪

平日，马来西亚人讲究身穿以天然织物做成的服装。最具代表性的马来西亚人的服装，是被称为“国服”的一种叫做“巴迪”的长袖上衣，它多以蜡染的花布做成。在很正式的交际场合，穿这种衣服也不为失礼。

在一般情况下，马来人习惯穿着本民族的传统服装。马来族男子通常上穿“巴汝”，它是一种无领、袖子宽大的外衣。他们的下身则围以一大块布，叫做“沙笼”。他们的头上，还非要戴上一顶无沿小帽不可。马来族的女子，则一般要穿无领、长袖的连衣长裙。她们的头上，必须围以头巾。

在社交场合，马来西亚人可以穿着西装或套裙。但是，在正规的场合里，绝对不允许人们露出胳膊和腿部来，所以背心、短裤、短裙往往是忌穿的。

马来西亚人的服饰偏好红色、橙色和其他一些鲜艳的颜色。他们认为黑色属于消极之色，黄色也不适于作为服装之色。受伊斯兰教影响，马来人对绿色十分喜爱。

马来人喜欢佩戴短剑，他们认为短剑象征着力量、勇敢和智慧。去马来西亚人家里做客，进门前必须首先脱下鞋子，并且摘下墨镜。参观清真寺时，亦须切记这一点。

（五）餐饮礼仪

在马来西亚，由于以伊斯兰教为国教，因此在饮食习俗上首先必须了解并尊重穆斯林的有关禁忌。通常，马来西亚的穆斯林是绝对不饮酒的，他们喜欢的饮料有椰子水、红茶、咖啡，等等。在一般情况下，他们也不惯于饮用开水。在宴请之中需要干杯时，他们会以茶或其他软饮料来代替酒。

受伊斯兰教教规影响，马来西亚的穆斯林不吃猪肉，不吃自死之物和动物血液，不吃一切未按教规宰杀之物。不使用一切猪制品。由于他们认为狗是一种会带给人们厄运和瘟疫的肮脏动物，乌龟是一种象征“春药”或“色情”的不吉祥的动物，所以都不吃。平时，他们爱吃米饭，喜食羊肉，极爱吃咖喱牛肉饭，并且爱吃具有其民族风味的“沙爹”烤肉串。

马来西亚的印度人通常不吃牛肉，但是可以吃羊肉、猪肉和家禽肉。

马来人一般十分好客，他们认为：客人在主人家里若不吃不喝，等于不尊敬主人。对此，必须牢记。

在用餐时，马来人多惯于将食物置于放在地上的毯子或席子上，然后环绕其而坐。在坐姿上，他们讲究男女有别：男子通常应当两脚交叉在前，盘腿而坐；女子则必须屈膝而坐，只有上年纪之后方可例外。

只有在十分正规的宴请中，马来西亚人才以刀、叉、匙进餐，平常他们用餐时只用右手抓食食物。由于左手被视为“不洁之手”，因此禁用其取食食物或饮料。万不得已须以左手帮助右手之前，应向在场之人表示歉意。以左手向其他人递送食物或饮料，在任何情况下都是不许可的。在一般情况下，马来西亚的印度人也惯于抓食食物，而不使用任何餐具。

在用餐时，马来西亚人很讲究卫生。在用餐前，他们必定先用清水冲手。在餐桌上，则多备有水盂，以供人们用餐时涮洗手指。对以湿毛巾干擦手部，他们是不习惯的。

（六）习俗禁忌

要了解马来西亚的习俗禁忌，总体而言特别要注意下列两点：

第一，伊斯兰教在马来西亚具有举足轻重的影响。马来西亚虽为东南亚国家，但却是一个地地道道的伊斯兰教国家。伊斯兰教的教规教义在马来西亚具有法律效力，并为人民所严格遵守。在日常生活里，该教的作用几乎无所不在。

例如，尽管深受西方文化的影响，并且一年四季气候炎热，马来西亚人平时却非常讲究着装严谨，衣冠端正。在公共场合，过度裸露肢体，绝对是不允许的。

此外，在马来西亚，人们还有“男女授受不亲”的讲究。在社交场合，不准许男女进行身体接触。即使夫妻或情侣在大庭广众之前勾肩搭背，挽臂而行，或是拥抱亲吻，也在禁止之列。

第二，马来人的礼仪习俗在社会生活中居于支配地位。在马来西亚，马来人不仅人口最多，政治影响最大，社会地位也最高，他们的语言与宗教亦分别成为国语与国教。在某种意义上讲，马来西亚的礼仪习俗主要就是马来人的礼仪习俗。因此，在马来西亚不要非议马来人的特殊地位，不然便会自找麻烦。对马来人的习俗，以多多了解为宜。

跟马来人接触时，下列五点务请留意：其一，不要触摸被其视为神圣不可侵犯的头部与背部。其二，不要在其面前跷腿、露出脚底，或用脚去挪动物品，因为他们认为在人体上脚的地位最为低下。其三，不要用一手握拳，去打另一只半握的手，这一动作在马来西亚人看来是十分下流的。其四，与其交谈时，不要将双手贴在臀部上，不然有勃然大怒之疑。其五，不要当众打哈欠。万不得已要打哈欠时，务必要以手遮挡住口部，否则便是失敬于人的。

缅甸礼俗

（一）基本概况

缅甸的正式名称是缅甸联邦。它位于亚洲东南部的中南半岛西部，北部与东北部与中国接壤，西北与印度、孟加拉国为邻，东南同老挝、泰国交界，西南则濒临孟加拉湾与安达曼海。缅甸全国总面积为67.66万平方公里，海岸线约长3200公里。

缅甸作为国家的名称，出自该国主体民族缅族之名。从字义上讲，“缅”字具有“敏捷”、“强壮”与“遥远”之意。而“甸”字，则意为“山间谷地”。所以从字面上来看，缅族即“坚强、勇敢之族”，“缅甸”意即“遥远的山间谷地”。由于缅甸盛产稻米，并且一半以上的国土面积为森林所覆盖，在世界上，它还有“稻米之国”、“森林之国”等称呼。有人还称之为“佛塔之国”。

缅甸目前的行政区划，是将全国分为7个省，7个邦。省是缅族主要聚居区，邦多为各少数民族聚居地。缅甸首都原为仰光，现已迁都至内比都。

缅甸的全国总人口现约为5540万，由缅族、掸族、克伦族等135多个民族所组成。缅甸的主体民族是缅族，其人数约占全国总人口的65%。

缅甸的主要宗教是佛教，全国居民的85%以上都信奉佛教，并且大都属于小乘佛教的信徒。

缅甸的国语是缅语。在该国，有不少懂英语的人。货币为缅元。2007年，缅甸人均GDP（国内生产总值）为239美元，在世界上排第173位。

缅甸目前实行共和政体。缅甸的国庆日是1月4日。

1950年6月8日，缅甸与中国正式建立了大使级外交关系。

（二）国家标志

缅甸的现用国旗启用于1974年1月4日，长宽比例为9∶5。国旗为红色旗面，左上角为蓝色长方形，上有五角星、齿轮和稻穗图案。红色象征勇气，蓝色象征和平，白色象征纯洁；稻穗和齿轮分别象征农业和工业；外围环绕着的十四颗星代表着组成联邦的十四个省、邦。

缅甸的现用国徽中央是缅甸地图轮廓，被象征着联邦十四个省、邦的十四齿齿轮和两串稻穗环绕。两侧各有一头被誉为缅甸国兽的狮子，狮子是吉祥的标志。顶端为一颗象征独立的五角星，五角星下方是婀娜多姿的缅甸花卉。底部绶带上用缅文书写着国名。

缅甸的现用国歌是《缅甸联邦国歌》。

缅甸人非常珍爱东亚兰、柚木和红宝石，这三种东西分别被确定为缅甸的国花、国树与国石。在缅甸人面前，切不可对它们有失敬意。

缅甸的国兽为白象，在缅甸人心中，白象代表着吉祥和幸福。

（三）社交礼仪

缅甸人在人际交往中待人十分谦恭、友好，他们所采用的见面礼

节，主要有下述三种。

其一，合十礼。由于缅甸人大多信奉佛教，因此他们在社交活动之中，一般都习惯于向交往对象行合十礼。在缅甸，关于行合十礼，有两点需要强调：一是见到僧侣时，对其只能行合十礼。二是在行合十礼时不仅要问候对方，而且戴帽子的人必须首先将帽子摘下来，并且夹在腋下。

其二，鞠躬礼。缅甸人在见到长辈、上级或学者时，大都要向对方行鞠躬礼，以表示自己特殊的敬意。

其三，跪拜礼。在民间交往中，缅甸人在参拜父母、师长或者僧侣时，往往讲究要“五体投地”，向对方行跪拜大礼。这种礼节，其实出自佛门。按照佛教教规，在行跪拜礼时，行礼者须使自己双手、双脚、双肘、双膝、额头同时接触地面，并且在此前后双手合十举至头顶。

在日常生活中，缅甸人对长辈尊重有加。他们讲究，晚辈在向长辈递送东西时，必须使用双手。在递细小物品时，可单用右手，但应同时以左手托扶右手下部。在长辈面前通过时，晚辈应当躬身低首，轻轻走过，不允许昂首阔步，或是奔跑通过。长辈来到室内时，晚辈必须迅速起身迎候。向长辈告辞时，晚辈先要躬身施礼，然后后退两步，方可离去。

缅甸人对于男女之间的交际较为保守。在缅甸，男女通常不握手，不接触对方的身体。在公共场合，男女若是在举止动作上过于亲密，比如携手而行，相拥相抱，热烈亲吻，都会令人侧目而视。

在称呼缅甸人时，应对其“姓名”首先有所了解。严格地讲，缅甸人是有名而无姓的。在缅甸人的名字之前，往往会加上一些特定的词，它们类似于尊称，但绝非姓氏。

例如，“吴”意为“先生”，“杜”意为“女士”，“哥”意为“兄长”，“貌”意为“弟弟”，“玛”意为“姐妹”，“塞耶”意为“老师”，“道达”意为“博士”，“德钦”意为“主人”，“耶博”意为“同志”。它们都是缅甸人平日里常用的称呼。

举例而言，若一位缅甸男子名字叫做“刚”，则长辈会称之为“貌刚”，同辈会称之为“哥刚”。要是他有了社会地位，人们会称之为“吴刚”。如果他是一位军官或者教师，则人们还有可能称其为“波刚”，或者“塞耶刚”。

根据缅甸的民间传说，中国人与缅甸人本是同胞兄弟。是故缅甸人对待中国人不但极为亲切、友好，而且往往还会直接以“胞波”相称。“胞波”一词，在缅语里意即“同母所生的亲戚”，或是“同胞兄弟”。

（四）服饰礼仪

缅甸人只有在极为正式的场合才会穿着西式的套装、套裙和皮鞋。在日常生活之中，绝大多数缅甸人都喜欢穿着自己的民族服装。

缅甸男子的着装通常为：上穿对襟无领长袖短外衣，下穿以方格布缝制而成的类似于筒裙的沙笼，并且在正面用结子束好。在他们的头上，往往要裹上一块素色的扎头巾，名为“岗包”。

缅甸妇女的着装则大多是：上穿斜襟长袖短衫，内衬白色胸衣；下穿花布长身筒裙，并且在侧面束住，但不用腰带。她们的上衣往往透明或者半透明，出门在外时大多还要披上一条彩色披巾。

缅甸妇女很爱梳成又高又光的发髻，并且对各种金首饰倍加青睐。在缅甸的一些地区，妇女以脖子细长为美。于是那里的女孩子自小开始，便不断地往脖子上面套铜环，以便促使自己变得颈长。

由于天气炎热之故，缅甸人一般都不穿鞋袜，至多穿上一双拖鞋罢了。缅甸的警察执行公务时头戴钢盔，妇女们脸颊上往往要涂上一块用以装饰的植物粉浆，人们不分男女老幼出门时大多挎上一只布包。如此种种，均与当地天热直接相关。

拜访缅甸人时，进门前最好首先脱鞋。在参拜佛寺时，则非得这么做不可。

（五）餐饮礼仪

缅甸人在一般情况下均以米饭为主食，而且喜食水产品。缅甸人普遍喜吃米饭，并且喜欢将菜拌入饭中一道吃。加入椰子汁的椰浆饭，拌有椰丝、虾松、姜黄粉的糯米饭，都是他们最爱吃的。

在用餐之时，缅甸人通常讲究质精量少。他们的口味偏重于酸、辣、甜，不爱吃太咸的食物。吃饭之时，多爱加辣酱入内。

信仰小乘佛教的缅甸人通常不忌肉食，但是他们不得杀生，并且讲究过午不食。缅甸人一般都不吃猪肉、狗肉、牛肉，并且不吃动物内脏。他们所吃的肉食，主要是鸡肉、鸭肉、鱼肉和虾，以及鸡蛋等，缅甸的一些少数民族，例如克钦族，还有烤食兽肉之习。

不少缅甸人不饮酒，但他们一般都爱喝汽水、咖啡和热茶。他们所喝的热茶，其实是一种“怪味茶”。它是以茶叶拌入黄豆粉、虾肉松、虾酱油、洋葱末、热辣椒籽，冲兑而成的。

在用餐时，缅甸人主要以手抓食。有时，也用一下勺子和盘子，但是不用碗。只有在待客时，才会预备刀叉。用餐的时候，缅甸人通常围绕矮桌而坐，每人面前均会备有一碗清水，用于在进餐前涮洗手指。

缅甸人大都讲究饭菜上齐后才可开始用餐。在用餐时，排列座次须注意男左而女右。在端菜盛饭的过程中，不能令饭菜越过用餐者头顶。用餐时，尤其是抓食饭菜时，仅可使用右手，忌用左手。惟有父母、来宾开始进食后，子女、主人才能跟进。吃饭的时候，不允许讲令人作呕的话。发现饭菜之中有脏东西时，宜悄然处理，不应当声张。

（六）习俗禁忌

缅甸人非常敬重榕树，将其当作佛塔看待。

在缅甸，黄牛受到人们的普遍崇拜。黄牛被他们奉为神明，非但禁止宰杀、食用，而且不得役使或鞭打。孔雀与猫头鹰，同样也是缅甸人所喜爱的动物。乌鸦在该国也被视为“神鸟”而大受保护。

有三种人在缅甸是不可予以轻视的。一是僧侣。信奉佛教的缅甸人历来敬重僧侣，每个男子一生之中都要出家为僧一次。因此，在任何情况下，都不得对僧侣失敬，并且在任何场合都要主动对其礼让三先。二是妇女。妇女在缅甸地位较高，她们可以自主婚姻，并且拥有经济收入，故此有人称该国为“亚洲第一女权国”。对于缅甸妇女，千万不要歧视。三是军人。缅甸军人在国家政治生活中拥有极大的权力。对军人失敬，往往便会惹火烧身。

缅甸的佛门弟子做生意时有五条戒规：一不得出售各种杀生武器；二不得出售大象、马匹、佣人；三不得出售供食用的鸡和鸟；四不得出售酒；五不得出售毒药。

与他人一同就座时，缅甸人忌讳坐得高于僧侣，并且不允许露出膝盖或者大腿。过泼水节时，他们还有向别人身上泼洒清水，以此祝颂对方消灾纳福的习惯。

蒙古礼俗

（一）基本概况

蒙古的正式名称是蒙古国。它位于亚洲中部地区，其国土东、西、南三面与中国接壤，北面则同俄罗斯为邻。蒙古是世界上第二大内陆国，它的全国总面积约为156.65万平方公里。

蒙古这个国家名称，是由该国主体民族喀尔喀蒙古族的名称演变而来的。在蒙古语里，“蒙古”一词是由“勇敢”与“朴素”两个词素组合而成的。有人还认为，“蒙古”一词，还拥有“永恒”、“银”、“我的火”等许多不同的含义。

蒙古目前全国设立有21个省。该国首都是乌兰巴托。乌兰巴托，是“乌兰巴托霍托”的简称。从字面上看，后者的本意是“红色英雄城”。

蒙古现有全国总人口约256万，由蒙古、哈萨克、俄罗斯等民族构成。喀尔喀蒙古族是蒙古人数最多的民族，它约占全国总人口的80%左右。

蒙古的主要宗教是喇嘛教，它是佛教的主要流派之一。在蒙古，还有极少数人信仰伊斯兰教和东正教。

蒙古的国语是喀尔喀蒙古语。由于历史上的原因，不少蒙古人都懂得俄语。货币为图格里克。2007年，蒙古人均GDP（国内生产总值）为1470美元，在世界上排第119位。

蒙古目前实行总统制共和政体。该国的国庆日是7月11日。

1949年10月16日，蒙古即与中国正式建立了大使级外交关系。

（二）国家标志

蒙古的现用国旗启用于1992年2月12日，长宽比例为2∶1。国旗从左至右由红、蓝、红三个垂直长方形组成。左侧自上而下绘有黄色的火、太阳、月亮、三角形、长方形及阴阳图案。红色象征胜利，蓝色表示忠于祖国，黄色是自由和独立的象征。火、太阳、月亮等表示人民永生；三角形、长方形表示智慧、正直和忠于职责。阴阳图案象征和谐。

蒙古的现用国徽为圆形，蓝色背景上有长着翅膀的金色骏马的装饰图案，马身上有传统的索永布图案。骏马和索永布的组合，象征着独立、主权和蒙古精神；蓝色象征永远湛蓝的天空；顶端三颗“祈福宝石”象征过去、现在和未来；下方由丝巾缠绕的车轮象征威望和尊重；底部的白色莲花宝座是蒙古人信奉的佛教的象征。

蒙古的现用国歌是《蒙古国国歌》。

（三）社交礼仪

在人际交往中，蒙古人极为热情好客。在正式场合，蒙古人有时也与别人握手为礼。不过，在更多的情况下，他们更爱采用具有自己民族特色的见面礼节。

蒙古人在一般情况下所采用的具有其民族特色的见面礼节主要有下列三种：

其一，请安礼。它的做法是：男子单曲右膝，右臂自然下垂；女子则须双膝弯曲。

其二，躬身礼。在行礼时，要先将双手高举过头，随后将右手捂在胸前，同时躬身，以示敬意。

其三，拥吻礼。即与行礼对象拥抱并亲吻。

前两种见面礼节，适用迎接贵客。后一种见面礼节，则多用于亲友之间。在行见面礼时，蒙古的习惯做法是不脱帽子的。但是，骑马的人必须下马，乘车的人则须下车，行礼双方都必须这样做。

好客的蒙古人在欢迎嘉宾时，通常还会举行下列三种迎宾仪式。

仪式之一，是献哈达。哈达是一条丝巾。蒙古人献给贵宾的哈达是蓝色的，并且讲究不宜过长，先要折上两下，其开口处要朝着对方。

仪式之二，是敬奶茶。敬奶茶，往往与献哈达同时进行。奶茶往往

讲究用银碗盛放，客人宜将其一饮而尽。

仪式之三，是吸鼻烟。蒙古人爱吸鼻烟，久而久之，请客人吸鼻烟，竟然演化为一项仪式。它的做法是，蒙古男子在家中接待男宾时，要与对方互递鼻烟壶。若对方为平辈，应以双手或右手递上，并以同样的方法躬身接过对方的鼻烟壶，认真欣赏后，倒出一点鼻烟，抹在鼻孔里品味，然后把它还给对方。若对方为长辈或身份高者，则应先跪一足，以右手递上自己的鼻烟壶，然后再以双手接过对方的鼻烟壶取而吸之。

在蒙古民间，与他人相见时所用的问候语，往往不是询问对方身体怎么样、工作忙不忙，而是“牲畜是否平安”。这主要是因为蒙古是一个以畜牧业为主的国家，牲畜是蒙古人的主要经济支柱，所以“牲畜是否平安”这一问题不能不引起他们的高度重视。

（四）服饰礼仪

在日常生活里，蒙古人主要穿着其民族服装蒙古袍。蒙古袍又叫做“台里”，实际上是一件长袍。其袖子宽松长大，领子较高，钮扣在右侧。它的领子、袖口和边沿，往往由漂亮的花边予以点缀。夏穿的蒙古袍多为浅色单夹袍，冬季所穿的蒙古袍则大半是深色的皮里棉袍。

蒙古袍的穿法极有讲究。标准的做法，是从左向右裹在身上，然后再在腰上扎上一根宽大的、色彩与蒙古袍相协调的绸腰带或棉腰带。男子扎腰带时，讲究把袍子往上提，以便显得精悍洒脱。女子扎腰带时，则往往要让袍子向下舒展，以显得身材苗条。实际上，扎腰带的最大好处，是可以保暖和防止蚊虫“长驱直入”。

穿蒙古袍时，蒙式的帽子与靴子往往必不可少。通常，蒙古人十分爱戴一种尖顶或圆顶的护耳皮帽。在帽子后面，常饰有两条宽大的红色丝带。蒙古人经常所穿的鞋子，是一种名叫“古都尔”的牛皮靴。它底子很厚，既防寒，又防水。它的靴头大都向上翘起，在靴筒上面绘有民族色彩极浓的图案。

在对外交往之中，蒙古人有时会穿蒙古袍，有时则会穿样式极为保守的西装或套裙。

（五）餐饮礼仪

蒙古人平日所吃的主食，主要是肉类和乳制品。在肉类之中，他们最爱吃的是羊肉，同时也吃牛肉。但是，在一般情况下，蒙古人不大吃猪肉和马肉。与此同时，他们还忌讳吃鱼，因为它被视为神的化身。他们禁吃的还有：虾、蟹、海味，以及所谓“三鸟”的内脏。“三鸟”，

按蒙古人的说法，即鸡、鸭、鹅。还有不少人不爱吃米、面、青菜。

通常，蒙古人都有较大的食量。他们大都口味较重，不怕油腻，爱吃烧、烤、焖的菜肴。不过，他们一般不吃炸食，也不吃糖醋类的菜肴。

“手扒肉”、“烤全羊”、“石烤肉”、“羊背子”等，都是蒙古人的传统佳肴。在款待嘉宾时，他们通常要设“全羊席”。届时，由主人首先动手，其他人则应按一定顺序进食。

在吃肉时，蒙古人一般用手撕而食之，或以刀子割食。吃著名的“手抓饭”时，则须以手直接进行抓食。

蒙古人没有喝汤的习惯。他们的主要饮料是马奶酒和茶。蒙古人非常重视马奶酒。祭祀祖先和天地神佛时，一定要敬献马奶酒。蒙古人所喝的茶，其实是一种奶茶。对他们而言，与其说奶茶是一种饮料，不如说它是一种食品因为他们一日不可无之。有时，他们问候他人的话语便是“喝茶了吗？”

蒙古人多能饮酒。向贵宾敬酒时，他们往往同时载歌载舞，客人是不能不喝的。敬酒之时，他们讲究右手举杯，并以左手托扶右肘。

（六）习俗禁忌

蒙古人对于本民族的伟大祖先成吉思汗无比敬重。对成吉思汗的任何非议，都会令他们忍无可忍。除此以外，蒙古人还讳谈蒙古与前苏联的特殊关系、蒙古与中国的渊源等两大问题。

蒙古人十分爱马，他们被外人称为“马背上的民族”。因此在他们面前，切勿表现得不爱护马匹。

在色彩上，蒙古人对红色十分崇拜，并且视之为本民族的标志。他们还认为：白色代表一帆风顺，蓝色表示忠贞、永恒，黄色象征荣华富贵，所以也非常喜欢这些色彩。他们将黑色列为禁忌之色，因为它被视为敌人、丧事的化身。送其黑色礼品，或穿黑色服装，都会令其不快。

蒙古人即使对过路的陌生人也会殷勤款待，因此人们说：“在蒙古，一个一文不名的人，也能旅行三个月。”但是在拜访蒙古人居住的蒙古包时，必须切记下列六点。第一，不要倚坐在蒙古包上。第二，进蒙古包前，须将马鞭或棍杖放在门外。第三，进入蒙古包后可不脱帽。若脱下帽子，则切勿将其朝着门口放下。第四，在就座时，最好是盘腿而坐。如不习惯，可将双腿伸向门口，但绝不要双腿朝内。第五，与蒙古人交谈时，慎勿以鼻烟壶或手指对其指指点点。第六，不要劝说蒙古人将自家牲畜的乳汁卖掉。与上述几点有违，会被蒙古人视为人身侮辱。

有趣的是，倘若无意之中踩到他人的脚，蒙古人通常要主动上前与对方握手，以此来表示自己的歉意。

尼泊尔礼俗

(一)基本概况

尼泊尔的正式名称是尼泊尔王国。它位于南亚地区，北邻中国，东、西、南三面皆同印度相交。尼泊尔是一个内陆国家，国土面积为14.72万平方公里。

对于尼泊尔这一名称的来历，人们的解释有所不同。有人说，它出自尼泊尔语，意为“中间的国家”，即夹在中国与印度两国之间之意。有人说，它出自尼瓦尔语，意为“丛山中的国家”。还有人则认为，它来自藏语，意为“羊毛之家”。因为尼泊尔王国位于世界屋脊喜马拉雅山南麓，全国面积的二分之一在海拔1000米以上，7600米以上的山峰有50多座，所以它又以“喜马拉雅山国”之名而著称于世，并且有“亚洲山国”之称。由于尼泊尔一年之中节日极多，所有的节日全部加在一块儿居然多达一百多天，因而又有人称之为“节日之邦”。

从地形上讲，尼泊尔可被分成南部平原、中部河谷和北部山地三个地区。在行政区划上，该国则分为5个发展区，14个专区，36个市，75个县，3995个村。尼泊尔的首都，是有“山国春城”之称的加德满都。在尼泊尔语中，“加德满都”意即“树林和庙宇”。除此之外，还有人将其理解为“边界地区”之意。

尼泊尔全国总人口现有约2642万人，由尼泊尔人、尼瓦尔人、印度人等30多个民族构成。尼泊尔的主体民族是尼泊尔人，它占到全国总人口的一半以上。尼泊尔人的另一个称呼，叫做廓尔喀人。除尼泊尔人外，尼瓦尔人的数量也不少，大约为其全国总人口的30%。

尼泊尔宪法规定，印度教为该国国教。印度教徒约占尼泊尔全国人口总数的86.2%，另有7.8%左右的尼泊尔人信奉佛教。在尼泊尔，还有的人既信仰印度教，同时又信仰佛教。

尼泊尔的国语是尼泊尔语，上层社会通用英语。货币为尼泊尔卢比。2007年，尼泊尔人均GDP（国内生产总值）为400美元，在世界上排第160位。

尼泊尔目前实行君主立宪政体。它的国庆日原为2月19日，于2006年更改为5月18日。国徽格言是：祖国胜于天堂。

1955年8月1日，尼泊尔与中国正式建立了大使级的外交关系。

（二）国家标志

尼泊尔的现用国旗启用于1962年12月12日，长宽比例为3∶4。国旗由两个上下相叠的红色三角旗组成，旗边为蓝色。上旗中的月亮和星代表皇室，下旗中的太阳来自拉纳家族的标志。两个三角形的右角表示喜马拉雅山的两个山峰。

尼泊尔的现用国徽图案是喜马拉雅山、太阳和星月标志、河谷，以及国花杜鹃花、国兽白牛和国鸟虹雉。山峰之上的图案由廓尔喀人用的腰刀、佛脚印、国旗、王冠构成。中心图案两旁是手执武器的士兵。下面的红色绶带上用梵文写着“祖国胜于天堂”。

尼泊尔的现用国歌是《尼泊尔王国国歌》。

尼泊尔的国花是杜鹃花。她被尼泊尔人称为“高山玫瑰”，成为他们最喜爱的鲜花。尼泊尔人认为，她代表着美好、幸福和吉祥。

尼泊尔法定的国鸟是虹雉，又名“九色丹飞”。

尼泊尔的国兽是白牛，它是尼泊尔地位至尊的兽类。它不仅由宪法明文规定为国兽，受到正式颁布的《国兽保护法》的保护，而且在现实生活中受到尼泊尔人的真心爱护。

（三）社交礼仪

在尼泊尔，人们相见之时所采用的见面礼节多种多样。西式的握手礼，在城市里，尤其是在知识阶层之中才较为通用。除非对方乃属至交，尼泊尔妇女一般是不同交往对象握手的。

在日常生活里，尼泊尔人所采用的极具民族特色的见面礼节通常有下列五种：

其一，合十礼。在行合十礼时，尼泊尔人同时要向行礼对象说上一句：“纳马斯得。”它的意思是“你好”。

其二，摸头礼。它是国王在会见臣民时所行的礼节，即用右手去抚摸臣民的头顶。在尼泊尔，一个人若能得到国王的抚摸，将是其终生的荣幸。

其三，掬手礼。它是下属、晚辈、身份低者在拜见上司、长辈、身份高者之时所使用的见面礼节。其具体做法，是面对行礼对象俯首躬身，同时双手呈掬水状，并以双手指尖触及自己的额头。

其四，吻足礼。它限于晚辈拜见长辈之用。具体做法是：晚辈跪在长辈身下，亲吻其足。

其五，吐舌礼。它的做法，是在欢迎初次相见的客人时吐出鲜红的舌头，以示舌红心红，自己在以赤诚之心欢迎对方。

在欢迎贵宾时，尼泊尔还有一种隆重的仪式。他们会特别安排圣洁的童女迎候宾客，并由其向对方献花。在尼泊尔，向来宾敬献花环，是一种祝福对方的常规做法。在欢迎嘉宾的时候，他们往往还会点燃酥油灯、篝火或红蜡烛，以此来向对方表示“光明”、“温暖”和“友情”。

通常，在尼泊尔，人们的姓名均由三个部分构成。其中第一个部分是本名，第二个部分是本人的爱好、意愿或信仰，第三个部分才是姓氏。在一般情况下，通过一个尼泊尔人的姓名，即可对其祖先的职业、民族和种姓略知一二。

（四）服饰礼仪

在一般情况下，尼泊尔男子的常见服饰是：上身穿白色细布制成的系有带子的对襟衬衫，外面套上一件西装上衣，但是不打领带。与此同时，他们的下身往往会穿一条白色的上宽下窄的、类似于马裤的裤子，脚上则穿皮鞋。有趣的是，他们此刻绝不会将衬衫的下摆掖进裤腰内，而是任其在裤子之外自然下垂，甚至长出西装上衣许多。平日，尼泊尔男子还喜欢戴上一顶黑色或花色的圆顶小帽。只有在服丧之时，他们才戴白色的小圆帽。

在尼泊尔乡间，男子往往会上穿一件无袖的、类似于坎肩的、被称为“褂子”的短袄，下穿一条短裤，并且在腰上系上一根带子。同时，他们还经常会腰悬一把廓尔喀腰刀。

尼泊尔妇女对于西方的现代服饰已普遍接受，她们的日常着装是：上身穿一件紧身的长袖胸衣，下穿一条以各种长度的布缠成的直筒式裙子，在头上则扎上一条色泽艳丽的围巾，或是将其披于肩头后背。

尼泊尔妇女穿着打扮的一大特点，是喜欢首饰，讲究化妆。她们非常喜欢佩戴五颜六色的项链、手链，并且爱戴大大的耳环和鼻环。在日常生活之中，她们在化妆时还喜欢在额头上涂上一点朱砂，并且将其称为吉祥痣。

（五）餐饮礼仪

通常，尼泊尔人每天只吃两顿饭。他们的早餐，主要是吃饼干，饮奶茶。晚餐才被视为他们的正餐，并且广受重视。

尼泊尔人的主食是米饭，有时也吃一些面食、玉米。他们的副食主要有羊肉、鸡肉、鸭肉，爱吃的蔬菜则是西红柿、洋葱、辣椒、土豆、鲜笋，等等。他们爱吃香、脆而实惠的菜肴，喜欢让它酸、甜、辣一点。对于过咸的菜肴，他们往往兴趣不大。

尼泊尔人忌食的主要是牛肉。海参和姜等东西，他们也是绝对不吃的。在一般情况下，他们还不吃猪肉。

在用餐的时候，尼泊尔人不用刀叉和筷子，而是喜欢用右手抓取食物而食。当他们宴请客人时，讲究让客人自己动手去盛饭。在一般情况下，客人最好添上两次饭。要是只添一次的话，主人往往会不高兴。

尼泊尔人还讲究：在用餐完毕以后，每个人均须自行将本人用过的餐具收放于餐桌之下。他们之所以这样做，主要是为避免那些用过的餐具会被别人错用。

（六）习俗禁忌

尼泊尔人对乌鸦另眼相看，认为它是一种吉祥之鸟，并且具有为人类奉献的高贵品格。

在尼泊尔，白牛被尊为神牛。它身上所有的一切，亦被视为神圣之物。在尼泊尔人眼里，白牛的两角是“两座圣山”，白牛的双眼是“日月神”，白牛的奶是“圣海”，白牛的尿是“圣河”，白牛的屎是“吉祥之物”，白牛的毛则是“三亿三千万个神”。在尼泊尔，人们对于白牛可以说是顶礼膜拜，对其不得拴缚，不得宰杀，不得食肉，不得以其皮制革。凡伤害白牛者、不敬白牛者，会受到法律的惩罚。与尼泊尔人打交道时，务必不要以牛皮制品相赠，不要请其坐牛皮沙发。参观尼泊尔的寺庙时，不要穿牛皮鞋入内。

除白牛之外，尼泊尔人对狗也极有好感。他们认为狗不仅忠实、可靠，而且还是一种吉祥的动物。在他们眼里，水牛、公羊、公鸡都是邪恶的象征，如此对其敬而远之。他们还认为：动物的皮毛是不洁净的，故不使用任何皮革制品。

尼泊尔人非常偏爱深红色。在该国宪法之中，深红色被定为尼泊尔的国色。在尼泊尔人过洒红节时，他们相互之间会往对方身上泼洒兑了红颜料的水。一个人身上被泼洒的红水越多，往往表明他越受尊重。

在人际交往中，尼泊尔人赠人的礼品很有讲究。在见客之初，他们会送对方一顶尼泊尔小帽，表示重视对方。在送客之时，他们会送对方一双手工精制的鞋子，预示着对方前程似锦。有时，他们还会送人一把廓尔喀腰刀。

尼泊尔人在向其他人递送物品时，讲究一定要用双手奉上。当采用双手递送确有不便时，才可以用右手递上。此时，还应同时以左手指尖抵住右臂。

在交谈中，尼泊尔人讲究的是“点头不算摇头算”。即点头表示反对，摇头则表示赞成。

日本礼俗

（一）基本概况

日本的正式名称是日本国。它是位于亚洲东部、太平洋西侧的一个群岛性国家，全境由本州、北海道、九州、四国等四个大岛和其他6800多个小岛组成。隔着东海、黄海、朝鲜海峡和日本海。它分别与中国、韩国、朝鲜、俄罗斯等国遥遥相望。日本全国总面积为37.79万平方公里，海岸线总长为3万公里。

日本国名的含义是“太阳升起的地方”，即“日出之国”。由于它盛产樱花，贸易发达，造船工业和钢铁工业在世界上处于举足轻重的位置，故此它又有“樱花之国”、“贸易之国”、“造船王国”、“钢铁王国”等世人皆知的别称。日本有200多座火山，其中活火山占四分之一，而且地震多发。故此，它又被称为“火山地震之邦”。

日本目前的行政区划，是将全国分为一都、一道、二府和43个县（省）。日本的首都是东京，从字面上讲，“东京”意即“东部的京城”。

日本的全国总人口目前约为1.2774亿，由大和族人、阿伊努人、朝鲜人和华人组成。大和族是日本的主体民族，它约占日本全国总人口的99%。

日本的主要宗教是神道教和佛教。神道教是日本固有的宗教。它所崇拜的是象征太阳的所谓“天照大神”。在日本，49.6%的居民都信奉该教，将近半数。因此，它在日本人的生活中，尤其是在礼仪习俗方面，影响甚大。日本人信奉的佛教属于大乘佛教，其信徒占全国总人口的44.8%左右。

日本的国语是日语。货币是日元。2007年，日本人均GDP（国内生产总值）为34023美元，在世界上排第22位。

日本现在实行君主立宪政体。日本的国庆日是12月23日。

1972年9月29日，日本与中国建立了正式的大使级外交关系。

（二）国家标志

日本的现用国旗为太阳旗，启用于1870年1月27日，长宽比例为3∶2。国旗为白色旗面，中央有一轮红日。白色象征神圣、正义、纯洁、平等与和平，红色象征光明、真诚、热忱和博爱。日本国旗被称为“日章旗”，字面意思是太阳圆轮，原为代表日本天皇的旗帜，从1854年起对外代表日本国家，1870年1月被正式确定为国旗。

日本的现用国徽采用日本皇室的徽记，为圆形，由十六瓣黄色菊花瓣组成。中心小圆圈代表花蕊，周围菊花瓣呈放射状均匀分布，代表皇室；每两片花瓣末端有一片扇形花瓣相衬托，象征人民是国家的基础。这一图案源于佛教的法轮。

日本的现用国歌是《君之代》。它启用于1880年11月30日。

日本的国花是樱花，日本人对其无比厚爱。

日本的国石是晶莹剔透的水晶。

日本人国宝和国鸟分别为猕猴和绿雉，日本人对它们非常喜欢。

（三）社交礼仪

在人际交往中，日本人通常都习惯于以鞠躬作为见面礼节。在行鞠躬礼时，日本人不但讲究行礼者必须毕恭毕敬，而且在鞠躬的度数、鞠躬时间的长短、鞠躬的次数等方面还有其特别的讲究。一般而言，日本人在行鞠躬礼时鞠躬的度数大小、鞠躬的时间长短以及鞠躬的次数多少，往往会同对对方所表示的尊敬的程度成正比。日本人在行鞠躬礼时，还讲究手中不得拿东西，头上不得戴帽子，把手插在衣袋里亦不允许。

有的时候，日本人还会一面与人握手，一面鞠躬致敬，或是仅仅与他人握手为礼。不过在一般情况下，日本妇女，尤其是日本的乡村妇女，与别人见面时，是只鞠躬不握手的。在行见面礼时，日本人讲究必须同时态度谦恭地问候交往对象。总之，日本人是认为“礼多人不怪”的。

在日本民间，尤其是在乡村之中，人们在送别亲友时往往还会向对方行跪礼或摇屐礼。跪礼，即屈膝下跪，它是妇女所行的礼节。摇屐礼，即手持木屐在空中摇动，它则是男子所行的礼节。

日本人与他人初次见面时，通常都要互换名片，否则即被理解为是不愿与对方交往。

因而有人将日本人的见面礼节归纳为“鞠躬成自然，见面递名片”。在一般情况下，日本人外出时身上往往会带上好几种印有自己不同头衔的名片，以便在交换名片时可以因人而异地使用。

日本人在人际交往中对清洁十分重视，对他们来讲，每天都非得洗澡不可。不仅如此，日本人还有请人一起去浴室的习惯。用他们的话来讲，这叫做“裸体相交”。他们认为，这一做法可以使人减少束缚，坦诚相交。由于日本人坚信“优胜劣汰”，所以在交际中他们十分尊重强者。

日本人姓名的组合顺序与中国人姓名的组合顺序一样，二者都是姓在前，名在后的。不过日本人的姓名字数往往较多，并且以四字的最为多见。日本妇女婚前姓父姓，婚后则改姓夫姓。

称呼日本人时，可称之为“先生”、“小姐”或“夫人”，也可以在其姓氏之后加上一个“君”字，将其尊称为“某某君”。只有在很正式的情况下，称呼日本人时才需使用其全名。

在交际场合，日本人的信条是“不给别人添麻烦”，因此，他们忌讳高声谈笑。但是在外人面前，他们则大都要满脸笑容，而不论自己是否开心。日本人认为，这也是做人的一种礼貌。

（四）服饰礼仪

日本人在交际应酬中对穿着打扮十分介意。在商务交往、政务活动以及对外的场合，日本人通常要穿西式服装。而在民间交往中，他们有时也会穿着自己的国服。

日本的国服名为和服，它是大和民族的一种传统服装。和服的基本特点，在于它是由一块布料缝制而成，并且没有什么线条。它领口很大，袖子宽短，腰身广阔。穿和服的时候，一般都要脚穿木屐或草屐，并且配以布袜。日本妇女在穿和服时，通常还必须腰系彩带，腰后加上一个小软托，并且手中打伞。惟其如此，才能产生一种特殊的和谐美。

过去，在等级森严的日本，和服的色彩、图案、款式、面料乃至穿着方法，无一不与穿着者的地位、身份相关，因此人们在穿和服时，一点儿也不敢马虎大意。而今，随着社会的进步，人们对此已不甚讲究了。

与日本人打交道时，衣着上有四条必须予以注意。第一，日本人认为衣着不整齐便意味着没有教养，或不尊重交往对象。所以与日本人会面时，一般不宜穿着过分随便，特别是不要光脚或穿背心。第二，到日本人家里做客时，进门前要脱下大衣、风衣和鞋子。第三，拜访日本人时，切勿未经主人许可而自行脱去外衣。第四，参加庆典或仪式时，不论天气多么热，都要穿套装或套裙。单穿衬衫，穿短袖衫，或是将长袖衬衫袖管卷起来，都会被日本人视为失礼。

（五）餐饮礼仪

在饮食方面，日本菜可以说是自成一体，世人一般称之为和食或日本料理。

和食的主要特色，曾有人归纳为“五味”、“五色”和“五法”。所谓“五味”，是这日本人在不同的季节里，饮食的口味往往各有不同的侧重，通常的讲究，是春苦、夏酸、秋滋、冬甜，此外还好食涩味。所谓“五色”，是指和食注重外形，讲究色彩搭配要令人赏心悦目，并且在不同的季节也有不同的侧重，一般的要求是：绿春，朱夏，白秋，玄冬，再就是黄色的广泛运用。所谓“五法”，则是指和食的烹饪方法主要有蒸、烧、煮、炸、生等五种。

具体而言，和食以大米为主，多用海鲜、蔬菜，讲究清淡与味鲜，忌讳油腻。典型的和食有：寿司、拉面、刺身天妇罗、铁板烧、煮物、蒸物、酢物、酱汤，等等。此外，还有饭团与弁当。其中，尤以刺身即生食鱼片最为著名。

日本人的饮食禁忌不是很多。他们主要是不吃肥猪肉和猪的内脏，也有一些人不喜欢松花蛋、羊肉和鸭肉。

日本人非常爱喝酒，西洋酒、中国酒和日本清酒，统统都是他们的所爱。日本男子下班后，先去酒馆大喝一通，几乎成了“例行公事”。在日本，斟酒讲究满杯。多喝几杯，甚至喝得酩酊大醉，人们也会见多不怪，不以为耻。但是日本人所喜饮的酒是日本所独有的清酒。

在日本，人们普遍爱好饮茶。久而久之，形成了讲究“和、敬、清、寂”四规的茶道。茶道具有参禅的意味，重心在于陶冶人们的情趣。它不仅要求优雅的自然环境，而且还有一整套的点茶、泡茶、献茶、饮茶的具体方法。

日本人在用餐时，要摆上一张矮桌，然后男子盘腿而坐于地下，女子则跪坐而食。日本人吃饭是用筷子的，但是他们所用的筷子不是平头，而是尖头。在用筷子时，日本人有“忌八筷”，即下述八种使用筷子的方法，在日本是禁止的。其一，忌舔筷，即不准用舌头舔筷子。其二，忌迷筷，即不准拿着筷子在饭菜上晃来晃去，举棋不定。其三，忌移筷，即不准夹了一种菜接着又去夹另一种菜，而不去吃饭。其四，忌扭筷，即不准将筷子头反过去，吞在口里。其五，忌插筷，即不准将筷子插在饭菜里，或者把它当作叉子，叉起饭菜吃。其六，忌掏筷，即不准用筷子在饭菜里扒来扒去，挑东西吃。其七，忌跨筷，即不准将筷子跨放在碗、盘之上。其八，忌别筷，即不准用筷子当牙签用。除此之外，日本人还忌讳使用一双筷子让大家依次夹取食物。

日本人在宴客时，大都忌讳将饭盛得过满，并且不允许一勺盛一碗饭。作为客人，则不能仅吃一碗饭。哪怕是象征性的，也要再添一次饭。否则，就会被视为宾主无缘。

（六）习俗禁忌

日本人对荷花非常反感，因为荷花在日本仅用于丧葬活动。菊花在日本是皇室的标志，盆花和带有泥土的花则被理解为隐含“扎根”之意，因此，不要将前者送给日本人，不要把后者送给日本的病人。在日本，探望病人时送山茶花、仙客来花、白色的花和淡黄色的花，也是不受欢迎的。

日本人对鹤和乌龟好评如潮，认为二者都是长寿、吉祥的代表。但是，日本人对金色的猫以及狐狸和獾极为反感，认为它们是“晦气”、“贪婪”与“狡诈”的化身。

一般而论，日本人大都喜爱白色和黄色。他们讨厌的色彩，主要是绿色和紫色。在日本，绿色与紫色都具有不祥与悲伤的意味。

日本人有着敬重“7”这一数字的习俗。可是对于“4”与“9”却视为甚为不吉。原来，“4”在日文里发音与“死”相似，而“9”的发音则于“苦”相近。在三人并排合影时，日本人谁都不愿意在中间站立。他们认定，被人夹着是不祥的征兆。

日本人很爱给人送小礼物，但下列物品不应包括在内：梳子、圆珠笔、T恤衫、火柴、广告帽。在包装礼品时，不要扎蝴蝶结。

即便自己是吸烟者，日本人也不愿意让别人给自己敬烟。同时，他们也绝对不会给别人敬烟。

同他人相对时，日本人觉得注视对方双眼是失礼的。因此，他们绝不会直勾勾地盯视对方，而通常只会看着对方的双肩或脖子。

日本人用右手的拇指与食指合成一个圆圈时，绝对不是像英美人那样，是在表示“OK”，而是在表示“钱”。

在日本，“奥运”被称为“五轮”。

绝大多数日本人爱岗敬业、非常勤奋，因此所谓“懒人”往往令人侧目。

沙特阿拉伯礼俗

（一）基本概况

沙特阿拉伯的正式名称是沙特阿拉伯王国。它位于亚洲西南部的阿拉伯半岛上。它西临红海，东濒波斯湾，同约旦、科威特、阿拉伯联合酋长国等几个国家为邻。沙特阿拉伯的全国总面积约为225万平方公里，海岸线则长达2437公里。

沙特阿拉伯的得名，来自目前统治该国的沙特家族之名。在阿拉伯语里，“沙特”意即“幸福”，而“阿拉伯”则含有“沙漠”之意。因此，“沙特阿拉伯”的意思是“幸福的沙漠”。由于沙特阿拉伯的石油贮藏量极其丰富，它在世界上还有“石油王国”的美称。沙特阿拉伯曾因石油开发而致富，并且全国总面积一半左右为沙漠所覆盖，因此有人也称之为“沙漠之国”或“沙漠超级富国”。

沙特阿拉伯的行政区划，是将全国分为13个地区。地区下设一级县与二级县，县下设一级乡与二级乡。它的首都是利雅得。在阿拉伯语里，“利雅得”意为“花园”。也有人将其解释为“空旷的谷地”，或者“益于放牧的低洼地”。因为沙特阿拉伯外交部与各国使馆均设在吉达，所以有人将吉达叫做该国的“外交之都”。在阿拉伯语里，“吉达”一词的发音与“祖母”一词相仿。沙特阿拉伯的麦加，是伊斯兰教创始人默罕默德的诞生地，故此它被人们称为该国的“宗教之都”。在阿拉伯文里，“麦加”意即“吮吸”。

沙特阿拉伯的全国总人口现为2460万左右。其中大约88.2%的人是沙特阿拉伯人，其余则为其他阿拉伯国家的移民。

沙特阿拉伯的国教是伊斯兰教，国家实行政教合一的制度。全国居民的98%都信仰伊斯兰教，其中大部分属于逊尼派。

沙特阿拉伯的国语是阿拉伯语。通用英语。货币为沙特里亚尔。

2007年，沙特阿拉伯人均GDP（国内生产总值）为15416美元，在世界上排第39位。

沙特阿拉伯如今实行君主政体。它的国庆日是9月23日。国旗格言：万物非主，惟有真主。穆罕默德，真主使者。

1990年7月21日，沙特阿拉伯与中国正式建立了大使级外交关系。

（二）国家标志

沙特阿拉伯的现用国旗启用于1980年11月10日，长宽比例为3∶2。国旗为绿色旗面，中央用阿拉伯文书写着“万物非主，惟有真主，穆罕默德是安拉的使者”，下方绘有一把阿拉伯宝刀。绿色是先知穆罕默德喜爱的颜色，象征和平；宝刀象征伊斯兰圣战和自卫。沙特阿拉伯是伊斯兰教的发源地，国旗的颜色和图案鲜明地展示出这个国家的宗教信仰。

沙特阿拉伯的现用国徽图案由两把交叉的宝刀和一棵枣椰树组成。交叉的宝刀象征圣战和武力，象征誓死捍卫宗教信仰的坚强意志；枣椰树象征农业，也象征沙漠中的绿洲，枣椰树在沙特阿拉伯人的传统生活中占有举足轻重的地位，椰枣是主要粮食之一。

沙特阿拉伯的现用国歌是《沙特阿拉伯王国国歌》。

（三）社交礼仪

在人际交往中，沙特阿拉伯人大都表现得热情友好，落落大方。只是由于受伊斯兰教教规的限制，沙特阿拉伯的妇女极少抛头露面，并且不得与异性进行接触。所以跟沙特阿拉伯人打交道之前，必须注意下列两个方面的问题。

一方面，遇到沙特阿拉伯妇女时，通常不宜主动向其问候或行礼。自己若是一位男士的话，尤其要注意这一点。另外，与沙特阿拉伯男子打交道时，切勿问候其夫人或恋人，并且注意不要向她们赠送礼品。

另一方面，由于沙特阿拉伯人普遍“重男轻女”，因此，尽量不要派女性去与其接触或交际。不然的话，就很有可能会事与愿违，事倍功半。

沙特阿拉伯人同别人相见时，一般首先都会互问对方：“您好！”随后，他们还会同对方握手，并且接着问候对方：“身体好！”有些时

候，沙特阿拉伯人还会以阿拉伯世界流行的问候语，即“在你面前的，是你的亲人”，或者“在你面前摆着的，是平坦的大道”，诚恳地去问候他人。

假如见到亲朋好友时，沙特阿拉伯人通常还会将自己的左手放到对方的右肩之上，然后轻吻对方的面颊。这种见面礼节，体现着交往双方的关系非同寻常。

沙特阿拉伯的贝都因人，还有一种独特的见面礼——“碰额礼”。当贝都因人与他人相见时，彼此首先要用自己的鼻子去触碰对方的额头，然后在紧紧地拥抱在一起。这一见面礼节，亦不适合妇女使用。

外国人在沙特阿拉伯时，在行礼时务必要入乡随俗。异性之间，最好不要当众拥抱亲吻。在公共场合表现得过分亲昵，也是应予避免的。但是沙特阿拉伯男子与其他民族的男子，却往往手拉着手走在一起。沙特阿拉伯人认为，这说明双方关系亲密无间。

拜访沙特阿拉伯人之前，需要预约。然而，他们对于时间观念却有自己特殊的见解。与他人相会时，沙特阿拉伯人往往要晚到一会儿。在别人看来这叫时间观念不强；而在他们看来，这却是做人的一种风度。

沙特阿拉伯人赴约之时，通常还喜欢自作主张，带上几个未被邀请的人一同前去。他们觉得自己这么做，是给会面对象面子。

沙特阿拉伯人的姓名，通常由三个部分或四个部分所构成。自前而后，他们依次分别为：本人名字、父名、祖父名和姓氏。沙特阿拉伯人用作姓名的词语，本身往往都有一定的含义。例如，“哈桑”的意思是“好”，“阿明”的意思是“忠诚”，“萨利赫”的意思是“正直”，“赛义德”的意思是“先生”，“马哈茂德”的意思则是“受赞扬”，等等。

称呼沙特阿拉伯人时，在正式场合应称其全名。在一般情况下，可略去其祖父名，或是将其祖父名与父名一道略去。需要简称时，可只称对方的本人名字。不过，若对方有一定的社会地位，则最好以其姓氏作为简称。

（四）服饰礼仪

沙特阿拉伯人的穿着打扮，与其他阿拉伯国家人民的穿着打扮相比，可以说是大同小异，基本相仿。

沙特阿拉伯男子的传统服装，是一种长垂及地的大袍。它宽松肥大，无领长袖。平时，他们所穿的袍子以白色为主。只有在参加丧葬活动时，他们才会穿黑色的袍子。在穿长袍的时候，沙特阿拉伯男子还要在头上自右而左缠上一条长约1米左右的薄纱头巾。它也是白色的。

按照伊斯兰教教规，妇女的全身均需被长袍和面纱遮盖起来。因此，沙特阿拉伯妇女通常会身穿一件黑色长袍，将自己的周身包裹得严严密密。她们头上所戴的黑色面纱有三角形、正方形、五角形等多种形状，但是必须严密地遮盖住面容，仅仅允许双眼露在外面。

前往沙特阿拉伯之时，尽量不要穿过分随便、过分暴露身体的服装，妇女特别要牢记这一点。

由于天气过分炎热，在一般情况下，沙特阿拉伯人大都习惯于穿拖鞋，有的人甚至还会赤脚。在沙特阿拉伯，拖鞋也被分为三六九等，不同身份的人会穿不同档次的拖鞋。只有在极为隆重的活动里，人们才会穿皮鞋。

（五）餐饮礼仪

沙特阿拉伯人的主食有面饼、面包、面条等。在肉类方面，他们则大多以牛肉、羊肉、鸡肉为主。在沙特阿拉伯人的心目中，甜一些、辣一点的东西最好吃。在他们看来，羊眼乃是席上之珍，美味之最。

按照伊斯兰教教规，沙特阿拉伯人忌食猪肉，忌食自死之物、未诵安拉之名宰杀之物和动物的血液。狗、马、驴、骡、蛇、虾、蟹、鳖、龟、无鳞鱼、贝壳类海鲜以及其他一切食肉的禽兽，亦在禁食之列。除此之外，沙特阿拉伯人还不准饮酒和其他一切含有酒精的饮料，并且不得吸烟。

在饮料方面，沙特阿拉伯人爱喝驼奶、红茶、咖啡。在拜访沙特阿拉伯人时，主人劝饮的咖啡是不可不喝的。

用餐之时，沙特阿拉伯人一般席地而坐，以右手取用食物。有些时候，他们也会设置用餐专用的桌椅，只不过绝对禁止用脚蹬踩。

在每年的斋月里，沙特阿拉伯人白天是不许吃东西的。到那个时候，白天里一切餐馆也不准开门营业。

（六）习俗禁忌

沙特阿拉伯人对于绿色与蓝色十分喜爱。他们认为绿色代表生命，蓝色象征着希望，二者都是吉祥之色。他们最喜欢的宠物是隼。

与沙特阿拉伯人进行交际应酬时，务必要记住下列五条注意事项。

其一，不提倡娱乐。沙特阿拉伯人认为，娱乐令人堕落，所以切莫与之谈论休闲、娱乐或是邀其参加舞会、去夜总会玩乐。

其二、宜回避以色列。沙特阿拉伯与以色列两国矛盾重重，因此切莫对以色列加以好评，或是将与以色列有关的十字形、六角星图案送给沙特阿拉伯人。

其三，禁止偶像崇拜。依照伊斯兰教教规，沙特阿拉伯禁止偶像崇拜。因此，那里的人不看电影，不喜欢拍照、录像，并且对雕塑、洋娃娃等礼品十分忌讳。

其四，男女授受不亲。在公共场合，沙特阿拉伯人主张“男女授受不亲”。因此不论是坐车、乘电梯，还是上银行，男女往往是需要各自分开的。

其五，不下国际象棋。沙特阿拉伯人是不下国际象棋的，因为他们认定，那种玩法对国王有失恭敬。

与沙特阿拉伯人交谈时，切莫提及中东政治、宗教问题、女权运动、石油政策。

向沙特阿拉伯人赠送礼品时，忌送酒类、雕塑、公仔、猪皮与猪毛制品、美女照、带有熊猫图案的东西。不要夸奖沙特阿拉伯人的某件东西，那样做会被理解为向其索取。

塔吉克斯坦礼俗

（一）基本概况

塔吉克斯坦的正式国名为塔吉克斯坦共和国。它位于中亚地区的东南部，西北部和西部与乌兹别克斯坦相连，南部与阿富汗交界，北部和东部则分别同吉尔吉斯斯坦和中国接壤。塔吉克斯坦是一个内陆国，其全国总面积是14.31万平方公里，其中约90%以上的领土都是山地。

塔吉克斯坦作为国家的名称，被认为是来自该国的主体民族塔吉克族的名称。在塔吉克语里，“塔吉克”意为“戴绣花小圆帽的人”。

塔吉克斯坦现行的行政区划是设有3个州，1个区，1个直辖市。首都是杜尚别。

塔吉克斯坦的全国总人口目前约为637.5万左右。该国的主要民族有塔吉克族、乌兹别克族、俄罗斯族、吉尔吉斯族，等等。塔吉克族是塔吉克的主体民族，它的总人口约占全国总人口的70.5%。而乌兹别克族的总人数，也占到该国总人口的26.5%。

塔吉克斯坦的主要宗教是伊斯兰教，其全国总人口的绝大多数都信奉伊斯兰教，并且大部分人属于逊尼派。

塔吉克斯坦的国语是塔吉克语。俄语为族际交流语言。货币为索莫尼。2007年，塔吉克斯坦人均GDP（国内生产总值）为522美元，在世界上排第155位。

塔吉克斯坦当今所实行的是总统制共和政体。它是独联体成员国之一。塔吉克国庆日是9月9日。

1992年1月4日，塔吉克斯坦与中国正式建立了大使级外交关系。

（二）国家标志

塔吉克斯坦的现用国旗启用于1992年11月24日，长宽比例为2∶1。国旗自上而下由红、白、绿三个长方形组成，白色部分中央为一顶金色王冠和七颗金色五角星图案。红色象征国家统一及与世界各国的友谊，白色代表塔最主要的经济作物棉花和高山冰雪的颜色，绿色象征谷地和农业生产；王冠和环绕的七颗五角星象征国家主权和各阶层牢不可破的团结。

塔吉克斯坦的现用国徽为圆形，中央为象征国家主权和团结的王冠和五角星图案，下方是高山之巅的太阳，照耀着雪峰。左右两侧分别是用国旗颜色的彩带束扎的棉花和麦穗，底部有一本平放的打开的书。

塔吉克斯坦的现用国歌是《塔吉克斯坦共和国国歌》。

（三）社交礼仪

塔吉克斯坦人在人际交往中极其重视礼仪，而在待人接物的一系列环节上，他们则表现的直爽、豪放、热情、自尊。

在塔吉克斯坦，人们相遇之时，往往会因人而异，采用下列几种见面礼节。

在一般性的交际应酬中，特别是在对外交往中，塔吉克斯坦人大都会以握手作为见面礼节。

亲朋好友相见之时，塔吉克斯坦人也惯于彼此握手。但是在相互握手之后，他们还会使用一些附加的、表示亲密关系的礼节。比如，男性在握手之后往往互吻对方的右手手背，女性在握手之后则大都彼此拥抱亲吻。

在迎接宾客时，塔吉克斯坦人一般会采用其传统的见面礼节——“抚胸礼”。在行礼时，男子要先用右手按住自己的胸部，然后再向来宾躬礼致敬；女子则需同时以双手按在自己胸前，然后再躬身向宾客施礼。

在人际交往中，塔吉克斯坦人有两处极具特色。

其一，塔吉克斯坦人对长辈倍加尊重。在公众场合，晚辈若见到长辈，均应首先上前去问候长辈，并且主动先向长辈行礼。

其二，塔吉克斯坦人极为好客。塔吉克人极为纯朴、热情，即使遇到了不相识的人，他们往往也会主动问候对方，或者致意。

(四)服饰礼仪

在一般情况下，塔吉克斯坦人在比较正式的场合都喜欢穿着式样保守、色彩偏深的西装或套裙。故在访问塔吉克斯坦时，宜在正式场合穿着式样保守一些的服装。在参拜清真寺时，尤须注意此点，并且进门前要脱鞋。

每逢节日庆典，或者是迎送嘉宾之际，塔吉克人也会穿上其传统的民族服装。平时，除乡村外，城里人已很少这么做了。

塔吉克斯坦人在日常生活中所穿的民族服装，大体上具有如下特色。

男子往往上着宽松肥大的白衬衣，下穿灯笼裤，外罩长袍，腰系又宽又长的花腰带，并且头戴绣花小帽，脚穿软皮鞋。

女子则大半都会上穿长衬衣，下穿裙子或灯笼裤，腰系花纹腰带，脚蹬软皮鞋，头戴圆形的绣花小帽。在外出之时，她们还都会披上一块大而长的披肩。在一般情况下，少女的披肩多为黄色，新娘的披巾多为红色，而中老年妇女的披肩则多为白色。此外，塔吉克斯坦妇女还非常喜欢佩戴各种珠宝饰物。

塔吉克斯坦人在交际场合不但爱戴帽子，而且在戴帽子方面还有自己的一个特殊讲究。即：再问候他人或与其进行交谈时塔吉克斯坦人不讲究“脱帽为礼”。相反，他们认为在此时此刻依旧头戴帽子，才是有礼貌的表示。

（五）餐饮礼仪

塔吉克斯坦人在饮食方面的基本特点是：平日以肉和奶为主食，并且爱吃烤面饼和手抓饭。肉食被认作最佳的食物。

在肉食方面，塔吉克斯坦人能吃羊肉、牛肉、鸡肉和鸭肉。此外，他们也能吃一些蛋类。不过，对于塔吉克斯坦人来说，天下最好吃的肉食莫过于羊肉。不论是待客还是平日自食，羊肉，尤其是烤全羊、手抓羊肉等，都是其优先的选择。

从口味上来讲，塔吉克斯坦人爱吃甜、酸、辣之物，其口味偏咸，讲究菜肴的鲜嫩酥香，并且注重肉多与量足。

在奶制品方面，塔吉克斯坦人爱吃奶皮子、奶疙瘩和酸奶。平时，除直接饮用鲜奶之外，他们还喜欢饮用加入大量鲜奶制作而成的奶茶。另外，他们还爱喝羊肉汤与鲜果汁。

除在正规的宴会上使用刀叉之外，塔吉克斯坦人在用餐时一般是用右手进行抓食。

通常，塔吉克斯坦人忌食猪肉、狗肉、驴肉、骡肉，并且不吃自死之物、动物的血液以及未诵安拉之名宰杀之物。按照伊斯兰教教规，穆斯林忌饮酒。此外还有许多人不吃鱼、虾、蟹、海参、海蜇与乌贼。

（六）习俗禁忌

塔吉克斯坦人一般都很喜欢绿色与白色。在他们看来，前者代表美好与幸福，而后者则是纯正洁净的化身。

对塔吉克斯坦人而言，象征着勇敢与坚强的鹰乃是动物界的英雄。在该国民间，鹰受到许多人的崇拜。

往昔以游牧为生的塔吉克斯坦人，在其日常生活之中，与牲畜有关的许多方方面面，都有一定的讲究。在塔吉克斯坦，羊在产羔时，通常禁忌观看。用脚踢羊，亦为大忌。骑马穿过羊群，或是骑马接近塔吉克斯坦人的羊圈，都是对塔吉克斯坦人失敬的行为。

用脚踢、踩食盐与食物，在塔吉克斯坦是颇为犯忌的事。

向塔吉克人赠送礼品时，勿选酒类、雕塑以及猪皮、猪毛制品和女人像。

与其打交道时，勿以左手接触对方，或是对对方指指点点。在交谈时，提及其国内政治危机、民族矛盾、宗教冲突及塔俄关系、边界问题都会令塔吉克斯坦人不快。

泰国礼俗

（一）基本概况

泰国的正式名称是泰王国。它位于亚洲东南部，地处中南半岛的中南部。其东北部与老挝毗邻，东南部同柬埔寨接壤，西部和西北部与缅甸交界，南部与马来西亚相邻。它的东南临泰国湾，西南濒临安达曼海。国土面积为51.3万平方公里，海岸线约长2600公里。

在历史上，泰国曾被称为“暹罗”。泰国人有时还将泰国叫做“孟泰”。在泰语中，“孟”的意思是“国家”，“泰”则具有“自由”之意。因此，在泰国人看来，泰国即为“自由之国”。除此之外，在世界上，泰国还有“微笑之国”、“佛教之国”、“黄袍之国”、“千佛之国”、“白

象之国”、“大象之邦”等称呼。

泰国目前分为中部、南部、东部、北部和东北部五个地区，共有76个府，下设县、区、村。首都是有着“东方威尼斯”之称的曼谷，它是唯一的府级直辖市。在泰文里，曼谷具有“天使之城”的含义，而且只是一个简称。若是将它的全称译为拉丁文，则一共有142个字母，可谓世界上名称最长的首都。

泰国总人口现约6283万，由泰族、老挝族、马来族、高棉族、华裔泰人等30多个民族构成。其中，泰族人占全国总人口的40%，华裔泰人和华侨也占到全国总人口的10%左右。黄叶族人口不足百人，为世界最小民族之一。

泰国以佛教为国教，全国总人口的94%都信奉佛教，并且属于小乘佛教的信徒。

泰国的官方语言是泰语，英语则为通用语。货币为铢。2007年，泰国人均GDP（国内生产总值）为3400美元，在世界上排第92位。

自1932年起至今，泰国实行君主立宪制，泰王是国家元首和国家的象征。泰国国庆日为12月5日。

1975年7月1日，泰国与中国正式建立了大使级外交关系。

（二）国家标志

泰国的现用国旗启用于1917年9月28日，长宽比例为3∶2。国旗自上而下由红、白、蓝、白、红五个长方形组成。红色代表各个民族的力量和献身精神；白色代表国教佛教，象征宗教的纯洁；正中的蓝色代表王室，象征王室处在各族人民和宗教之中。

泰国的现用国徽是泰国王室徽章，图案为泰国古籍中所描写的鸟中之王大鹏鸟，象征王权至上，保佑国民。大鹏鸟背上蹲坐着传说中的守护神那莱王，可以腾云驾雾，消除妖孽。

泰国的现用国歌是《泰王国国歌》。

泰国的国花是睡莲，国树是桂树，国兽是白象。对于这些千万不要表示轻蔑或是予以非议。

（三）社交礼仪

由于信仰佛教的缘故，泰国人在一般的交际应酬中不喜欢与人握手。他们所用最多的见面礼节，是带有浓厚佛门色彩的合十礼。

行合十礼时，需站好立正，低眉欠身，双手十指相互合拢，并且同时问候对方："您好！"行合十礼的最大讲究，是合十于身前的双手所举的高度不同，给予交往对象的礼遇便有所不同。通常，合十的双手举得越高，越表示对对方的尊重。

目前泰国所行的合十礼大致可以分为四种规格。其一，双手举于胸前，它多用于长辈向晚辈还礼。其二，双手举到鼻下，它一般在平辈相见时使用。其三，双手举到前额之下，它仅用于晚辈向长辈行礼。其四，双手举过头顶，它只用于平民拜见泰王之时。

在一般情况下，行合十礼之后，即不必握手。行合十礼时，晚辈要先向长辈行礼；身份、地位低的人要先向身份、地位高的人行礼。对方随后亦应还之以合十礼，否则即为失礼，只有佛门弟子可以不受此例限制。

在交际场合，泰国人习惯以"小姐"、"先生"等国际上流行的称呼彼此相称。只是有一点较为特殊，那就是他们在称呼交往对象的姓名时，为了表示友善和亲近，不惯于称呼其姓，而是惯于称呼其名。例如，他们不会称交往对象为"庞先生"、"曹小姐"，而会将其称为"光华先生"、"敏娜小姐"。

跟外人打交道，深受佛教影响的泰国人颇有涵养，一贯讲究"温、良、恭、俭、让"，并且总是喜欢面含微笑，是故泰国在国际上亦称"微笑之国"。在交谈时，泰国人总爱细声低语。在泰国人看来，跟旁人打交道时面无表情、愁眉苦脸或者高声喧哗、大喊大叫都是失敬于人的。与泰国人交际时，越谦虚、越讲礼貌便越受欢迎。

（四）服饰礼仪

泰国的各个民族都有自己的传统服饰。在正式一些的场合，泰国人都讲究穿着自己本民族的传统服饰，并且以此为荣。

从总体上讲，泰国人的服饰喜用鲜艳之色。在泰国，有用不同的色彩表示不同的日期的讲究。例如，黄色表示星期一，粉色表示星期二，绿色表示星期三，橙色表示星期四，淡蓝色表示星期五，紫色表示星期六，红色表示星期日。因此，泰国人常按不同的日期，穿着不同色彩的服装。

由于气候炎热，泰国人平时多穿衬衫、长裤与裙子。只有在商务交往中，他们才会穿深色的套装或套裙。但是，在公共场合，尤其是在参观王宫、佛寺时，穿背心、短裤和超短裙是被禁止的。

去泰国人家里做客，或是进入佛寺之前，务必要记住先在门口脱下鞋子。另外，在泰国人面前，不管是站是坐，都不要让鞋底露出来，尤其不要以其朝向对方，泰国人对此是深为忌讳的。去泰国旅行时，最好自带拖鞋。按惯例，那里的饭店不向住客提供拖鞋。

（五）餐饮礼仪

泰国人是不喝热茶的，他们的做法是，在茶里加上冰块，令其成为冰茶。在一般情况下，他们绝不喝开水，而惯于直接饮用冷水。在喝果汁的时候，他们还有在其中加入少许盐末的偏好。

在口味方面，泰国人不爱吃过咸或过甜的食物，也不吃红烧的菜肴。从总体上讲，泰国人喜食辛辣、鲜嫩之物。在用餐时，他们爱往菜肴之中加入辣酱、鱼露或味精。他们最爱吃的食物，当属具有其民族特色的“咖喱饭”。在用餐之后，他们往往喜欢吃上一些水果。

中国人所爱吃的海参，泰国人是不吃的。此外，他们一般也不太爱吃香蕉。在泰国民间，人们用餐时多惯于围绕着低矮的圆桌跪膝而坐，以右手抓去食物享用。在泰国，人们普遍认为“左手不洁”，所以绝对不能以其取用食物。而今，有些泰国人用餐时爱叉、勺并用，即左手持叉，右手执勺，两者并用。

（六）习俗禁忌

泰国宪法规定：国王神圣不可侵犯，任何人不得对其进行指责和控告。在泰国，泰王深受人民的尊敬与爱戴。在正式集会时，必须首先演奏歌颂国王的颂歌。届时，全场必须肃立，不得走动或交谈，不然必受严惩。在宴会上致祝酒词，必须首先预祝国王身体健康。尽管泰国实行言论自由，人们对一般人甚至政府首脑都可以说三道四，但是对泰王和王室的其他成员，则绝对不允许任意评说。

泰国人笃信佛教，具体而言他们所信奉的是小乘佛教。在社会生活各方面，佛教都对泰国人发挥着重要的影响。比如，他们的历法所采用的是佛历。泰国男子年满20岁后，都要出家一次，当3个月的僧侣，即使国王也不能例外，否则就被人看不起。几乎所有的泰国人脖子上，都配有一件据称可令其趋吉避邪的佛饰。

有鉴于此，与泰国人进行交往时，千万不要信口开河，非议佛教，或对佛门弟子有失敬意，特别是切勿对佛祖释迦摩尼表示不恭。在泰国参观佛寺之时，除了进门前要脱鞋之外，还要摘下帽子和墨镜。在佛寺之内，切勿高声喧哗，随意摄影、摄像。特别要牢记，不要爬到佛像上去进行拍照。抚摸佛像，或是妇女接触僧侣，也在禁止之列。

在泰国，军人的地位很高，他们往往介入政治，并深受尊重。因此，不要对其进行议论。

对于“暹罗”这一泰国旧称，泰国人普遍不感兴趣。与泰国人交谈时，切勿卖弄学问，将泰国称为“暹罗”，将泰国人叫做“暹罗人”。对于泰国华人的社会地位及其在泰国历史上所做的贡献，最好也不要加以评论。

泰国人非常喜爱红色和黄色，并且对蓝色颇有好感。在他们看来，蓝色象征着“永恒”与“安定”。在泰国的三色国旗上，蓝色居中，并且代表着王室。对于褐色，泰国人比较忌讳。通常，他们还忌讳用红色的笔签字，或是用红色刻字，因为他们视之为死人所受的待遇。

在泰国举行聚会时，参加者的数目有时是有讲究的。官方举行活动时，参加者通常为双数。私人举行活动时，被邀请的人数则常为单数。不过，在民间活动中讲究请9个人参加最佳。据说，这是因为“9”在泰王里像一头吉祥化身的大象，而且它的发音与“兴旺”、“发达”相似。

在泰国民间，狗的图案是被禁止的。向僧侣送现金，被视作一种侮辱。泰国人家里大都不种茉莉花，因为在泰语里，它的发音与“伤心”一词相类似。

在举止动作上，泰国人的禁忌很多，总的来说，他们有“重头轻脚”的讲究。所谓“重头”，是说泰国人的头部，尤其是孩子的头部，一般绝对不准触摸。拿着东西从泰国人头上通过，被视作一种侮辱。在睡觉时，他们忌讳“头朝西，脚向东”，因为在泰国只有停尸时才那么做。所谓“轻脚”，则是说泰国人认为脚除了走外，别无所长。因此，他们不准用脚指示方向，不准脚尖朝着别人，不准用脚踏门，或是踩踏门槛。在外人面前席地而坐时，不准盘足或是双腿叉开。

跟泰国人接触时，千万不要动手拍打对方。用左手接触对方，讲话时以手指对对方指指点点，也是不允许的。

土耳其礼俗

（一）基本概况

土耳其的正式名称是土耳其共和国。它位于亚洲西部的小亚细亚半岛和欧洲东部的巴尔干岛上，是一个地跨亚、欧两个大洲的国家。土耳其东部与伊朗、亚美尼亚、格鲁吉亚交界，东南同叙利亚、伊拉克为邻，西部和西北部与希腊、保加利亚毗连，北部濒临黑海，西南则与塞浦路斯隔地中海相望。它的全国总面积约为78.36万平方公里，海岸线总长约7200公里。

土耳其作为国家的名称，出自该国的主体民族土耳其人之名。而“土耳其”一词，又是由“突厥”一词转变而来的。在鞑靼语里，“土耳其”的本意是“勇敢”。因此，作为国家名称的“土耳其”，其含义即“勇敢人的国家”。由于土耳其人尚武成风，故此该国又有“尚武之国”之称。

在行政区划上，土耳其全国分为八大行政区。行政区划等级为省、县、乡、村。全国共分为81个省。土耳其的首都是安卡拉，从本意上讲，“安卡拉”意即“山羊毛”。

土耳其的全国总人口目前约为7430万，有土耳其人、库尔德人、阿拉伯人、亚美尼亚人、希腊人等民族所构成。土耳其的主体民族是土耳其人，它占全国总人口的80%以上。

土耳其的主要宗教是伊斯兰教，其信徒占全国居民总数的99%，绝大部分土耳其的穆斯林属于逊尼派，其余属阿拉维派。但是，土耳其现在实行政教分离的政治制度。

土耳其的国语是土耳其语。货币为土耳其里拉。2007年，土耳其人均GDP（国内生产总值）为6548美元，在世界上排第63位。

土耳其目前实行共和制政体。土耳其的国庆日是10月29日。

1971年8月4日，土耳其与中国正式建立了大使级外交关系。

（二）国家标志

土耳其的现用国旗启用于1936年6月5日，长宽比例为3∶2。国旗为红色旗面，中央有一颗白色五角星，左侧为一弯白色新月。土耳其国旗来源于古老的传说，1453年奥斯曼土耳其帝国攻入拜占庭，当晚穆罕默德二世梦见一弯新月从东到西横贯苍穹，预示伟大帝国即将出现的征兆，于是采用新月和星星作为帝国标志，并绘制在红旗上定为国旗。新月和星星既象征对伊斯兰教的信仰，又象征吉祥和幸福。

土耳其的现用国徽为椭圆形，红色圆面上为一弯白色的新月和一颗白色五角星，五角星位于新月上方开口的位置，形成新月抱星图案。这是伊斯兰教的象征，为伊斯兰国家广泛采用。椭圆面上方用白色土耳其语呈环状书写着“土耳其共和国”。

土耳其的现用国歌是《独立进行曲》。

土耳其的国花是郁金香。郁金香是土耳其人心目中最美的鲜花。它既是幸福的象征，又可用作爱情的信物。

（三）社交礼仪

在人际交往中，土耳其人大都殷勤好客。他们认为，将客人招待好了，才有助于建立或发展双方之间的友好关系。在尚武之风的影响下，土耳其人的性格显得豪爽而奔放，热诚而直率。

土耳其人在交际场合同别人相见时，通常都会首先向对方问好，然后在以握手作为见面礼节。接下来，土耳其人一般还要祝愿对方身体安好。

与亲朋好友见面时，土耳其人一般会与对方行亲吻礼，即与对方互相亲吻双颊。

有的时候，晚辈在拜见长辈之际，会向对方行一种大礼。它的具体做法是：首先捧过长辈的右手亲吻一下，随后再恭恭敬敬的将它捧至自己的额头上，轻轻的碰上一下。它被称作“捧手碰额礼”。

和客人道别时，土耳其人一般都会告诉对方：“请下次再来玩”。此时此刻，他们往往还会向客人行一种特殊的“交手鞠躬礼”。即面向客人，你先将双手平伸，然后使之交叉于自己身前，同时深深地向对方鞠上一个90度的大躬。这种告别礼，一再表明对客人的诚挚的敬意。有人说，土耳其人在送客时若是不行这种“交手鞠躬礼”，则意味着不欢迎客人再度上门做客。

在称呼土耳其人时，一般宜称其姓，不称其名。假如对方身份、地位较高的话，尤其需要注意这一点。在一般情况下，还可以在对方的姓氏前分别冠以“先生”、“小姐”或“夫人”等尊称。

和土耳其警察打交道时，最好采用该国约定俗成的做法，将其称为“公务员先生”。这被认为是对其职业所表示的尊重。

在极其正式的场合，称呼土耳其人士，可在对方的全名前加上其职务或学位，然后在冠以“尊敬的”字样。

虽说土耳其的欧洲部分仅占其全国总面积的3.1%，但是土耳其人却一直把自己当作“欧洲人”看待。所以一定要记住，在人际交往中切勿将其称为“亚洲人”或“中东人”。同时，也不要按照平时对待亚洲人的态度去对待土耳其人。

（四）服饰礼仪

土耳其人的服饰有着鲜明的民族特色。土耳其人的传统衣着为：男子头戴红色的高筒毡帽或呢帽，身穿长袍与灯笼裤。妇女则面罩黑纱，身着黑袍与灯笼裤。这种传统的穿着打扮方式，随着土耳其社会的发展与政教的分离，在日常生活中已不多见。

土耳其人目前的着装，可以说是既保留了自己的传统特征，又基本上西方化了。现在，土耳其男子大都上穿西服，下穿灯笼裤。在民间，土耳其男人十分讲究蓄须。其不同的式样，往往代表不同的年龄和地位。土耳其妇女则一般不戴面罩黑纱，她们通常喜欢上着鲜艳的上衣，下穿花俏的灯笼裤。但是，在土耳其，妇女依旧不能穿无袖上衣和西式短裤。进入清真寺做礼拜时，她们还必须全身被包裹起来。

前去拜访土耳其人时，务必要牢记进门之前脱下鞋子。要不然，就会让主人很不高兴。

一般来讲，在信奉伊斯兰教的国家之中，土耳其人的穿着打扮相对而言是比较开放的。但是，这种开放依然必须以不触犯伊斯兰教教规为限。

（五）餐饮礼仪

土耳其的餐饮业极其发达，是故土耳其有着“美食国”之名。有人曾经将土耳其与中国、法国一道，并列为世界上三个最讲究饮食的国家。正因为如此，土耳其人很喜欢请人们品尝本国的美味佳肴。

平日里，土耳其以面食为主食，并非常爱吃大饼。在土耳其，人民也喜欢吃大米，只是它主要被用来制作羊肉大米汤，充当菜肴。一般而论，土耳其人不吃太咸的东西，而是喜食各类甜品。

土耳其人爱吃羊肉、牛肉、鸡肉、鱼肉和鸡蛋。在肉类之中，他们最爱吃羊肉，并且把羊的脑髓当作上等的补品。在土耳其，转烤羊肉、砂锅羊肉、纸包羊肉等，都属于名菜。

在所有蔬菜之中，土耳其人最看重的是茄子。在土耳其，光是用茄子烹制的菜肴就多达几百种。土耳其年产榛子30多万吨，占世界总量的70%。

统而言之，土耳其人忌食之物主要包括：猪肉、狗肉、驴肉、骡肉、甲鱼、乌龟、螃蟹、自死之物、未诵安拉之名宰杀之物、动物的血液。严格地讲，他们也应当是禁止饮酒的。

在日常生活之中，土耳其人的主要饮料有凉开水、牛奶咖啡与红茶。不论是待客还是自饮，红茶都是土耳其人首选的饮料。

土耳其人爱喝的咖啡，世称土耳其咖啡，它在世界上不仅很有名气，而且饮用方法也确实别具一格。土耳其式咖啡，通常是不经过滤，连汁带渣一起装杯的。它所用的杯子极大，并且非常之浓，在一杯咖啡之中，仅咖啡渣就大约占去了半杯，在喝这种咖啡时，按习惯应加入大量的糖，但又不准许加以搅拌。

土耳其人还是酸奶的发明者，因此在土耳其人用以待客的饮料中，各种各样的酸奶随处可见。

（六）习俗禁忌

在土耳其，人们最喜欢的色彩是绿色、白色和绯红色。他们都被看做令人积极向上的颜色。土耳其人不喜欢的色彩主要是黄色与紫色，他们均被视为与死亡有关。另外，土耳其人还对花色厌恶至极。在他们看来，花色乃主凶兆,万万不可以其装饰房间。

土耳其人对于骆驼及其图案很是欣赏。但是，他们是见不得猪、猫、熊猫及其图案的。土耳其人之所以反感熊猫，主要是因为他们认为熊猫看起来像猪。

在土耳其民间，人们普遍对大蒜有着极其特别的感情。因此，许多土耳其人都爱在自家门口挂上几辫大蒜，以便让它来帮助自己逢凶化吉。

受西方人，尤其是欧洲人的影响，不少的土耳其人都非常忌讳“13”这个数字。在日常生活中，他们总是要想方设法对“13”加以回避。

土耳其人的民族自尊心很强，跟他们进行接触时，若是能够讲一些土耳其语，哪怕只讲上一两句，都会令其十分高兴。在土耳其，讲德语或英语，一般都是可以的。

跟土耳其人打交道时，特别要牢记以下三点。第一，不要议论其民族问题。除土耳其族之外，其他少数民族在该国都被视做“人种集团”看待，而不被当做独立的民族。第二，不要议论其宗教纠纷。近年来，伊斯兰激进主义者与推行世俗化政策的人矛盾重重。第三，不要议论其军方人物。在土耳其，军人的地位历来极高。除此之外，政治问题、库尔德人问题、土耳其与希腊有关塞浦路斯的争端，都是土耳其人讳言的问题。

使用左手，在土耳其被视为对人的大不敬。男女在公共场合举止过分亲昵，则被看做一种伤风败俗的行径。

新加坡礼俗

（一）基本概况

新加坡的正式名称是新加坡共和国。它位于东南亚马来半岛的南端，是一个由新加坡岛及附近63个小岛组成的岛国。它的北端隔柔佛海峡与马来西亚为邻，并有长堤同马来西亚的新山相连。它的南部，则隔新加坡海峡与印度尼西亚相望。新加坡国土面积为699.4平方公里，海岸线则长为193公里。

从总体上看，新加坡是一个集国家、首都、城市、岛屿为一体的城市型岛国。由于它一年四季鲜花盛开，清洁美丽，故此在世界上有“花园之国”和“亚洲旅游王国”的美称。在马来语里，“新加”的意思是“狮子”，“坡”的意思是“城市”，所以新加坡又有“狮城”之称。在海外华人中，它多被称作“星加坡”、“星洲”、“星岛”。它的古称是单马锡，意即“湖泊”、“海域”。

新加坡的首都是新加坡。

目前，新加坡公民和永久居民360.8万人，常住人口448万人。由208个民族组成。在新加坡全国总人口里，华人所占比例最高，约为75.2%。因此除中国以外，它成了世界上惟一一个以华人为主的国家。除华人外，新加坡人口较多的民族还有马来人和印度人。前者约占全国总人口的13.6%，后者则为8.8%左右。其他民族为2.4%。新加坡政府执行各民族一律平等的政策，同时又给予马来人某些特殊的优待。该国宪法规定：“政府应承认新加坡本土人民马来人的特殊地位。”

新加坡的主要宗教为伊斯兰教。除此之外，信徒较多的宗教还有佛教、印度教和基督教。

在新加坡，马来语被定为国语，马来语、英语、华语和泰米尔语等四种语言同为官方语言，英语则为行政用语。货币为新加坡元。2007

年，新加坡人均GDP（国内生产总值）为34152美元，在世界上排第21位。

新加坡现在实行议会共和制政体。它的国庆日是8月9日。国徽格言：前进吧，新加坡。

1990年10月3日，新加坡与中国正式建立了大使级外交关系。

（二）国家标志

新加坡的现用国旗启用于1959年12月3日，长宽比例为3∶2。国旗自上而下由红、白两个平行长方形组成，红色部分左侧有一弯白色的新月和五颗白色五角星。红色象征全人类的平等和兄弟情谊，白色象征纯洁和新加坡人民的美德，新月象征新兴的国家，五颗星象征民主、和平、进步、正义、平等的理想。

新加坡的现用国徽中心图案为盾形，红色盾面绘有国旗图案，构成新加坡国家的主要标志。左侧的金色狮子象征新加坡，新加坡在马来语中意为“狮城”；右侧的金色马来虎象征新加坡同马来西亚之间历史上的联系。下方有金色的棕榈枝叶，底部的蓝色绶带上用马来语书写着“前进，新加坡”。

新加坡的现用国歌是《前进吧！新加坡》。

新加坡的国花，是一种名为“卓锦·万代兰”的兰花。她的另外一个名称，则为胡姬花。据说，这种花瓣四裂的兰花，非常形象的象征着新加坡四大民族和四种语言的完全平等。

（三）社交礼仪

在社交场合，新加坡人与他人所行的见面礼节多为握手礼。在一般情况下，他们对于西式的拥抱或亲吻是不太习惯的。即使男女之间表达情感，若要如此这般也不受新加坡人的赞许。

由于新加坡政府注重保护各民族的传统，因此新加坡的礼仪与习俗也呈现出了多元化的特点。比如，在社交活动中，华人往往习惯于拱手作揖，或者行鞠躬礼；而马来人则大多采用其本民族传统的“摸手礼”。跟新加坡人打交道时，最明智的做法不仅是要“入国而问禁”，而且还需要牢记“遇人而问俗”。

在待人接物方面，新加坡人特别强调笑脸迎客，彬彬有礼。对新加

坡人而言，在人际交往中讲究礼貌、以礼待人，不但是每个人所应具备的基本修养，而且业已成为国家和社会对每个人所提出的一项必须遵守的基本行为准则。

在开国之初，政府就注重“礼治”，立志要将新加坡建成一个礼仪之邦。政府不但强调“不学礼，无以立”，而且专门编制了《礼貌手册》，对于人们在各种不同场合的所作所为是否符合礼仪，都做出了明确的规定和指导。“人人讲礼貌，生活更美好”，“真诚微笑，处世之道”等一系列具体规范，在新加坡早已家喻户晓，深入人心。在新加坡，不讲礼貌不仅会让人瞧不起，而其还会寸步难行。

对某些失礼之举，在新加坡也有明确的限制。比如，在许多公共场所，通常竖有“长发男子不受欢迎”的告示，以示对留长发的男子的反感和警告。对讲脏话的人，人们也深表厌恶。

（四）服饰礼仪

新加坡人的国服，是一种以胡姬花作为图案的服装。在国家庆典和其他一些隆重的场合，新加坡人经常穿着自己的国服。

在政务活动和商务交往中，新加坡人的着装讲究郑重其事。男子一般要穿白色长袖衬衫和深色西裤，并且打上领带；女子则须穿套装或深色长裙。在对外交往中，新加坡人则大多按照国际惯例要穿深色的西装或套裙。

在日常生活里，不同民族的新加坡人的穿着打扮往往各具其民族特色。华人的日常着装多为长衫、长裤、连衣裙或旗袍，马来人最爱穿巴汝、纱笼，锡克人则是男子缠头，女子身披纱丽。

在许多公共场所，穿着过分随便者，比如穿牛仔装、运动装、沙滩装、低胸装、露背装、露脐装的人，往往被禁止入内。

（五）餐饮礼仪

由于新加坡人多为华人，而新加坡华人绝大多数又祖籍为广东、福建、海南和上海等地，因此他们在饮食习惯上与其他“龙的传人”可以说是大同小异，中餐通常是他们的最佳选择。

新加坡华人因为籍贯方面的缘故，口味上喜欢清淡，偏爱甜味，讲究营养，平日爱吃米饭和各种生猛海鲜，对于面食不太喜欢。粤菜、闽菜和上海菜，都很受他们的欢迎。

在设宴款待新加坡人时，务必在安排菜单方面要注意因民族而异。必须谨记，马来人忌食猪肉、狗肉、自死之物和动物的血，不吃贝壳类动物，不饮酒；印度人则绝对不吃牛肉。在用餐时，不论马来人还是印度人都不用刀叉、筷子，而惯于用右手直接抓取食物，但是他们绝对忌用左手取用食物。对其他人的这种做法，他们也绝对难于容忍。

在一般情况下，新加坡人，特别是新加坡华人，大都喜欢饮茶。当客人到来时，新加坡人通常都会以茶相待。每逢春节来临之际，新加坡人经常还会在清茶中加入橄榄之后饮用，并且称之为“元宝茶”。他们认为，喝这种茶，可以令人“财运亨通”。平时，新加坡华人还有经常饮用加入一定配方的中药后制成的补酒的嗜好。鹿茸酒、人参酒等，都是他们常饮的杯中之物。

（六）习俗禁忌

对于各种鲜花，尤其是自己的国花，新加坡人酷爱无比。在通常情况下，新加坡人有在装饰华美、花草繁多的环境中会客、宴请或是休息的习惯。

受华人传统文化的影响，一般而言，新加坡人在人际交往中崇尚清爽卫生。对于蓬头垢面、衣冠不整、胡子拉碴的人，新加坡人大都会侧目而视。

在色彩方面，绝大多数的新加坡人都非常喜欢红色。他们认为，艳丽夺目的红色，是庄严、热烈喜庆、吉祥的象征，而且还具有激励人们奋发向上的作用。在一般情况下，过多的采用黑色、紫色不为新加坡人所欢迎。在他们的意识里，黑色、紫色代表着不吉利。另外，新加坡人对白色也普遍看好，视之为纯洁与美德的象征。新加坡目前的国旗，就是由红色和白色两种色彩构成的。

就数目而论，新加坡人对“4”与“7”这两个数字的看法不太好。这主要是因为，在华语中，“4”的发音与“死”相仿，而“7”则被视为一个消极的数字。在新加坡华人看来，“3”表示“升”，“6”表示“顺”，“8”表示“发”，“9”表示“久”，都是吉祥的数字。

在日常生活里，新加坡华人对传统民俗非常讲究，吉祥字、吉祥画在他们的周围随处可见。最受他们喜爱的吉祥字有“囍”“福”“吉”“鱼”等。最受他们欢迎的吉祥画，则有表示“平安”的“苹果”，表示“和平”的“荷花”，表示“力量”的“竹子”，表示“幸运”的“蝙蝠”，等等。

与新加坡人攀谈时，不仅不能口吐脏字，而且还需要记住多多使用谦词、敬语。与此同时，对于话题的选择务须加以注意。最受新加坡人青睐的话题，主要是运动、旅游、传统文化以及有关经济建设方面的成就。对于新加坡国内的政治、宗教、民族问题，执政党的方针政策，领导人的选拔，以及新加坡与邻国的关系问题，最好不要涉及。

新加坡的华人大都很讲“面子”，并且“乡土观念”极强。与其进行交往时，千万不要不给对方“面子”。要是能用“家乡话”与其进行交谈，则必会大受欢迎。

有一点很特别，那就是新加坡人对“恭喜发财”这句祝颂词极其反感。他们认为，这句话带有教唆别人去发不义之财、损人利己的意思。在商业活动中，宗教词句和如来佛的图像也被禁用。

在新加坡，人们普遍讲究社会公德。政府通过采用“法”与“罚”这两大法宝，去促使人们提高社会公德意识。在今日的新加坡，讲究社会公德，可以说早已是有法可依，有法必依，执法必严，违法必究。去新加坡时，对于这方面的情况，必须心中有数。例如，在新加坡，人们不准嚼口香糖，过马路时不能闯红灯，“方便”之后必须冲洗，在公共场合不准吸烟、吐痰和随地乱扔废弃物品。不然的话，就必受处罚，需要交纳高额的罚金，搞不好还会吃官司，甚至被鞭打。

伊朗礼俗

（一）基本概况

伊朗的正式名称是伊朗伊斯兰共和国。它位于亚洲的西南部。北与亚美尼亚、阿塞拜疆、土库曼斯坦交界，西与土耳其、伊拉克接壤，东与巴基斯坦、阿富汗相接，南邻波斯湾与阿曼湾。伊朗的全国总面积为163.6万平方公里，海岸线长为2700公里。

伊朗作为国家的名称，一说来自古代波斯人的自称“伊兰”。在古波斯语里，其含义是“光明”，还有另外一种说法，认为它是由古时一个叫做“雅利安人”的部落的名称转化而来的。由于伊朗的地理位置十分重要，所以它素有“欧亚陆桥”和“东西方空中走廊”之称。

伊朗目前的行政区划是，全国共有32个省，分为299个地区，749个县。伊朗的首都是德黑兰。在波斯语里，“德黑兰”一词具有“平原”之意。在世界上，她曾有“美丽之城”、“纯洁之城”等多种雅称。

伊朗的全国总人口为7004.9万左右，由波斯人、阿塞拜疆人、库尔德人、阿拉伯人、土库曼人等40多个民族所组成。波斯人是伊朗的主体民族，约占全国总人口的51%。阿塞拜疆人也占其全国总人口的24%。

伊朗的国教是伊斯兰教，国家实行政教合一的制度。宗教领袖在伊朗具有绝对权力，《古兰经》在伊朗是最高的法律。伊朗全国居民约98.8%信仰伊斯兰教，其中91%为什叶派，7.8%为逊尼派。因此，伊朗又称为世界上什叶派穆斯林最多的国家。

伊朗的国语是波斯语。货币为伊朗里亚尔。2007年，伊朗人均GDP（国内生产总值）为3920美元，在世界上排第83位。

伊朗目前实行的是总统内阁制政体。伊朗的国庆日是2月11日。国会格言：真主伟大！

1971年8月16日，伊朗与中国建立了正式的大使级外交关系。

（二）国家标志

伊朗的现用国旗启用于1980年7月29日，长宽比例为7∶4。国旗自上而下由绿、白、红三个长方形组成，白色部分中间为红色国徽图案，上下两边用古阿拉伯字体书写着“真主伟大”，各十一句。绿色象征对伊斯兰教的信仰，白色象征和平，红色象征勇敢。两排各十一句“真主伟大”字样是为纪念伊斯兰革命胜利日：1979年2月11日，这个日子也是伊斯兰太阳历的11月22日。

伊朗的现用国徽图案融汇了伊斯兰教义的要旨，由四弯新月、一把宝剑和一本《古兰经》组成，象征地球，表示伊斯兰思想遍及全球。四弯新月和《古兰经》组成阿拉伯文“安拉”字样。四弯新月象征伊斯兰教信仰的发展;《古兰经》置于宝剑和新月顶端，象征伊斯兰教义高于一切,《古兰经》是伊斯兰共和国的最高法典；宝剑象征圣战和坚定的力量。

伊朗的现用国歌是《伊朗伊斯兰共和国国歌》。

伊朗人的国花是玫瑰花。伊朗人普遍喜欢玫瑰花，并且视之为圣洁、纯贞、完美和幸福的化身。

（三）社交礼仪

伊朗人受伊斯兰教的影响，有着很强的道德观念。在人际交往中，伊朗人奉行“善思，善言，善行”的行为准则，讲究言而有信，行而守礼。

伊朗人在交际场合，通常习惯于以握手作为见面礼节。在握手之后，双方往往还需要互吻面颊。但是由于受教规限制，男女之间是不可以握手或亲吻的。

在伊朗民间，人们讲究等级有别，施礼亦然，不允许在行见面礼时忘却自己的身份，从而造成错位。以此而论，伊朗人传统的见面礼节是：平民百姓之间，一般互相亲吻面颊。有地位、有身份，并且双方地位、身份大致相似者之间，通常先是热烈拥抱，然后亲吻嘴唇。地位、身份较低者拜见地位、身份较高者时，则前者往往要向后者行俯拜大礼。

在人际交往中，伊朗人有许多难能可贵的好习惯。其一，他们的时间观念很强，并且习惯于准时赴约。他们认为守时是基本的交际礼节。其二，他们素来尊敬长辈，并且以此为豪。其三，他们非常重视在打招呼时要采用礼貌用语。凡是与他人相见时，伊朗人总是要问候对方“您好！”，即使不认识对方，他们往往也会这样做。

伊朗人的民族自尊心很强。同伊朗人打交道时，用来交换的名片，最好用英语和波斯语两种文字印成。

伊朗人与别人交际应酬时，非常讲究使用敬语。他们往往爱用“鄙人”自称，对交往对象则一般都要以“您”相称。在伊朗，直呼其名是不礼貌的行为。称呼别人时，最得体的做法，是称呼其姓氏，并在其前面加上职务、职称或者学衔。

有的时候，还可以用“阿伽”“杜希泽”“阿兹拉”“巴努”或者“哈努姆”来称呼伊朗人。“阿伽”意即“先生”或“老爷”，“杜希泽”与“阿兹拉”的含义是“小姐”，而“巴努”与“哈努姆”的本意则是“夫人”或“女士”。

（四）服饰礼仪

伊朗不但民族众多，而且每个民族都有自己的传统服装，并且喜欢在日常生活之中穿着自己本民族的服装。从总体上看，伊朗各个民族的传统服装虽说五花八门，式样繁多，但却大都较为宽大、简洁。究其原因，恐怕与当地炎热的气候直接有关。

伊朗男子的标准打扮是：上穿不超过膝部的长衫，下着长至脚面的围裤，头上裹着长长的包头巾，嘴上留着浓重的胡须。

伊朗妇女在一般情况下，则大都用一大块黑布将自己从头到脚蒙在

里面，而只把双眼露在外面。

通常伊朗人是不穿西式套装或套裙的。平时，伊朗人的着装也受到了行政和宗教干预，男子穿“颓废服装”或女子不将自己的身体裹得严严实实，都会受到处罚或制裁。在伊朗，所谓“颓废服装”，主要是指那些“印有可憎的拉丁文字或印有庸俗颜色和图案”的服装。

前往伊朗的时候，着装应以保守为佳，伊朗人眼里的“颓废服装”更以不穿为妙。外国妇女在伊朗虽不至于要将身体严严裹住，但太暴露的服装还是不能穿的。比如超短裙、露脐装等。一般而论，外国妇女在伊朗所穿的服装，不允许裸露前胸、后背、肩膀、腋窝、腰部和大腿。

依照伊斯兰教教规，参拜清真寺时，桌子不仅必须庄重保守，而且必须脱去鞋子，并且要以衣物将头部遮盖起来。

（五）餐饮礼仪

在伊朗，不同地区的人们，饮食习惯往往大不相同。通常，农业地区的人以面饼之类的面食为主食，而游牧地区的人则惯于进食肉类和奶酪。伊朗的城里人，除了喜食面饼之外，大都爱吃用肉、菜、调料、米饭调配在一起做成的手抓饭。在用餐时，他们仅备有盘子与水杯，并且用右手抓食。

在肉食方面，伊朗人爱吃羊肉、牛肉、鸡肉并且能够吃鸡蛋。有不少伊朗人，都将羊肉视为肉中之珍。有一些少数民族，例如土库曼人，还特别看好羊脑、羊头和羊脚。他们认为此类食物极富营养，所以习惯于留给孩子们吃。许多人还爱吃羊排，并且总爱敲开羊骨，吸食其骨髓。

伊朗人用餐时，一般讲究量少质精。其口味比较清淡，故不爱吃红烩或带汁的菜。但是，菜肴要是稍稍辣上一点，他们则是不反对的。

伊朗人爱喝红茶和酸奶。饮红茶时，他们的习惯做法是一定要加糖。在伊朗的不少地方，饮红茶甚至成了许多活动中不能缺少的仪式之一。

伊朗人的饮食禁忌，无一不与伊斯兰教教规有关。伊朗人不吃猪肉、狗肉、驴肉、骡肉，不吃龟、鳖、蛇、蟹之类外形可憎之物，不吃无鳍、无鳞的鱼，不吃自死之物、动物的血液以及未诵安拉之名宰杀之物。酒和其他一切含有酒精的饮料，也为其禁止饮用。

（六）习俗禁忌

伊朗人非常喜爱蔷薇花和郁金香，因此她们有时也被分别视为是伊朗的国花。

动物之中伊朗人非常喜欢金鱼和狮子。在他们看来，金鱼象征着美丽与吉祥，而狮子则代表着神圣和运气。

对于绿色、新月、宝剑这些具有伊斯兰教色彩之物，伊朗人十分崇拜。可是，对“13”这个数字，他们却犹如西方人一样讳莫如深。

在日常生活中，伊朗人有一个很特别的禁忌，即忌讳别人议论自家婴儿的眼睛。他们认定，这意味着重重的不幸。

伊朗人在举止动作方面，有不少自己的独特做法和讲究。其一，伊朗人的点头或微笑，通常只意味着一种礼貌，而并不表示同意。其二，在伊朗，毫无顾忌地大声谈笑，是不尊重别人的行为。其三，许多外国人伸出大拇指表示赞美的做法，在伊朗人看来是侮辱他人之意。其四，在与人交谈时，应面对对方正面而坐，并将双手平放。若是双手交叉，不与交往对象相对而视，不但表示自己态度傲慢，而且还被视为蓄意挑衅。其五，不准许与一个人交谈时背对着另一个人。在伊朗，背对别人，终归是不礼貌的。其六，左手在伊朗多用于洁身，故不得用以取物、递接东西或接触他人。

受教规限制，伊朗妇女在一切公共场合均须与男子“分道扬镳”，而绝对不允许共处在一起。不管是上学、购物还是乘坐汽车、飞机或电梯，男女均须分开。

去伊朗人家里做客时，可带上一些糖果作为礼品。但是不要送酒、雕塑、洋娃娃或女人照片，猪皮、猪毛制品亦在不可送之列。

中东政治，美伊关系，两伊战争，禁核问题，对逊尼派穆斯林的赞美，对西方尤其是美国的称道，都是伊朗人反感的话题。

以色列礼俗

（一）基本概况

以色列的正式名称是以色列国。以色列位于亚洲西部的阿拉伯半岛之上，它北靠黎巴嫩，东接叙利亚、约旦，西南与埃及交界，西部濒临地中海，南部面临红海。根据1947年11月联合国关于巴勒斯坦分治的决议，以色列的面积应为1.52万平方公里。目前，其实际控制面积则为2.5万平方公里。海岸线约长198公里。

以色列作为国名，出自古时犹太人一个部落的名称。而该部落的名称，则又出自神话传说。在希伯来语里，“以色列”一词的含义是“神

的角斗士”。在世界上，以色列还有“犹太人的祖国”之称。

以色列在行政区划上分为六个区，30个分区，31个市，115个地方委员会，49个地区委员会。它的首都建国时定为特拉维夫，后又宣布为耶路撒冷。绝大部分同以色列有外交关系的国家仍把使馆设在特拉维夫。在希伯来语里，“特拉维夫”意为“春之丘”，“耶路撒冷”则意为“和平之城”。由于犹太教、基督教、伊斯兰教皆以耶路撒冷为圣地，故它又有“圣城”之名。

以色列的全国总人口目前约为715万，由犹太人、阿拉伯人、德鲁兹人所构成。以色列的主体民族是犹太人，大约占该国全国总人口的80%以上。严格地讲，由于历史的原因，今日的犹太人已经远远不是一个种族的人，今天的以色列犹太人来自世界各地。使犹太人成其为犹太人的，主要是他们的共同宗教信仰——犹太教。以色列是目前世界上唯一一个以犹太人为主要居民的国家。

以色列的主要宗教是犹太教，全体以色列的犹太人都信奉犹太教。因此，犹太人与犹太教徒基本上是可以画等号的。

以色列的国语是希伯来语，官方语言是希伯来语与阿拉伯语，英语则为通用语。货币为新谢克尔。2007年，以色列人均GDP（国内生产总值）为22073美元，在世界上排第31位。

以色列如今实行内阁制共和政体。以色列的国庆日是5月14日。

1992年1月24日，以色列与中国正式建立了大使级外交关系。

（二）国家标志

以色列的现用国旗启用于1948年10月28日，长宽比例为11∶8。国旗为白色旗面，上下各有一道蓝色宽条，中间为蓝色的古以色列国王大卫王之星图案。白、蓝两色是犹太教徒祈祷时所戴披肩上的颜色，象征犹太教的信仰和精神；大卫王之星象征犹太复国理想。

以色列的现用国徽为盾形，蓝色盾面上有一个七杈烛台，据说其形状源自一种七杈古代植物，是传说中耶路撒冷犹太圣殿中点燃祭坛的器物，是以色列国家的象征；两侧装饰着橄榄枝，象征犹太人对和平的渴望。烛台下方用希伯来文书写着国名。

以色利的现用国歌是《希望》。

（三）社交礼仪

以色列人在人际交往中往往既表现得热情、友好，又显得有些矜持、庄重。讲究分寸，恪守犹太教教规，更是他们在待人接物方面所表现出来的主要特点。

犹太人在历史上屡遭迫害，历尽磨难，这使他们形成了举世罕见的凝聚力和向心力。与此同时，他们也因此而变得在人际交往中有些敏感多疑和工于心计。对于宗教信仰相同者，以色列人通常会一见如故。对于信奉其他宗教的人，他们则往往显得有一定的距离。但是他们既不会倨傲不恭，也不会媚态百出。精明稳重，富于自信，崇尚理性，思维活跃，是以色列人给人的主要印象。

以色列人与其他人初次见面时，一般都以握手作为见面礼节。假如彼此双方同为男子，并且相互关系很好的话，也可以拥抱，同时互贴面颊。在很多情况下，行过拥抱、贴面礼之后，双方还需再行一次握手礼。

以色列人问候他人的方式极其讲究。如果对方是一位老人的话，以色列人通常在见面时会恭祝对方："愿您活到120岁！"

在迎接重要来宾时，以色列人通常要专门为其宰杀羔羊。在许多情况下，他们还会郑重其事的捧出"盐和面包"或者"酒和面包"，请来宾品尝。这一做法，是以色列人隆重迎宾的大礼之一。

（四）服饰礼仪

以色列人没有全国统一、式样一致的"国服"，这主要是因为以色列人来自世界各地，并且依然沿用自己原来的穿着打扮之故。在以色列，来自西方的人往往穿着西装，而来自阿拉伯世界的人则依旧爱穿自己的大袍。这种情景，至今随处可见。

总而言之，以色列人穿着打扮的特点，是注重整洁、协调、素雅和庄重。大红大绿的衣着，对比强烈的打扮，极端前卫的服装，都不为他们所欣赏。

目前，以色列男子大都爱穿宽松式衬衫、夹克衫和牛仔裤，妇女则一般比较爱穿长至膝盖之下的长袖连衣裙。

犹太教教规规定：犹太人的头部不得裸露。所以在以色列，人们一般是不会剃光头的。不仅如此，在正式一些的场合，例如，进入犹太会堂从事宗教活动，或是出席议会、例会的时候，以色列男子通常都必须头戴无沿小帽遮住自己的头顶，而以色列妇女也必须为此而戴上头巾。

依照犹太教教规，犹太人均不得剃除自己的胡须和鬓毛。因此，在以色列，大多数男子都是满脸胡须，甚至胡须与鬓角连成一气。

除此之外，讲究发型庄重保守，注重头发干净整洁，均被每个犹太人视为重视仪表的应有之意。因为这一原因，在以色列，蓬头垢面的人，发型怪异的人，都比较罕见。

（五）餐饮礼仪

总的说来，由世界各国移民所组成的以色列人的饮食习惯可以说是五光十色，异彩纷呈。有些时候，设宴待客的以色列人往往会热情地向客人推荐一道“以色列国菜”。其实，它们通常也会各不相同。与主人一样，它们也来自世界各地。完全可以这样说，各个国家的饮食，都可以在以色列的家中见到。

如果非要说以色列人在饮食习惯上具有共性的话，那便是所有的犹太人无一不在饮食方面严守教规，丝毫也不敢疏忽大意。

犹太教教规规定：犹太人可以吃禽类和植物。在所有水生物之中，不可以吃无鳍无鳞者。而在一切畜类当中，则只准吃羊肉、牛肉和鹿肉。

与信奉伊斯兰教的阿拉伯人一样，犹太人也忌食猪肉。在以色列，人们甚至忌讳提到“猪”这个词。在非犹太人和非穆斯林用餐的餐厅之中，需要点猪排这道菜时，人们只能称之为“白色的肉排”。此外，犹太人还忌食兔肉、马肉、骆驼肉，不吃咸肉、火腿，不吃虾、龙虾、鳗鱼、蛤蚌。

对允许犹太人食用的羊肉、牛肉、鹿肉，犹太教还做出了种种具体的限定。这类限定主要有：其一，因病、因老死亡者，不准食用。其二，非正常死亡者，不准食用。其三，生肉不准食用。其四，血液不准食用。其五，蹄筋与腹膜下的脂油不准食用。其六，不准与乳制品一起食用。

此外，犹太教还规定：供犹太人所食用的牛羊与禽类，在宰杀时必须要一刀毙命，不得延长其痛苦的时间。对于它们是否合乎教规以及洁净与否，需要由犹太人的教士拉比来进行验证。

每逢每一年公历的4月22日至29日，以色列人都要过“逾越节”。它是犹太人的新年。在整个节日期间，以色列人的饮食具有极为浓厚的宗教色彩。

过“逾越节”之时，犹太人家家都要烤熟一只羔羊，然后全家人一起将其分食一光。在此期间，犹太人还讲究要吃无酵面饼和未加调料的菜。但是，味道发酸、发苦的食物，花生、核桃等外壳坚硬的果品，他们则一概不吃。他们认定，此刻吃这些东西，是颇为不吉利的。

有趣的是，犹太人过“逾越节”时很讲究吃一些在他们看来是寓意吉祥的食物。象征“甜甜蜜蜜”的苹果蜜饯，象征“多福”的石榴，象征“多子”的鱼，象征“步步高升”的梯形食物，象征“安康和平”的鸟状食物，往往都是他们此刻餐桌上所必不可缺的。

（六）习俗禁忌

以色列人在习俗禁忌方面的显著特点，是深受犹太教教规的影响。在以色列人日常生活的方方面面，犹太教都发挥着重要的作用。

按照犹太教教规，凡犹太男子必须要行割礼。因为接受割礼，是犹太人作为上帝特选的子民的标志。犹太男婴降生8天后，就要依照教规行割礼。所谓割礼，即以石刀割去男子阴茎的包皮。久而久之，男子接受割礼，早已成为犹太人的主要标志之一。

作为一神教，同伊斯兰教一样，犹太教也是反对偶像崇拜的。所以必须谨记，犹太人及其所居住的区域，是不允许外人拍照、录像的。

在以色列，犹太人都会依照教规守安息日。按照犹太人计算日期的方法，所谓安息日指的是：自每个星期五日落开始，至次日日落前为止。这一天主要指的是人们通常所讲的每个星期六。守安息日时，犹太人不得从事任何劳动，不得接触金钱、火柴和机器，而只能够休息。

安息日那一天，以色列的许多高楼大厦里的电梯，都要预先经过特别的安排，以便其自动启动或停止。否则，犹太人可就要寸步难行了。在安息日这一天，犹太人不但不工作，不谈生意，而且也不准进行体育比赛。要是不知原委，非要在这一天前去拜访犹太人，多半就要吃“闭门羹”了。

同以色列人闲聊时，不宜主动涉及的问题主要有：阿以矛盾、宗教信仰、男女关系以及历史上的排犹运动，等等。

以色列人最喜欢蓝色与白色。对于红色与黑色，有不少以色列人不感兴趣。

印度礼俗

（一）基本概况

印度的正式名称是印度共和国。它位于南亚次大陆，西北部两侧与巴基斯坦接壤，东北部则分别与中国、尼泊尔和不丹交界，东部连接着缅甸和孟加拉国，东南面临孟加拉湾，西南濒临阿拉伯海，南部伸入印度洋。印度全国总面积298万平方公里（不包括中印边境印占区和克什米尔印度实际控制区等），海岸线长达5560公里。

印度这一国名，源自信度河。在古印度，“信度”一词表示河流。起初，人们以其指称印度河流域，到后来发展为以其泛指整个南亚次大陆。在印巴分治后，它才被用来单指目前印度这一国家。罗马人将“信度”读成“印度斯”，英国人则把它读成“印度”。有时，印度还被人称为“皇冠上的明珠”、“黄金之国”和“钻石王国”。

印度目前采用联邦制。其全国划分为20个邦和8个中央直辖区。印度的首都是新德里。“德里”一词，从字面上看，具有“门槛”、“山冈”、“高地”、“尽头”、“流沙”等多种含义。据说，它是为了纪念公元前100年重建该城的古印度王公拉贾·德里而以其姓名命名的。“新德里”，意即“德里新城”。

印度是全世界排名第二的人口大国。它的全国总人口为11.12亿左右，由印度斯坦族、泰卢固族、孟加拉族、马拉特族、泰米尔族、古吉拉特族、坎纳达族、马拉雅拉姆族、奥利雅族、旁遮普族等10大民族和其他几十个小民族组成。印度的主体民族是印度斯坦族，它占到全国总人口的46%左右。

印度曾经宣布自己是一个非宗教的国家，但是印度人都普遍信仰宗教。印度目前主要的宗教有印度教、伊斯兰教、基督教、佛教、锡克教、耆那教，等等。印度教又名新婆罗门教，它是印度最主要的宗教，其信徒约占印度全国总人口的80.5%。总之，可以说印度人的宗教信仰是又博又专。

印度全国一共有179种语言。印度政府曾宣布：印地语为该国国语，英语则为其官方语言。货币为印度卢比。2007年，印度人均GDP（国内生产总值）为965美元，在世界上排第132位。

印度当前实行英国式议会民主制。它是英联邦成员国之一。印度的国庆日是1月26日。

1950年4月1日，印度与中国正式建立了大使级外交关系。

（二）国家标志

印度的现用国旗启用于1947年7月22日，长宽比例为3∶2。国旗自上而下由橙、白、绿三个长方形组成，白色部分中央为蓝色法轮图案。橙色象征勇敢、牺牲和自我克制的精神，白色象征和平与真理，绿色象征信念和丰饶，蓝色表示天空和海洋的颜色；法轮在印度被称为“查克拉”，是阿育王时代佛教圣地石柱柱头的狮首图案，上有二十四根辐条，对应一天二十四小时，象征生命的运动及死亡之停滞；对佛教徒而言，法轮是真理之轮、进步之轮。

印度的现用国徽是根据阿育王时代佛教圣地石柱的狮首雕像图案制定的，是印度古老文明的象征。象征信心、勇气和力量的狮子伫立在圆形台基上，面向四方；台基上刻有分别代表南方和西方的马和牛等守兽浮雕；正中为法轮。下端用梵文写着“惟有真理得胜”。

印度的现用国歌是《人民的意志》，启用于1950年1月24日。

印度的国花和国树分别是荷花与菩提树，它们是最受人们珍爱的鲜花和树木。与法国和菲律宾一样，印度也将珍珠定为本国国石。

印度的国鸟是蓝孔雀。它因被视为吉祥如意的象征，而被人们定为国鸟。

（三）社交礼仪

在印度，人们在交际应酬中所行的见面礼节可谓五光十色，其中所用较多的，有合十礼和拥抱礼，其具体做法与其他国家大同小异。印度人所用的较有特色的见面礼节有以下三种：

一是贴面礼。它流行于印度的东南部地区。具体的做法是：与客人

相见时，将自己的鼻子与嘴巴贴在对方的面颊上，并且用力地吹气，同时还要口念道："嗅一嗅我。"

二是摸脚礼。它在印度是一种礼遇极高的见面礼。具体的做法是：晚辈在拜见长辈时，首先弯腰用右手触摸长辈的脚部，然后再用它去回摸一下自己的前额，以示用自己的头部接触对方的脚部。

三是举手礼。它是合十礼的一种变通。当一手持物，难以双手合十时，则举起右手，指尖向上，掌心向内，向交往对象致敬。与此同时，还需问候对方："您好！"

目前，印度也流行握手礼。但是，在一般情况下，印度妇女仍不习惯于同异性握手。用左手与人握手，也不许可。

在迎接嘉宾时，印度人往往要向对方敬献用鲜花编织而成的花环。为了表示诚意，主人通常要亲自将其挂在客人的脖子上。

印度人以往对等级、地位、身份极其关注。印度所特有的种姓制度，就是对印度人地位、身份所进行的一种划分。根据这一制度，印度人分为四个等级：其一，"婆罗门"，即僧侣；其二，"刹帝利"，即名门、贵族；其三，"吠舍"，即平民；其四，"首陀罗"，即贱民。此外，还另有一类被视为"不可接触的贱民"，叫做"哈里真"。

目前，自由、平等的观念在印度已日益深入人心，传统的种姓制度因而广遭非议。不过，它影响犹在。在社交场合，人们依旧讲究等级，重视身份有别。这一点，甚至体现于对印度人的称呼之中。

在印度，人们正式的姓名往往很长。不同种型的人，在自己的姓之前，必须加上一个表示本人种姓的专用称呼，以示区别。在印度，“老爷”、“主人”一类的称呼，通常表示着一个人的社会地位。除此之外，印度人的姓名有时也反映着他的民族归属与宗教信仰。

（四）服饰礼仪

总的来讲，印度人的着装讲究朴素、整洁。在一般场合，印度男子的着装往往是：上身穿一件“吉尔达”，即一种宽松的圆领长衫。下身则穿一条“陀地”，即一种以块白布缠绕在下身、垂至脚面的围裤。在极其正规的活动中，他们则习惯于在“吉尔达”之外，再加上一件外套。

印度妇女的最具民族特色的服装是纱丽。它实际是一大块丝制长巾，披在内衣之外，好似一件长袍。其具体穿法是：从腰部一直围到脚跟，使之形成筒裙状；然后将其末端下摆披搭在肩头，自成活褶。印度妇女所穿的纱丽色彩鲜艳，图案优美，非常之漂亮。

出门在外时，尤其是在正式场合，印度人大都讲究不露出头顶。为此，妇女要头披纱巾，男子则根据宗教信仰的不同而各有特色：印度教徒要带白色船形帽，伊斯兰教徒要带伊斯兰小帽，锡克教徒则要在头上包裹上一块头巾。

印度的妇女，大多习惯在自己的前额上以红色点上一个“吉祥痣”。过去，它用于表示妇女已婚，而今则主要用于装扮。纱丽与“吉祥痣”，可以说是印度妇女穿着打扮上的两个独特之处。

出于宗教方面的原因，印度的男锡克教徒还有不理发、不剃须、夹发梳、带铁手镯、佩戴短剑的习惯。

（五）餐饮礼仪

印度人之中，就主食而论，有人爱吃大米，有人则爱吃面食。他们烹调的方式，主要有炒、煮、烩三种。在做饭的时候，他们喜欢加入各种各样的香料，尤其是爱加入辛辣香料，例如咖喱粉等。

印度人在饮食方面最大的特点，就是食素的人特别多，而且社会地位越高的人越忌荤食。在印度，根据教规，印度教教徒和锡克教教徒不吃牛肉，伊斯兰教徒不吃猪肉，耆那教教徒则忌杀生，又忌肉食。在一般情况之下，蛇肉、竹笋、蘑菇和木耳等，有许多印度人是不吃的，还有不少印度人甚至不吃鸡蛋。绝大多数印度人都不吸烟。

平时，印度人不太爱喝汤，也不怎么喜欢饮酒。有许多印度人认为，白开水是世界最佳的饮料。通常，红茶也是他们的主要饮料。在喝茶时，他们往往将其斟入盘里，用舌头舔饮。

印度人用餐的时候，一般不用任何餐具，而习惯于用右手抓食。

在请客的时候，印度人往往会请在座者之中最有钱的人或者最受欢迎的人付账。

（六）习俗禁忌

在印度，有多种动物被人神化。除了被定为国鸟的蓝孔雀外，最受印度人崇拜的动物还有黄牛。黄牛出于宗教原因而广受人们崇拜。因受印度教的影响，敬牛、爱牛，不打牛、不杀牛、不使用牛皮制品，在印度也以形成为一种普遍的社会风气。与欧美人爱狗一样，印度人的爱牛也绝对不容非议。

在印度的某些部族里，令他人胆战心惊的眼镜蛇，竟被看作“神的朋友”，因而也被“爱屋及乌”地顶礼膜拜。除此之外，猫、狗、龟、鼠等动物在印度也都各有个的崇拜者。只是，一般的印度人不喜龟、鹤及其图案。

许多虔诚的印度教教徒，平日有早睡早起的习惯。在每年之中，他们必须封斋一次，每次三天左右。在此期间，他们白天不可以进食。

印度教教徒还认为“入河沐浴，可消罪过”，故此他们经常要下河，尤其是进入被视为“圣河”的恒河沐浴。按他们的说法，在恒河沐浴后，孩子可以长命百岁，新婚夫妇可以永结同心，老人则可以安然进入天国。因此，在恒河沐浴，与居瓦拉纳西、敬湿婆神、结交圣人一道，被印度教教徒当作“人生四大乐趣”。

在印度，当众吹口哨乃是失礼之举。在印度南部的一些地方，人们惯于以摇头表示同意。这种做法，与众大不相同。以左手接触别人，或摸别人的头，在印度通常都是不允许的。

印度人忌讳白色，忌讳弯月图案，忌讳送人百合花。1、3、7三个数字，均被他们视为不吉利。

同印度人交谈时，对宗教与民族矛盾、印巴冲突、克什米尔问题、核武器、两性关系等问题，千万不要主动涉及。

印度尼西亚礼俗

（一）基本概况

印度尼西亚的正式名称是印度尼西亚共和国。它位于亚洲的东南部，横跨赤道，位于太平洋与印度洋交界之处，是一个由17508个岛屿组成的群岛型国家。它的国土东临巴布亚新几内亚，南靠东帝汶，西濒印度洋，北接马来西亚与新加坡，并且隔海与中国的南沙群岛和菲律宾相望。印度尼西亚的国土面积包括陆地面积190.4万平方公里，海洋面积31.7万平方公里（不包括专属经济区）。海岸线长达54716公里。

“印度尼西亚”这一国名，据说出自希腊语，其含义是“水中岛国”

或“印度群岛”。由于该国岛屿甚多，系世界上最大的群岛国家，又有“千岛之国”的称呼。该国火山众多，其活火山约占世界上活火山的六分之一，故亦称“火山之国”。

印度尼西亚全国现设有一级行政区33个，包括雅加达首都特区，日惹和亚齐达鲁萨兰2个地方特区，30个省。二级行政区（县/市）410个。首都是雅加达。它是整个东南亚地区最大的城市，在世界上有“椰城”之称。

印度尼西亚全国总人口目前约2.15亿，由爪哇人、巽他人、马都拉人、米南卡人、华人、马来人等100多个民族所构成。其中爪哇人人数最多，约占其全国总人口的45%，华人则占3%左右。

印度尼西亚目前约有87%的人信奉伊斯兰教，这样它便成了世界上穆斯林人数最多的一个国家。但是，该国是实行政教分离的，伊斯兰教并不是国教。多数印度尼西亚人属于逊尼派。

印度尼西亚的国语是印度尼西亚语，英语则是一种广为通行的语言。货币为印度尼西亚盾。2007年，印度尼西亚人均GDP（国内生产总值）为1824美元，在世界上排第114位。

印度尼西亚当今实行总统制共和政体。它的国庆日是8月17日。

1950年4月13日，印度尼西亚便与中国建立了正式的大使级外交关系。后来，两国曾一度断交。1990年8月8日，两国正式恢复了外交关系。

（二）国家标志

印度尼西亚的现用国旗启用于1945年8月17日，长宽比例为3∶2。国旗自上而下由红、白两个长方形组成。红色和白色是东南亚的传统色彩，红色象征勇敢正义，白色象征自由、公正和纯洁。

印度尼西亚的现用国徽为一只鹰。鹰象征创造力。鹰尾和鹰翼的羽毛分别为8根和17根，象征该国独立日8月17日。鹰胸前盾面的黑道象征赤道，水牛头象征主权属于人民，榕树象征民族意识，棉桃和稻穗象征丰衣足食及社会必须公正之原则，饰物象征人道主义。黑色小盾和五角星象征宗教印象，也象征“潘查希拉”，即印尼建国的五项基本原则。底端绶带上用印尼文书写着“同存于异”。

印度尼西亚的现用国歌是《印度尼西亚共和国国歌》。

印度尼西亚的国花是茉莉花。

（三）社交礼仪

在人际交往中，印度尼西亚人态度和善，容易接近。与别人相见时，他们惯于彼此之间握手为礼。同熟人或朋友见面时，有时他们会采用传统的见面礼：用右手按住自己的胸前，然后相互问好。

在有必要称呼印度尼西亚人时，有下列四点需要特别予以注意：

第一，在称呼其总称时，最好含糊一点儿，将其统称为“印度尼西亚人”，而不必特意强调其民族差异，将其分别称为“爪哇人”、“巽他人”、“马都拉人”、“米南卡人”、“华人”或“马来人”。此外，切勿将该国称为“荷属东印度”。对这一带有殖民色彩的旧称，印度尼西亚人十分反感。

第二，通常不宜询问印度尼西亚人的姓名，因为他们不喜欢那样做。具体来讲，他们的姓名有长有短，其长度往往与他们的富裕程度成正比。即穷人只有一个名字，中层人士多有两个名字，而富人则会有一长串名字。

第三，印度尼西亚人的男子有互称“兄弟”的习惯，那里的妇女往往也会互称“姐妹”。有时，他们还会将他人称为“爸爸”、“妈妈”。这样做，仅表示尊重对方之意，而并不意味着与对方存在血缘关系。

第四，跟有身份的人打交道时，最好以其正式头衔相称。在一般性的交际应酬之中，对交往对象采用“先生”、“小姐”、“夫人”一类的西式称呼，也是可行的。

在社交活动中，印度尼西亚人很重视与他人互换名片。前去拜访他们时，切记宜在见面之初主动奉上自己的名片。不然的话，就有可能长时间被对方冷落。

跟别人打交道时，印度尼西亚人讲究态度谦虚，不摆架子，声调平和，调低音量。在他们看来，在外人面前张牙舞爪，高声喧哗，嚣张放肆，均属少调失教者的表现。

（四）服饰礼仪

总体而言，受宗教信仰等方面因素的制约，印度尼西亚人的穿着打扮属于朴素保守型。对于服饰的干净整洁，他们非常讲究。

平时，在印度尼西亚，男子会上穿蜡染的长袖衫，下身裹以纱笼，并且头戴无沿小帽。女子在一般情况下，也大都身穿纱笼。在大多数情况下，她们还会配以与纱笼色调一致的披肩或腰带。

出门在外的时候，印度尼西亚人对于自己佩戴的饰物十分重视。在印度尼西亚，男子大都讲究腰悬一把精美的短剑，并且以之反映本人的社会地位。妇女们则极为喜欢佩戴金银首饰，耳环和戒指通常是她们人人必备之物。

在办公或对外交往中，印度尼西亚男子常穿白衬衫、长西裤，并配以领带；女子一般会穿深色的外套，并配以裙子。

出席庆典、仪式，或是参观清真寺时，不允许穿背心，无袖装和短裤，过分裸露身体的服装也不宜穿着。进入清真寺以前，一定要脱下鞋子。与他人在室外交谈，或是上门做客时，必须摘下墨镜。

（五）餐饮礼仪

在饮食习惯上，印度尼西亚人以大米为主食，副食则主要为牛肉、鸡肉、鸭肉、鱼肉和虾，等等。中国人爱吃的海参、鱼肚之类，印度尼西亚人是绝对不吃的。

印度尼西亚穆斯林的饮食严守教规。他们不饮酒和其他一切含有酒精的饮料，不吃猪肉、自死之物、动物的血和未诵安拉之名宰杀之物。对于带骨、带汁的菜肴，他们都不吃。除极为正式的宴请之外，在用餐时，他们都喜欢用右手抓取食物享用。因为左手被视为“不洁之手”，他们绝对不以左手取用食物。在用餐的过程中，他们有饮用凉开水的习惯。

在印度尼西亚，有一些非穆斯林人在用餐时喜欢喝上一点儿葡萄酒。平时，他们也经常喝红茶或咖啡。

受当地华人的影响，绝大多数的印度尼西亚人都对中餐推崇备至。所以，在宴请印度尼西亚人时，中餐乃是最佳的选择。

在印度尼西亚，人们经常会请人吃饭。受到类似的邀请时，通常最好不要谢绝，不然便会被理解为看不起对方。事过之后，最好找机会回请对方一次。这是一种礼貌。参加印度尼西亚人的宴请时，有以下四点注意事项。一是在主人宣布开宴之前，切勿“先行一步”。二是，在用餐过程中，不宜说话过多。三是不要当着主人的面，对菜肴提出某些特殊的要求。四是用餐完毕之后，应当在盘子里余下少许食物，以示自己业已吃饱。

在印度尼西亚外出用餐时，切勿用勾动手指、捻响手指或是吹口哨的方式召唤侍者。得体的方式，是举手示意。

（六）习俗禁忌

在印度尼西亚，尽管没有约定俗成的“国兽”，可是实际上却有两种在人们心目中地位极高的动物。它们一个是蛇，另外一个则是虎。在日常生活中，印度尼西亚人有敬蛇之习。他们将蛇视为“智慧”、“本领”、“德性”的象征，并在许多地方设立蛇舍，内设香案，供人祭祀。跟印度尼西亚人相处时，“武松打虎”一类的故事千万不能够对他们讲述的，因为他们对虎非常崇拜，有人甚至将其称为“祖宗”。

有另外两种动物，在印度尼西亚则被人们打入另册，永世不得翻身。它们一个是乌龟，被视为“春药”、“污辱”和“性”的化身；另一个则是老鼠，印度尼西亚人认为它只会给人们带来肮脏、瘟疫和灾难。

跟印度尼西亚人打交道时，可酌情向其赠送一些价值不太高的礼品，比如化妆品、T恤衫、水果等。在社交场合，爪哇人接送礼物要用右手，面对长辈则要用双手。但左手忌用。在印度尼西亚的多数地方，人们接受礼品时是不能当场打开其外包装的。

在印度尼西亚，当众令人难堪，被视为一种最严重的人身侮辱。在一般情况下，印度尼西亚人很讲究给交往对象“留面子”。他们既不会当面出口伤人，也不会硬逼着对方承认错误。跟他们打交道时，对这一点要十分注意。

与印度尼西亚人进行交谈的时候，切勿议论该国的政治、宗教、民族问题，尤其不要涉及个人信仰、金融危机、政治腐败、军人干政和外来援助问题。谈论当地华人的贡献或地位，对对方的孩子进行批评，也是印度尼西亚人通常所不愿意听到的。他们对孩子十分溺爱，几乎对其百依百顺。

在印度尼西亚人看来，人的头部神圣不可冒犯。因此与对方打交道时，务必要对对方的头部敬而远之。特别需要强调的是，千万不要抚摸印度尼西亚小孩的头部。对中国人来讲，此举表示爱怜。在印度尼西亚人眼里，这样做却意味着一种污辱和伤害。

对于外国人当众拥抱亲吻的做法，印度尼西亚人是看不惯的。在印度尼西亚，就座之时，双腿交叉是不允许的。在一般情况下，坐下来以后双脚最好平放在地面上，千万不要翘起脚来，尤其是不要用鞋底或脚尖朝向他人。在外人面前，最好不要打哈欠。万一控制不住时，需要先用右手捂住嘴巴。

在印度尼西亚，人们有两种独特的做法。其一，伸出右手时，屈起其他手指而单独伸出拇指，表示的是“请你先走”。其二，笑声往往被用来掩饰自己的困惑或者震惊，而未必是说明自己开心愉快。

越南礼俗

（一）基本概况

越南的正式名称是越南社会主义共和国。它位于亚洲东南部的中南半岛东部。它的北部与中国接壤，西部同老挝、柬埔寨为邻，东部和南部面临北部湾和南中国海。全国国土总面积为32.96万平方公里，海岸线约长3260公里。

在历史上，越南曾经有过“文郎”“瓯雒”和“安南”等名称。

越南全国目前划分为59个省和5个直辖市。首都是河内。“河内”这一名称，据说来自其位于红河大堤之内这一地理位置。

越南全国总人口现为8411万左右，由越人、岱人、傣人、芒人、侬人、苗人、瑶人、土人、高棉人、华人等54个民族所构成。越人亦称京族，是越南的主体民族，其人数约占全国总人口的90%。生活在越南的华人，目前也有200万人之多。

越南人所信奉的宗教，主要是佛教和天主教，基督教、高台教、和好教也有一些影响。

越南的官方语言是越南语。货币为越南盾。2007年，越南人均GDP（国内生产总值）为809美元，在世界上排第141位。

越南目前实行社会主义制度。越南的国庆日是9月2日。

1950年1月18日，越南与中国建立了正式的大使级外交关系。

（二）国家标志

越南的现用国旗启用于1955年11月30日，长宽比例为3∶2。国旗为红色旗面，中心为一颗五角金星。红色象征革命和越南人民为争取独立自由而献出的鲜血；五角金星象征工人、农民、士兵、知识分子和青年团结起来，建设社会主义。

越南的现用国徽为圆形，圆面为红色，上半部镶嵌着一颗五角金星，构成国旗的图案；圆周由金黄色的两捆稻穗对称地环绕，象征农业；一个金黄色的齿轮位于两捆稻穗交叉点上，象征工业。齿轮下方的红色绶带上用越南文书写着国名“越南社会主义共和国”。

越南的现用国歌是《进军歌》，启用于1976年7月3日。

越南的国花是桃花。桃花在越南的百花之中地位最高。越南人认为桃花既鲜艳、美丽，又是吉祥的化身。因此，越南人认为桃花乃是“吉祥之花”。

（三）社交礼仪

在人际交往之中，越南人普遍讲究礼貌，并且注重以礼待人的种种具体细节。在一般情况下，他们跟客人相见时多以握手为礼。路遇亲朋好友，则通常要主动热情地上前向对方打一个招呼，至少也要向对方点头致意。

有些少数民族的人，在与外人会面时，往往还会采用其本民族的传统礼节。例如，苗人、瑶人大都会行抱拳作揖礼，而高棉人则一般会行双手合十礼。

在公共场合，越南人通常对长辈表现得尊重有加。与长辈一同出行时，他们必然会请其先行在前。万一要超过长辈走在前面时，则须先向对方打个招呼。

与熟人相见时，越南人都会向对方致以亲切的问候。在越南，人们最常采用的问候语是："你的身体好吗？"

在越南，越人的姓名与华人的姓名相似，多数由三个字组成。阮、范、黎、陈、黄、潘、武、吴等，都是越人之中的大姓。过去，越人起名时，中间一字多用垫字。男的常用的字是"文"，女的常用的字是"氏"。例如，"范文同"、"阮氏萍"，等等。还有一些少数民族，往往有名而无姓。

根据越人的习惯做法，在需要以姓名称呼对方时，最好只称其名，而不称其姓。在称名时，往往也只称最后一个字。例如，在称呼"阮文才"时，宜以"才"相称。在一般情况下，最好在其名之后再加上兄、弟、姐、妹、叔、伯之类的称呼。只是要切记，越人不喜欢被以"你"相称。

在需要进行自称时，通常不要用"我"字，而宜使用弟、妹、侄之类的自谦词。

除此之外，西式的称呼目前在越南也比较盛行。而在政府机关里，人们则惯于以"同志"相互称呼。

在越南，需要对少数民族的民族名称进行称呼时，最好慎之又慎。因为有些称呼，诸如"南蛮""苗舍"、"昧族"之类，在他们听起来，是颇有歧视性的。

（四）服饰礼仪

在日常生活里，越南人的穿着打扮讲究朴素实用。通常，他们之中的大部分人喜欢上身穿一件素色的衬衣，下身则穿一条宽松肥大的深色裤子。在一般情况下，他们还喜欢头戴斗笠，脚穿凉鞋。只有在政务或商务活动中，穿西服、套裙、皮鞋的人才较为常见。而在乡间，越南人则大半爱穿褐色无领窄袖上衣和黑色宽腿长裤。

在节日庆典之时，越南人有穿着本民族服装的偏好。届时，越人往往要穿长袍。土人男子一般上穿黑色长衫，下着白色宽腰裤，并且头缠紫巾；女子则上穿白色圆领斜巾短衫，下穿黑裙或彩裙。

在越南，妇女美容有一个特殊的做法，那就是要想方设法将自己的一口洁白的牙齿染得乌黑发亮。自古以来，这一做法就已成为评价越南妇女美貌与否的一个重要标准。越南人曾经认为，“黑齿桃颊”者最美，而牙齿洁白如玉者则会受人耻笑。目前，这一特殊做法已逐渐式微。

（五）餐饮礼仪

在饮食习惯上，越南人的主食是大米。有的时候，他们也吃一些薯类和面食。在口味方面，他们喜欢清淡的事物，爱吃生、冷、酸、甜的东西。通常，他们不喜欢将菜肴烧得过熟，也不大喜欢吃红烧的菜肴，或是脂肪过多的食物。有时，他们甚至吃生肉、生血。

越南人一般不爱吃的东西还有：羊肉、豆芽、甜点和过辣的菜肴。多刺的鱼，他们往往也不吃。

越南的少数民族，在饮食上也多有一些各自的禁忌。例如，瑶人不吃狗肉，芒人不吃麂子肉，占白尼人不吃牛肉，加非尔人不吃牛肉，等等。

在烹制菜肴时，越南人大都爱用花生油或大油，有时还会往里大量地加入醋和干蒜瓣。他们最常使用的佐餐调料，是一种叫做“鱼露”的东西。它有生、熟之别，气味很冲，但深受越南人的喜爱。

有不少越南人还爱吃血冻，如猪血冻、牛血冻、鹿血冻、鸭血冻，等等。

越南人大多数不能喝烈性酒，但爱饮茶和咖啡。各种酸汤，也大受他们钟爱。平日，他们多饮用“无根之水”——雨水。

在日常生活中，越南人颇爱嚼食槟榔。他们的方法，是将其切片后，与蚌壳粉等物一起入口咀嚼，但不得咽下去。这种做法，据说可以固齿、驱虫、清热、除湿。

越南人用餐时，使用筷子，不过他们对将筷子直插于饭菜之中是禁忌的。他们就餐不用桌子，而是惯于将饭菜一次上齐，摆在一个大炕上，然后围坐而食。

在越南人家中就餐时，吃饭多多益善。要是剩的东西过多，对主人是失敬的。

（六）习俗禁忌

竹子在越南人的生活中不可或缺，所以人们又将他们称为“与竹子为伴的民族”。

除个别民族之外，绝大多数越南人都非常喜欢狗。他们认为狗勇敢、忠诚、可靠，是人类最好的朋友。在越南民间，许多民族都有用动物进行祭祀之习俗。凡拟作祭祀之用的动物，必须精心饲养，绝对不能再去出售。

与中国人一样，越南人最为厚爱红色。他们认为，红色是喜庆、吉利之色，因此在喜庆场合广为采用。

越南人很讲究清洁卫生。在他们看来，当众擤鼻涕、挖耳朵，都是粗鲁和失态的。在民居门口若挂有绿树枝，则表明此户人家有人生病、生孩子或是正在祭祀，外人亦不得进入。他们还讲究青叶不能带入家门，有必要非用不可时，只能从自家地里采摘。傣人、瑶人、佬人还忌讳使用白蚊帐、白被子，因为他们认为白色不吉利。

在越南，以手指人、拍打肩部，或是摸别人的头，都是禁忌的动作。他们认为，那将给对方带来厄运。

不宜与越南人谈论的话题，主要有政治、边界和战争等。对在越华人的贡献与地位问题，通常也不宜在交谈中有所涉及。

第二章　非洲国家礼俗

非洲的全称为阿非利加洲。“阿非利加洲”在希腊文里是“阳光灼热之地”的意思。赤道横贯非洲的中部，非洲四分之三的土地受到太阳的垂直照射，年平均气温在摄氏20度以上的热带地区占全洲面积的95%，其中有一半以上地区终年炎热，故称为“阿非利加”。

非洲位于东半球的西南部，地跨赤道南北，西北部的部分地区伸入西半球。东濒印度洋，西临大西洋，北隔地中海和直布罗陀海峡与欧洲相望，东北隅以狭长的红海与苏伊士运河紧邻亚洲。非洲面积约为3029万平方公里（包括附近岛屿和亚洲境内的埃及领土西奈半岛），约占世界陆地总面积的20.2%，次于亚洲，为世界第二大洲。非洲大陆北宽南窄，呈不等边三角形状。非洲地形的主要特点就是高原面积广阔，大体呈现为一个由东南向西北倾斜的大高原，有“高原大陆”之称，地势比较平坦，明显的山脉仅限于南北两端。全洲平均海拔750米。海拔500至1000米的高原占全洲面积60%以上。东南半部较高，西北半部较低。非洲有世界上最大的沙漠撒哈拉沙漠和最长的“地球伤疤”东非大裂谷。

非洲人口约达7.94亿人，占世界总人口的12.9%，居世界第二位。非洲的自然增长率居世界第一。非洲人口中黑人约占总人口的三分之二，其余属白种人和黄种人。非洲是世界上种族成分非常复杂的洲，非洲有700多个民族和部族，这是由于土著各族人民历史上的多次迁徙、阿拉伯人等从亚洲移入以及殖民者移民所造成的。非洲是人类起源地之一，创造了灿烂的古代文明，具有悠久的历史和丰富的文化遗产。非洲居民多信奉原始宗教和伊斯兰教，少数人信奉天主教和基督教。

非洲现有53个主权国家，按地理位置可以分为北非、西非、中非、东非和南非几个次区域。截止到目前，与中国建立了正式外交关系的非洲国家数目为49个。

收录入本书作为介绍对象的非洲国家有5个。

阿尔及利亚礼俗

（一）基本概况

阿尔及利亚的正式名称为阿尔及利亚民主人民共和国。它位于非洲的西北部，东临突尼斯、利比亚，西接摩洛哥、西撒哈拉，南部与尼日尔、马里、毛里塔尼亚交界，北部则隔地中海同法国、西班牙相望。阿尔及利亚的全国总面积为23.82万平方公里，海岸线长约1200公里。

阿尔及利亚作为国家的名称，据说来源于其国都阿尔及尔之名。在阿拉伯语里，“阿尔及利亚”意即“群岛”。

阿尔及利亚的行政区划，是将全国划分为48个省。阿尔及利亚的首都是阿尔及尔。在阿拉伯语里，它的含意是“岛屿”，正确的发音则应为“贾扎伊尔”。“阿尔及尔”实际上是“贾扎伊尔”的法文发音。近年来，阿尔及利亚政府提倡本国地名“阿拉伯化”，已将首都名称正式恢复为“贾扎伊尔”。但是，国际上目前仍然习惯于将其称为“阿尔及尔”。

阿尔及利亚的全国总人口现为3380万左右，由阿拉伯人、柏柏尔人、沙维亚人、姆扎布人、图雷格人等五个主要民族组成。此外，还有极少量的外来移民。阿尔及利亚的主体民族是阿拉伯人，其人数约占全国居民总数的83%左右。

阿尔及利亚的主要宗教是伊斯兰教。在全国人口中，约99%的人信奉伊斯兰教，并且属于逊尼派。伊斯兰教是阿尔及利亚的国教。

阿尔及利亚的国语是阿拉伯语。阿拉伯语与法语同为通用语。货币为阿尔及利亚第纳尔。2007年，阿尔及利亚人均GDP（国内生产总值）为3702美元，在世界上排第87位。

阿尔及利亚目前实行总统制共和政体。它的国庆日是11月1日。

1958年12月20日阿尔及利亚与中国正式建立了大使级外交关系。

（二）国家标志

阿尔及利亚的现用国旗启用于1962年7月3日，长宽比例为3：2。国旗由绿、白两个竖长方形组成，中央有一弯红色新月和一颗略微倾斜的红色五角星图案。绿色象征未来的希望，白色表示纯洁与和平，红色代表革命和献身精神，新月和五角星则是伊斯兰国家的象征。

阿尔及利亚的现用国徽为圆形，中央是伊斯兰国家闻名的“法蒂玛之手”，是幸福和吉祥的象征，手掌中三个手指直指向上，象征工业、土地和文化革命。山峦象征国家北部的山脉，朝阳象征独立和对未来的希望，厂房、石油井架和树林代表工矿、石油和林业，麦穗和绿色橄榄枝象征农业。星月是伊斯兰国家的标志。图案外围以阿拉伯文字构成圆环，书写着国名。它启用于1976年。

阿尔及利亚的现用国歌是《誓言》。

阿尔及利亚的国花有两种，为鸢草和夹竹桃。阿尔及利亚人对这二

者均十分喜爱。

阿尔及利亚的国石是珊瑚。阿尔及利亚人对其欣赏备至。

（三）社交礼仪

在人际交往中，阿尔及利亚人的所作所为，既具有阿拉伯世界的共性，同时也有着自己的特点。

与其他人相见之时，谦恭好礼的阿尔及利亚人必定会以右手抚胸，然后问候对方："愿真主保佑你。"然而，跟阿尔及利亚人打交道时，无论如何都不能向对方的女性亲眷进行问候。在当地，这种做法是极其无礼的。

在一般情况下，阿尔及利亚人在交际应酬中所用最多的见面礼节是握手礼。与亲朋好友相见时，他们有时也会与对方相互拥抱，或是贴面为礼。但是，以上所述的各种做法仅限于同性之间。换而言之，在阿尔及利亚，异性之间不宜相互握手或是拥抱贴面。

阿尔及利亚人在跟别人握手时，有一个独特的讲究，即：在握手的时候，越是用力气，越是表示对交往对象的敬意。原来，阿尔及利亚人认定，与别人握手时用力的程度，是与对方友好、敬重的程度成正比的。因此，阿尔及利亚人在握手时往往会握得对方又麻又痛。出于同样的原因，他们也希望交往对象能够对自己也这么做。

阿尔及利亚人跟别人握手时的另外一个讲究，是绝对禁止使用被他们视为"肮脏"与"下贱"的左手。

在人际交往中，阿尔及利亚人特别喜欢问长问短，跟交往对象进行长时间的寒暄。有时，这种礼节性的寒暄竟然会长达几十分钟。

阿尔及利亚人在寒暄的时候，对称呼十分在意。在一般情况下，他们习惯于以交往对象的姓氏加上适当的头衔相称。此外，他们还喜欢与穆斯林彼此以"兄弟"相称，或是将男子称为"先生"，将未婚女子成为"小姐"，将已婚妇女称为"夫人"。

在待客之时，阿尔及利亚人十分热情。与其进行交谈时，允许使用法语或英语。与对方交换的名片，最好同时使用阿拉伯语与英语或者法语。

（四）服饰礼仪

在阿尔及利亚，伊斯兰教的影响一向占据着主导地位。与此同时，

由于过去殖民占领与近日国际交往等方面的原因，西方的影响也随处可见。这一点，在阿尔及利亚人的穿着打扮上表现得尤为明显。

简而言之，阿尔及利亚人的着装可以分为三种情况。其一，城里人的穿着。在沿海城市，尤其是在大都市里，阿尔及利亚人不仅接受了西装、套裙，而且还有许多人对各色流行服装趋之若骛。穿牛仔装、紧身衣的人往往到处可以见到。

其二，向下人的穿着。在乡村里，阿尔及利亚人则大都穿着本民族的传统服装。它们通常是指，男子穿白色大袍，戴白色无檐软帽。妇女则一般是穿罩袍，但是戴面纱的人并不太多。

其三，介于两者之间的穿着。在阿尔及利亚，现在有一些人的穿着打扮可以称之为“亦土亦洋”，他们将西式服装与传统服装巧妙地穿着搭配在一块儿，走的是中间路线。例如，一个小伙子很可能是内穿一件西装，外披一件大袍。

近年来，阿尔及利亚人的穿着日趋保守，“阿拉伯化”的走向十分明显。

（五）餐饮礼仪

阿尔及利亚人在饮食方面比较讲究。他们的主食，主要是发酵面饼与棍状面包。在副食方面，他们爱吃羊肉、牛肉、鸡肉，并且好吃新鲜蔬菜。在待客的时候，他们认为最拿得出去的，便是烤全羊。总体而言，他们的口味偏淡，爱吃酸、辣之食物。

在用餐之时，阿尔及利亚人对餐桌的陈设十分较真。他们进食之时，多以匙作为用餐工具，并且惯于使用餐巾。

受伊斯兰教教规限制，阿尔及利亚人一般忌食猪肉、狗肉、马肉、驴肉、骡肉，忌吃龟、鳖、虾、蟹、蛇，不吃自死之物、未诵安拉之名宰杀之物以及动物的血，并且禁止饮酒。阿尔及利亚的图雷格人则很少食肉。

在日常生活中，阿尔及利亚人讲究清心寡欲。他们一般不抽烟，并且讨厌别人在自己面前向自己敬烟。

在饮料方面，阿尔及利亚人偏好茶与咖啡。在喝茶时，他们惯于在茶里加入薄荷叶和冰糖。在喝红茶时，他们则要向其中兑牛奶，并且加糖。在节假日待客时，他们讲究敬茶三杯，以迎客人。按照老规矩，客人必须把茶喝光。平时，客人登门之后，往往也要先问一句："要咖啡还是要茶？"

（六）习俗禁忌

阿尔及利亚人看待动物的眼光比较独特。在他们看来，乌龟温顺善良，乌鸦具有奉献精神，鹤则华贵美丽，都是值得人们喜爱的。他们最忌讳的动物，是猪和熊猫。

在色彩方面，阿尔及利亚人对白色十分推崇，认为白色是"纯洁"与"和平"的象征。

去拜访阿尔及利亚人时，赠送双数的鲜花，是最受欢迎的。猪皮、猪毛制品，带有熊或熊猫图案的物品，雕塑、公仔、女人照片，都是不受欢迎的。

在阿尔及利亚参观访问时，男女之间不要表现得过于亲密，在公共场合切勿牵手而行。不要带妇女去电影院，也不要为当地妇女拍照或摄像。

对于政局变化、宗教观点、工业化带来的问题，千万不要与阿尔及利亚人进行讨论。在交谈时，他们还不喜欢声调抑扬顿挫。他们认为，那样做难免会令人心慌意乱。

埃及礼俗

（一）基本概况

埃及的正式名称叫做阿拉伯埃及共和国。它位于中东地区，地跨亚、非两大洲，大部分国土位于非洲的东北部。埃及西部与利比亚为邻，东部与以色列交界，并且隔红海与沙特阿拉伯相望，南部与苏丹接壤，北部则濒临大西洋。埃及的总面积约有100.2万平方公里，海岸线大约长达2900公里。

埃及之名，译自英语。在阿拉伯语里，它叫做“米斯尔”，其含意是“辽阔的国家”，此外还有一种说法，认为它来自古代腓尼基语“岛”这个词的发音。在世界上，埃及有“文明古国”和“棉花之国”等美称。

埃及目前的行政区划，是将全国分为26个省。埃及的首都是开罗。它是阿拉伯语“卡希拉”一词的英译。在阿拉伯语里，“卡希拉”意即“胜利”。开罗是目前非洲第一大城市。由于它遍布清真寺塔尖，故被称为“有一千个清真寺塔尖的城市”。

埃及的总人口现在约为7367万，由阿拉伯人、科普特人、贝都因人、努比亚人等多个民族所构成。作为主体民族，阿拉伯人占全国居民总数的87%。

埃及的主要宗教是伊斯兰教。阿拉伯人普遍信奉伊斯兰教，他们多属逊尼派。埃及宪法规定伊斯兰教为国教。并且明言“伊斯兰教的立法原则是立法的主要依据”。

埃及的国语是阿拉伯语，通用英语和法语。货币为埃及镑。2007年，埃及人均GDP（国内生产总值）为1739美元，在世界上排第115位。

埃及目前实行的是总统制共和政体。埃及的国庆日是7月23日。

1956年5月30日，埃及与中国正式建立了大使级外交关系。

（二）国家标志

埃及的现用国旗启用于1984年2月4日，长宽比例为3∶2。国旗自上而下由红、白、黑三个平行的长方形组成，中央绘有一只金黄色的萨拉丁雄鹰图案。红色象征革命，白色象征纯洁和光明前途，黑色象征过去的黑暗岁月。金鹰是国徽的图案，象征勇敢。

埃及的现用国徽图案是一只昂首挺立、展开双翅、注视西方的金黄色萨拉丁雄鹰，既展示日益丰盈的埃及文明，又象征胜利、勇敢和忠诚。雄鹰胸部盾形纹章代表与先知穆罕默德有关的库里希部落。基座的绶带上用阿拉伯文书写着国名“阿拉伯埃及共和国”。它启用于1972年。

埃及的现用国歌是《阿拉伯埃及共和国国歌》。

埃及的国花是莲花。埃及人极热爱莲花，他们不仅将其称作“埃及之花”，而且还正式将其定为国花。

埃及的国石是橄榄石。在埃及，橄榄石最受宠爱。

埃及的国兽是猫。他们认为，猫是神圣的精灵，是女王在人间的象征，同时也是幸运的吉祥物。

（三）社交礼仪

在人际交往中，埃及人所采用的见面礼节，主要是握手礼。与跟其他伊斯兰教国家的人士打交道时的禁忌相同，同埃及人握手时，最重要的是忌用左手。

除握手礼之外，埃及人在某些场合还会使用拥抱或亲吻礼。埃及人所采用的亲吻礼，往往会因为交往对象的不同，而采用亲吻不同部位的具体方式。其中最常见的形式有三种。一是吻面礼，它一般用于亲友之间，尤其是女性之间。二是吻手礼，它是向尊长表示敬意或是想恩人致谢时用的。三是飞吻礼，它则多见于情侣之间。

埃及人在社交活动中，根据交往对象行过见面礼节后，往往要双方互致问候。“祝你平安”，“真主保佑你”，“早上好”，“晚上好”等，都是他们常用的问候语。

在打招呼或问候时，埃及人讲究年轻者要首先问候年长者，位低者要首先问候位高者，步行者要首先问候骑乘者，一个人要首先问候多数人。

为了表示亲密，埃及人只要当时有时间，问候起交往对象来，往往会不厌其烦。除个人隐私问题之外，当时所能想到的人和事，他们几乎都会一一不漏地问候一遍。他们的这种客套，有时会长达几分钟，甚至十几分钟。

同样是为了表示亲密或尊敬，埃及人在人际交往中所使用的称呼也有自己的特色。在埃及，老年人将年轻人叫做“儿子”、“女儿”，学生管老师叫“爸爸”、“妈妈”，穆斯林之间互称“兄弟”。这一类做法，往往并不表示二者具有血缘关系，而只是表示尊敬或亲切。

根埃及人打交道时，除了可以采用国际上通行的称呼，倘若能够酌情使用一些阿拉伯语的尊称，通常会令埃及人更加开心。这类尊称主要有:“赛义德”，意即“先生”，可用于称呼任何男性。“乌斯塔祖”，意即“教授”，可用以称呼有地位的人。“莱文斯”，意即“主席”，其用法与“乌斯塔祖”相同。“答喀突拉”，意即“博士”，可用于称呼政府官员。

埃及人非常好客，贵客临门，会令其十分愉快。去埃及人家里做客时，应注意以下三点：其一，事先需预约，并要以主人方便为宜。通常在晚上六点以后以及斋月期间不宜进行拜访。其二，按惯例，穆斯林家里的女性，尤其是女主人是不待客的，故切勿对其打听或问候。其三，就座之后，切勿将足底朝外，更不要朝向对方。

（四）服饰礼仪

在大城市中，尤其是在政界、商界、军界、文化界、教育界，埃及人的穿着打扮早已与国际潮流同步。西服、套装、制服、连衣裙、夹克衫、牛仔裤，在埃及的街头巷尾处处可见。然而，普通百姓，尤其是上了年纪的人的着装观念依旧较为保守。从总体上讲，埃及人的穿着依旧主要是长衣、长裤和长裙。又露又短又小又紧又透的奇装异服，埃及人通常是不愿问津的。

埃及城市里的平民，特别是乡村中的平民，平时主要还是穿着阿拉伯民族的传统服装——阿拉伯大袍。同时还要头缠长巾，或是罩上面纱。

埃及的乡村妇女很喜爱佩戴首饰，尤其是讲究佩戴脚镯。另外，她们还喜欢梳辫子，并且习惯于将自己的发辫梳成单数。在每根辫子上还

要系上三根黑色丝线，然后再挂上一小片薄薄的金属片。

对于绘有星星、猪、狗、猫以及熊猫图案的衣服，埃及人绝对不会穿的，因为它们有悖其习俗。

（五）餐饮礼仪

在餐饮方面，埃及人对礼仪极为讲究。在通常情况下，他们以一种称为“耶素”的不用酵母的平圆型面包为主食，并且喜欢将它同“富尔”、“克布奈”、“摩酪赫亚”一起食用。“富尔”即煮豆，“克布奈”即“白奶酪”，“摩酪赫亚”则为汤类。

埃及人很爱吃羊肉、鸡肉、鸭肉、土豆、豌豆、南瓜、洋葱、茄子和胡萝卜。他们口味较淡，不喜油腻，爱吃又甜又香的东西。冷菜、带馅的菜以及用奶油烧制的菜，特别是被他们看作是象征着“春天”与勃勃生机的生菜，均受其欢迎。埃及人尤其喜爱吃甜点。在他们举行的正规宴会上，最后一道菜必为甜点无疑。此外，他们还习惯于以自制的甜点待客。客人要是婉言谢绝，一点儿也不吃，会让主人极为失望，而且也是失敬于主人的。

在饮料上，埃及人酷爱酸奶、茶和咖啡。在许多大城市里，街头巷尾的咖啡摊随处可见。平时，埃及人有在街头的咖啡摊上用午餐的习惯。在那里，他们买上一杯咖啡，再用几块甜点，也就算做一顿便饭了。饮茶聊天，是埃及人一大乐趣。

在待客之时，主人往往在客人一登门之后，便送上茶水，并且还要挽留客人用餐。对于主人所上的茶水，客人必须喝光。要是杯中遗留了一些茶水的话，是会触犯埃及人的禁忌的。同样的道理，客人在主人家中用餐时，一定要尽量多用一些。否则就会被视为瞧不起主人，让主人不高兴。劝客人多用餐，在埃及乃是主人的一项义务。

用餐的时候，埃及多以手指取食。在正式一些的场合，他们也惯于使用刀、叉和勺子。用餐之后，他们一定要洗手。

埃及人按照伊斯兰教教规，是不喝酒的。他们忌食的东西有：猪肉、狗肉、驴肉、骡肉、龟、虾、蟹、鳝，动物的内脏、动物的血液，自死之物，未诵安拉之名宰杀之物。整条的鱼和带刺的鱼，埃及人是不喜欢吃的。

埃及人在用餐时，有两点禁忌。其一，忌用左手取食。其二，忌在用午餐时与别人交谈。他们认为那样会浪费粮食，是对真主的大不敬。

（六）习俗禁忌

埃及人很喜欢美丽华贵的仙鹤，认为它代表着喜庆与长寿。除讨厌猪之外，外形被认作与猪相近的大熊猫也为埃及人所反感。

埃及人最喜爱被其称为“吉祥之色”的绿色与“快乐之色”的白色。他们讨厌的色彩也是两种。一是黑色，一是蓝色。两者在埃及人看来均是不祥之色。

在数目方面，“5”与“7”深得埃及人的青睐。在他们看来，“5”会带来吉祥，“7”则意味着完美。对信奉基督教的科普特人而言，“13”则是最令人晦气的数字。

在埃及民间，人们对葱很看重，认为它代表了真理。可是对于针，人们却又非常忌讳，在埃及“针”是骂人的词。

埃及人在工作中对小费极为重视，并且将其作为日常收入的重要组成部分之一。在埃及办事情若不会给人小费，往往会举步维艰。

与埃及人交谈时，应注意下述问题：一是男士不要主动找妇女攀谈；二是切勿夸奖埃及妇女身材窈窕，因为埃及人以体态丰腴为美；三是不要称道埃及人家中的物品，在埃及这种做法会被人理解为索要此物；四是不要与埃及人谈论宗教纠纷、政党政治、中东政局以及男女关系。

南非礼俗

（一）基本概况

南非的正式名称是南非共和国。它位于非洲大陆的最南端。北部与纳米比亚、博茨瓦纳、津巴布韦、莫桑比克、斯威士兰诸国交界，东、南、西三面则分别为印度洋和大西洋所环抱。南非的全国总面积约为122万平方公里，海岸线大约长达3000公里。

南非作为国家的名称，得名于它所处的地理位置，即位于非洲大陆的南部。在当地人的口中，它被称为“阿扎尼亚”。“阿扎尼亚”一词源于阿拉伯语，意为“黑人的土地”。由于盛产钻石，它是举世闻名的“钻石之国”。绕经南非海域的好望角航线，是沟通东西方的海上要道。

从行政区域上讲，南非全国目前分为9个省，设有284个地方政府。与众不同的是，在南非一国之中，居然同时拥有三个首都。它们分别是行政首都比勒陀利亚，立法首都开普敦，司法首都布隆方丹。比勒陀利亚世称“花园城”或“玫瑰花园”，开普敦被誉为“南非诸城之母”，布隆方丹则意为“花之源”。目前，南非是非洲经济发展水平最高的国家。

南非的全国总人口大约为4740万左右。从人口构成上讲，南非人可以分为黑人、白人、有色人与亚裔人等四大种族。其中黑人是南非人的主体，它约占全国居民人数的79.4%，由祖卢人、哲豪萨人、斯威士人、茨瓦纳人、苏陀人等部族组成。白人过去长时期在社会生活的各方面居于主导地位，其人数约占全国居民总数的9.3%，主要为荷兰人与英国人的后裔。南非荷兰人的后裔现称为阿非利卡人，亦称布尔人。现在，南非的有色人与亚裔人分别占全国总人口的8.8%和2.5%。南非的亚裔人主要是印度人与华人。

南非的主要宗教是基督教。白人、有色人的绝大多数和大约60%的黑人，都信仰基督教。

南非的官方语言有11种，英语和阿非利卡语为通用语言。货币为兰特。2007年，南非人均GDP（国内生产总值）为5724美元，在世界上排第70位。

南非而今实行总统制共和政体。南非的国庆日是5月31日。国徽格言：团结就是力量。

1998年1月1日，南非与中国正式建立了大使级外交关系。

（二）国家标志

南非的现用国旗启用于1994年4月27日，长宽比例为3∶2。国旗被一个横放的绿色“Y”字分为三部分，左侧为黄边黑色三角形，右侧上下分为带白边的红色和蓝色直角梯形。红、白、蓝三色是原德兰士瓦南非共和国国旗的颜色，黄、黑、绿三色则是南非非洲国民大会旗帜的色彩，汇合在一起象征民族团结和国家统一，“Y”字形表示将历史传统融汇入统一的新国家的实践和进步之中，共同走向未来。

南非的现用国徽为椭圆形，下半部中心图案为盾形，黄色盾面上有两个褐色石刻人像，是南非著名的克瓦桑族人石刻艺术图案；两侧环绕的麦穗象征富饶和发展的潜力，象牙象征智慧、力量和永恒；盾面上方是交叉的长矛和圆头棒，象征权力和国防。上半部的主体为展开双翅的蛇鹫，象征时刻保卫国家；蛇鹫的胸部为山龙眼图案，其花瓣由绿、黄、红等传统的泛非颜色构成，象征南非美丽的国土以及南非致力实现非洲复兴所展现的光彩；顶端光芒四射的太阳象征生命和光明之源。底部绿环上用克瓦桑族语书写着：“多样化的民族团结起来。”

南非的现用国歌是《佑我南非》，启用于1996年。

南非的国花是普洛蒂亚（帝王花）。

（三）社交礼仪

南非社交礼仪的主要特点，可以概括为“黑白分明”与“英式为主”。在较为正式的官方活动与商务交往中，这些特点表现得有点突出。

说南非的社交礼仪“黑白分明”，指的主要是：由于受到各自种族、宗教、习俗的制约，南非的黑人与白人所遵从的社交礼仪，往往差别不小，甚至大相径庭。这方面的特点，可以说是遍及待人接物的方方面面。例如，在人际交往中，南非的黑人往往会情感外露，形体语言十分丰富；而南非的白人则大多显得较为矜持，他们讲究的往往是喜怒不形于色。

说南非的社交礼仪“英式为主”，则是指：因为在过去很长的一段历史时期内，白人掌握南非的政权，并且长期推行种族歧视政策，对黑人倍加压制，久而久之，白人的社交礼仪，特别是英国式的社交礼仪，便渐渐广泛地流行于南非社会。

以目前而论，在社交场合，南非人所采用的见面礼节主要是握手礼，他们对交往对象的称呼则主要是“先生”、“小姐”或“夫人”。西方人所讲究的绅士风度、女士优先、守时践约等基本礼仪，南非人不仅耳熟能详，而且早已身体力行。

另外一方面，作为一个独立种族，南非黑人毕竟有着自己的个性与

尊严。随着南非白人正权的垮台，黑人的社会地位正在逐渐提高。在此背景之下，南非黑人在日常交往中不仅依然保留着自己的传统习惯，而且对其情有独钟。要对南非黑人真正表示尊敬，一个重要的做法，就是要对他们特殊的社交礼仪表示认同，而万万不可大惊小怪，讥笑非议。

有的时候，在黑人部族中，尤其是在广大农村，南非黑人的待人接物往往会表现出不同于主流社会的另外一种风格。

在行见面礼时，有些黑人会行拥抱礼，有些黑人会行亲吻礼，有些黑人会行一种形式独特的握手礼，即先用左手握住自己的右手手腕，然后再用右手去与人握手。

在迎送客人时，许多地方的黑人往往会集体出动，列队相迎，载歌载舞，欢呼狂啸。他们习惯于以鸵鸟毛或孔雀毛赠予贵宾，客人们此刻得体的做法，是要高高兴兴地将这些珍贵的羽毛插在自己的帽子上或头发上。

南非黑人的姓名尽管大多已经西方化了，“乔治”、“威尔逊”、“海伦”、“爱丽丝”都是他们常用的姓名，然而，在一般情况下，他们还是更喜欢在具体称呼上保留自己的传统，即在进行称呼时在姓氏之后加上相应的辈分，以表明双方关系异常亲密。比如，称南方黑人为“乔治爷爷”、“海伦大婶”，往往会令其喜笑颜开。

（四）服饰礼仪

在城市之中，南非人的穿着打扮基本西化了。大凡正式一些的场合，他们都讲究着装端庄、严谨。因此，与南非人进行官方交往或商务交往时，最好要穿样式保守、色彩偏深的套装或裙装，不然就会被对方视作失礼。在日常生活中，南非人大多爱穿休闲装。白衬衣、牛仔装、西短裤，均受其喜爱。南非黑人穿这类服装，不分男女老幼，往往对色彩鲜艳者更为偏爱，他们尤其爱穿花衬衣。

此外，南非人，尤其是南非黑人通常还有穿着本民族服装的习惯。不同部族的黑人，在着装上往往会有自己不同的特色。

例如，有的部族的黑人，喜欢用兽皮做成斗篷，将自己从头到脚遮在里面。有一些部族的黑人，则喜欢上身赤裸，仅在腰间围上一块腰布。

黑人妇女的打扮，往往也会表现得有别于常规。例如，在有的部族中，妇女的门牙必须拔掉。在该部族的人看来，这是一种美。惟其如此，才不至于在微笑或用餐时露出牙齿。在另外一些部族，已婚妇女通常比未婚妇女佩戴的首饰要少得多。据说，这种做法有助于使其表现出对自己丈夫的忠贞。

（五）餐饮礼仪

在饮食习惯上南非人同样是“黑白分明”的。当地的白人平日以吃西餐为主，他们经常吃牛肉、鸡肉、鸡蛋和面包，并且爱喝咖啡与红茶。

在一般情况之下，南非黑人的主食是玉米、薯类、豆类。在肉食方面，他们喜欢吃牛肉和羊肉，但是一般不吃猪肉，也不大吃鱼。与其他许多国家的黑人有所不同的是，南非的黑人不喜欢生食，而是爱吃熟食，南非最著名的饮料，是被称为“南非国饮”的如宝茶，在英语里的本意是“健康美容的饮料”。它深受南非各界人士的推崇，与钻石、黄金一道，被称为“南非三宝”。

前往南非黑人家中做客时，十分好客的主人一般都要送上刚刚挤出来的新鲜的牛奶或羊奶，诚心诚意地请客人品尝。有的时候，他们则会献上以高粱自制而成的、风味独特的啤酒。遇到这种情况，不论自己渴不渴，爱不爱喝，都一定要大大方方地“来者不拒”，尽量多喝一些，并且最好一饮而尽。若是百般推辞，坚决不喝一口，主人必定会很不高兴。

与南非的印度人打交道时，务必要注意：信仰印度教者则不吃牛肉，信仰伊斯兰教者则不吃猪肉。

（六）习俗禁忌

与南非人打交道时，首先需要了解交往对象的宗教信仰，并且认真地对其予以尊重。这一点，是至关重要的。

信仰基督教的南非人，最为忌讳“13”这一数字。对于“星期五”，特别是与“13 日”同为一天的“星期五”，他们更是讳言忌提，并且尽量避免外出。

南非的黑人，特别是乡村里的黑人，有很多人都信仰本部族传承下来的原始宗教。他们一般都相信存在一种神秘力量，支配着人世间的一切。在许多地方，羊被视为宠物，人们对双角卷曲的羚羊尤为喜爱。

一般而论，南非的黑人都非常敬仰自己的祖先，认为祖先不仅有消灾祸的本领，而且还拥有惩罚子孙的力量。所以，他们特别忌讳外人对其祖先的言行举止表现出失敬。在有些部族中，即使是儿媳直呼公公的名字也被禁止。

在许多黑人部族里，妇女的地位比较低下。被视为神圣宝地的一些地方，诸如火堆、牲口棚等处，绝对是禁止妇女接近的。

由于历史的原因，南非人为人处事非常大胆直爽。与对方进行交谈时，过分地委婉或者兜圈子，是不受欢迎的。

跟南非黑人交谈时，有四个方面的话题切莫涉及。其一，不要为白人评功摆好。其二，不要评论不同黑人部族或派别之间的关系及其矛盾。其三，不要非议黑人的古老习俗。其四，不要为对方生了男孩而表示祝贺，在许多部族中，这件事并不令人欣喜。

在南非，根据法律规定，同性恋婚姻是合法的。

尼日利亚礼俗

（一）基本概况

尼日利亚的正式名称是尼日利亚联邦共和国。它位于西非的南部。东邻喀麦隆，东北隔乍得湖同乍得相连，西接贝宁，北接尼日尔，南濒大西洋的脊背亚湾。尼日利亚的全国总面积为92.38万平方公里，海岸线长800公里左右。

尼日利亚作为国家的名称，得名于流经该国的非洲第三大河——尼日尔河。从字面上讲，它的含意是"尼日尔河流经的土地"。该国是非洲文明古国之一，素有"非洲黑人文化诞生地"之称。因其物产丰富，在世界上还被人称为"西非天府之国"、"矿石之国"或"石油之国"。

尼日利亚实行联邦制，目前的行政区划，是将全国划分为36个州和1个联邦首都区。尼日利亚的首都为阿布贾。

尼日利亚的全国总人口，当前约为1.44亿。尼日利亚是非洲人口最多的国家。由于尼日利亚人皆为黑色人种，因此它也是世界上黑人人数最多的一个国家。具体而论，尼日利亚人是由豪萨人、约鲁巴人、博伊人、富拉尼人、伊比比奥人等250多个部族所构成的。其中豪萨人人数最多，约占全国居民总数的29.5%。约鲁巴人也占到全国居民总数的五分之一左右。

尼日利亚的主要宗教是伊斯兰教和基督教。在全国居民之中，约50%的人信仰伊斯兰教，约40%的人信仰基督教。尼日利亚的穆斯林多属于逊尼派。

尼日利亚以英语为官方语言。主要的民族语言，有豪萨语、约鲁巴语和伊博语。货币为奈拉。2007年，尼日利亚人均GDP（国内生产总值）为825美元，在世界上排第140位。

尼日利亚目前实行的是总统制共和政体。尼日利亚是英联邦成员国之一，它的国庆日是10月1日。

1971年2月10日，尼日利亚与中国正式建立了大使级外交关系。

（二）国家标志

尼日利亚的现用国旗启用于1960年10月1日，长宽比例为2∶1。国旗自左至右由绿、白、绿三个竖长方形组成。绿色象征农业和绿色大地，白色象征和平与统一。这面国旗是1959年全国国旗设计比赛的获选作品，设计者是一名尼日利亚学生。

尼日利亚的现用国徽中心图案为盾形，黑色盾面象征尼日利亚肥沃的土地，上有一个白色“Y”形图案，象征尼日利亚境内最大的河流尼日尔河及其支流贝努埃河。顶端一只雄鹰舒展双翅，左右两侧各有一匹白马支撑盾面，象征尊严和力量。底部是鲜花盛开、绿草如茵的土地，绿色绶带上用英文书写着“团结与信心，和平与进步”。

尼日利亚的现用国歌是《尼日利亚共和国国歌》。

（三）社交礼仪

尼日利亚人在人际交往中，往往表现得热情而友好。对于任何交往对象，他们都讲究以礼相待，不失敬意。不过，就礼待宾客的具体方式而言，往往会因人而异，因事而异，因双边关系而异。

尼日利亚人在交际应酬中，通常使用以下四种独具特色的见面礼节。其一，弹掌礼。它是尼日利亚人所用最多的一种见面礼节。具体的方法是：首先用自己的大拇指，轻轻地弹一下交往对象的手掌，随后再与对方握手言欢。

其二，击掌礼。它是尼日利亚人与亲朋好友相见时采用的见面礼节。它的具体方法是：施礼双方彼此伸出自己的右手，并且以之用力拍打对方的右手。

其三，跪拜礼。它是平民百姓拜见酋长时所用的见面礼节。在行礼时，平民需首先脱鞋，然后走向酋长，并且跪下请安。未经酋长允许，不得随便站起来。

其四，屈膝礼。它多见于晚辈拜见长辈。其做法为：走近长辈前，首先双膝稍稍弯曲一下，然后再身子前躬一次。

尼日利亚人见到外来客人时，总是喜欢先向对方热情地打招呼，并且很爱对对方问长问短，有时问候语会连成一长串，令客人应接不暇。

在人际交往中，尼日利亚人十分重视称呼。一般而论，将国家观念很强的尼日利亚人称为“尼日利亚人”，会令他们大为高兴。在日常交往中，由于尼日利亚人等级观念比较强，所以最好以职衔、学衔、军衔直接相称。不然的话，有可能会被对方理解为是一种藐视。

为了表示亲切，尼日利亚人喜欢与朋友称兄道弟。对于受其尊敬的长者，他们习惯以“爸爸”、“妈妈”相称，并且往往爱在前边加上对方的国名。例如，“中国爸爸”、“英国妈妈”等。

（四）服饰礼仪

尼日利亚人的穿着打扮，往往会因为民族与宗教信仰的不同，而存在一定的差异。

由于曾经遭受英国的长期殖民占领，英国人的着装之道迄今为止仍对尼日利亚人影响很深。在正式的商务交往中，尼日利亚人通常会要求交往对象西装革履，至少也要穿长袖衬衫，并且一定要打领带。

在日常生活中，尼日利亚人一般都穿着本民族的传统服装，在一般情况下，男子大都会内穿长袖衬衫、瘦腿裤，并且外穿白色大袍，头上再戴一顶白色无檐圆帽。妇女则通常会用几块彩色花布裹在身上。未婚

少女一般用两块花布，一块裹在腰上作裙子，另一块则裹在上身当上衣。已婚妇女则一般要用三块花布，其中两块用法与未婚少女相同，第三块则要披在肩上。

尼日利亚妇女戴首饰不厌其多。她们常戴的首饰有耳环、项圈、手镯、脚镯，但是不爱戴戒指。她们对发型也很有讲究，其中挨家族妇女因酷爱梳高大的发髻，使该族被人叫做“高髻族”。埃家族妇女所梳的发髻，如果形状不同，寓意便有所不同。她们的讲究是：未婚少女要梳成蛇形，已婚妇女要梳成鱼形，老年妇女梳好后要扎上三叶棕榈条，寡妇则需梳成圆顶。

有意思的是，尼日利亚人一般都不大穿鞋袜。至多，他们也就是赤脚穿拖鞋而已。拜访尼日利亚人时，进门前没必要脱下鞋子。届时，主人往往与客人“赤足相见”。

（五）餐饮礼仪

尼日利亚人一般以面食为主食，他们喜食粥汤，在菜肴方面忌咸喜辣，讲究丰盛实惠。

尼日利亚人最爱吃的，是用深黄色的玉米面、浅黄色木薯面、咖啡色的豆面、绿色的蔬菜与红色的西红柿混合在一起烧成的“五色饭”。

米粥、菜粥、什锦粥，亦大受欢迎。

尼日利亚的富拉尼人以畜牧业为生。他们的日常饮食无一不与牛奶或乳制品有关，但却很少吃肉，并且不喜欢单独食用蔬菜。

信奉伊斯兰教的尼日利亚人忌食猪肉、狗肉，忌吃自死之物、动物的血液及一切未诵安拉之名而宰杀之物。非蒂族的人则爱马如命，绝对不会吃马肉。一般而论，尼日利亚人都不饮酒，不吸烟，爱吃水果的人也不太多。已婚的妇女，则大都忌食鸡蛋，因为她们认为吃鸡蛋会影响生育。

用餐的时候，尼日利亚人多以右手直接取用。一家人此时往往还要一分为三，即男子、女子、孩子各自坐在一起，互不相干。即使来了客人，与自己拜访之人坐在一起用餐也就是了。请客吃饭时，尼日利亚人不喜欢刻意进行准备。家中有什么，他们就会请客人吃什么。

（六）习俗禁忌

与尼日利亚人打交道时，不要谈论种族纠纷、宗教矛盾、非洲政治、历史变迁、政权更替、军人执政等方面的问题。对于“黑”这个词，也应少用为妙。

求尼日利亚人帮忙，务必要记住付给对方小费。尼日利亚人认定，付小费乃是对自己劳动的一种必要的肯定。给不给小费，是被与是否尊重自己直接挂钩的。

在尼日利亚，穆斯林喜爱绿色和白色，并有左手之忌。而基督徒们，则忌讳“13”这一数字。

在尼日利亚，捻响拇指与食指表示感兴趣，用手指从耳朵上朝后快速刮过表示“妙不可言”，伸出拇指同时挥动手臂表示尊重，耸肩表示否定，伸出舌头在嘴唇四周舔上一圈表示嘲笑或蔑视，拍腿跺脚表示追悔莫及，用食指指人表示挑衅，伸出五指张开的手来并令其面向他人表示侮辱，盯视他人表示反感，握拳挥手则表示诅咒谩骂。对于这类形体动作方面的“特色语言”，千万不要误解或误用。

坦桑尼亚礼俗

（一）基本概况

坦桑尼亚的正式名称是坦桑尼亚联合共和国。它地处赤道之南，位于非洲东部，主要由位于大陆的坦噶尼喀和桑给巴尔岛这两个部分所组成。其大陆部分北与肯尼亚、乌干达交界，南与赞比亚、马拉维、莫桑比克为邻，西与卢旺达、布隆迪、扎伊尔接壤，东部则濒临大西洋。坦桑尼亚的全国总面积为94.5万平方公里，大陆海岸线约长840公里。

作为国家的名称，显而易见，坦桑尼亚是由坦噶尼喀与桑给巴尔组合而成的。“坦噶尼喀”一词出自坦噶尼喀湖。在班图语里，其含意为“无数溪流在此汇合”，“许多部落在湖岸集居”。“桑给巴尔”一词则源自波斯语，意为“黑人的国家”或“黑人的土地”。由于盛产丁香与剑麻，坦桑尼亚在世界上有着“丁香之国”、“剑麻之乡”等种种美誉。

坦桑尼亚的行政区划，是将全国划分为26个省，114个县。坦桑尼亚现在的首都是达累斯萨拉姆，其本意为“和平之港”。该国已正式决定，将迁都多多马。新首都尚在建设中。

坦桑尼亚的全国总人口目前大约为3700万。在全国居民之中，非洲黑人约占98.5%以上，并且分属126个民族。较大的部族有：苏库马、尼亚姆维奇、斯瓦希里、赫赫、马康迪和哈亚。此外，该国还有少量的阿拉伯人、印巴人和欧洲人后裔。

坦桑尼亚的宗教信仰比较复杂。在坦噶尼喀（大陆部分）居民中35%信奉天主教和基督教，45%信奉伊斯兰教，其余信奉原始拜物教。在该国经济最发达的桑给巴尔（海岛部分），99%左右的居民都信仰伊斯兰教，其中多数人属于逊尼派。

坦桑尼亚的国语是斯瓦希里语。英语为通用语。货币为坦桑尼亚先令。2007年，坦桑尼亚人均GDP（国内生产总值）为362美元，在世界

上排第166位。

坦桑尼亚目前实行的是总统制共和政体。它是英联邦成员国之一。坦桑尼亚的国庆日是4月26日，它也是坦噶尼喀和桑给巴尔的合并日。国徽格言：自由与统一。

1964年4月26日，坦桑尼亚与中国正式建立了大使级外交关系。

（二）国家标志

坦桑尼亚的现用国旗启用于1964年6月30日，长宽比例为3：2。国旗由绿、黄、黑、蓝四色构成，左为绿色三角形，中间一条黄边黑色宽带从左下角斜贯至右上角，右为蓝色三角形。绿色和黑色取自原坦噶尼喀国旗的颜色，分别象征土地和黑人民族；蓝色则取自原桑给巴尔的国旗，象征海洋；黄色象征丰富的矿产资源。

坦桑尼亚的现用国徽中心图案为盾形，梭形盾面包括四组图案，自上而下是象征自由和光明的火炬，国旗，交叉的镰刀、斧头和长矛，象征海洋和江湖的蓝白条纹。盾徽下方白雪皑皑的山峰象征非洲最高峰乞力马扎罗山，山坡上的棉桃和咖啡象征国家的主要经济作物。两侧身穿民族传统服装的黑人男女一手持大象牙，一手扶盾徽。底部的绶带上用斯瓦希里语书写着“自由和团结”。

坦桑尼亚的现用国歌是《上帝保佑非洲》。

坦桑尼亚的国花是丁香花。坦桑尼亚人偏爱丁香，认为她会为人们带来幸福与美好。

（三）社交礼仪

坦桑尼亚民风古朴，风俗独特。在待人接物方面，他们热情、爽朗、朴实、友好。任何与桑给巴尔人打过交道的外国人，都会对此留下深刻、美好的印象。

在交际应酬之中，坦桑尼亚人一般都以握手或拥抱作为见面礼节。除此之外，有时他们也会采用一些方式独特的见面礼节。

其一，鼓掌礼。在迎接贵宾时，有些地方的坦桑尼亚人习惯于先拍拍自己的肚子，或是对自己的肚子指一指，接着热烈鼓掌，然后再与交往对象握手。此举表明他们口腹如一，对来宾欢迎之至。

其二，举拳礼。这是坦桑尼亚人最高级别的迎宾礼。在行礼时，行礼者要举起握紧的右拳，轻轻地晃动。行礼者如欲表示自己见到对方万分高兴，则还须双手握拳高举，上上下下地反复晃动。这一做法，表示对对方无比爱戴与崇敬。

其三，屈膝礼。在坦桑尼亚，妇女们相见时，通常彼此屈膝，作为致意的一种方式。

其四，尖叫礼。在乡间，坦桑尼亚妇女在迎接女宾之际，往往习惯于围绕着对方转圈跑动，同时在口中发出带有一定节奏的尖叫声，以表示对对方的光临倍感高兴。

在人际交往中，坦桑尼亚人所采用的称呼有一定的特色。对于尊敬的长者，他们一般会以“老人家”，或是“爸爸”、“妈妈”相称。对于有地位、有身份的人，他们则通常会称之为“阁下”。当年龄相近、彼此熟悉的人会面时，彼此之间大都会互称对方为“朋友”、“兄弟”。而在官方活动或是执政党内部，“同志”则是他们对待“自己人”较常采用的称呼。

值得说明的是，鉴于坦桑尼亚是一个以黑人为主要居民的国家，与坦桑尼亚人进行交际应酬时，务必要对黑人兄弟表示应有的尊重，切勿因为自己言行不检点，而被认为有种族歧视之嫌。与坦桑尼亚人进行接触时，最好少用“黑”这个词，特别是不要将其用作贬义词。同时务必要牢记，别将坦桑尼亚人称为“黑人”。在对方听来，这一称呼不仅不顺耳，而且不礼貌。

顺便一提，坦桑尼亚普通老百姓所起的名字大都十分有趣。世上所有的词，差不多都可以被他们用来当作自己的名字。在坦桑尼亚，名叫“没关系”、“打火机”、“再见吧”、“坏工作”、“部长”、“少校”、“鸵鸟”、“大象”、“打扰”、“麻烦”、“你好”、“明天”的人，几乎到处可见。

（四）服饰礼仪

坦桑尼亚人的日常穿着，与其他许多非洲国家一样，也是城乡有别的。

在许多城镇，居民们的着装往往比较考究。在日常生活里，男子一般喜欢穿T恤衫、猎装和西裤。妇女们则大都爱穿圆领汗衫或背心，下穿色彩艳丽的裙子，并且经常头包一块花布。坦桑尼亚妇女所穿的裙子，往往是由两块很长的布料组合而成的。她们穿这种裙子的方法，是首先往身上围一块布料，在腰上一搭一掖；然后再以相同的方法，再往它的上面围上另外一块布料。

对于有地位、有身份的坦桑尼亚人而言，大凡正规一些的场合，他们少不了都要西服革履，或是身穿套裙。由于当地曾遭受英、德两国的殖民占领，所以人们的着装风格大体上与英、德两国接近，较为严谨和保守。不过，坦桑尼亚的年轻人对于欧美的流行服饰，一般都是欣然接受，非常喜欢的。

在广大的坦桑尼亚乡村之中，居民们在平日还是主要以穿着自己的传统服装为主。不同部族的坦桑尼亚人，在穿着打扮上往往会相去甚远。在有的部族里，人们讲究着装不分衣、裤，而以一块长布从肩至脚，将自己的身体严严实实地遮盖起来。而在另外一些部族里，人们则喜欢将身体的大部分裸露在外，而仅仅只是在自己的下身围上一块兽皮。

在不少部族之中，都有佩戴饰物的讲究。有的是男子要戴耳环，或是臂环；有的是女子要戴脚铃，或是足环。在有的部族里，妇女所戴的项圈越多，就表示其年龄越大。马康迪人的爱好，是在自己脸上刺花纹。

坦桑尼亚人打扮自己的一大特色，是喜欢在自己的发型上大做文章。在坦桑尼亚，有的男子要梳辫子，有的妇女喜欢剃光头发，而有的年轻姑娘们则爱将自己的秀发编一排一排的细小发辫，并在其上加上多种小发饰。在坦桑尼亚，妇女们有用头顶物的习惯。在许多情况下，劳动妇女的发型往往会为其“顶上功夫”助上一臂之力。

（五）餐饮礼仪

在日常生活之中，坦桑尼亚人大都以玉米、薯类作为主食。用玉米面加糖和椰子油做成的手抓饭，是他们最爱吃的食物。由于蔬菜偏贵，他们不大吃蔬菜，却喜食各类水果。在所有水果里，香蕉最受欢迎。它不仅被当作水果来吃，还被用来做菜、酿酒，或是做成点心。

在正式一些的场合，坦桑尼亚的上层人士对英式西餐普遍有所偏爱。以西餐宴请坦桑尼亚人士，是对方欢迎的做法。

一般而论，在肉类方面，坦桑尼亚人爱吃牛肉、羊肉，有些人也能够吃一些鱼、虾。他们不吃的东西，主要有猪肉、动物内脏、龟、鳖、蟹以及鱿鱼、海参。有些部族，在饮食上还有自己特殊的讲究。例如，哈亚人忌吃昆虫、鸡和飞禽。他们虽然养鸡，但只是为了用作祭品，对鸡肉和鸡蛋一律都是不吃的。

克拉依人用以待客的“蛇饭”也很有特点。它以一条不去头尾、不剥皮、只除去内脏的红花蛇与饭一起蒸煮而成。吃“蛇饭”时，必须将它一次吃掉，并不宜吐掉蛇皮。否则，就是对主人的友谊表示怀疑。

坦桑尼亚人一般爱喝啤酒、咖啡、汽水。不过，有个别部族则是禁止饮酒。

（六）习俗禁忌

坦桑尼亚人最喜欢的色彩是红色。在他们看来，红色可以为人们带来刺激、兴奋和幸福。

坦桑尼亚人十分好客。在迎接客人时，他们往往会全家恭候在自己门外。因此，去坦桑尼亚人家里做客时，务必要如约而至，绝对不能姗姗来迟，让主人望眼欲穿。

按照坦桑尼亚人的讲究，在做客串门时，客人不得随意进入主人的房间，尤其是不能进入女主人的房间。如果主人家的房子有前后门，那么客人必须走前门，而后门则只供主人一家自己使用。惟有尊贵的客人，才有机会在主人的亲自引导下走后门。

与坦桑尼亚人交谈时，不宜谈论政治问题与部族矛盾，特别是不宜主动涉及坦噶尼喀与桑给巴尔之间的关系。打听妇女的情况，或是对当地习俗表示大惊小怪，也是不可取的。

第三章 美洲国家礼俗

美洲的全称是亚美利加洲。亚美利加是America的中文译音。美洲的命名，普遍的说法是为纪念意大利的一位名叫亚美利哥·维斯普奇的著名航海家。1499年，亚美利哥随同葡萄牙人率领的船队从海上驶往印度，他们沿着哥伦布所走过的航路向前航行，克服重重困难终于到达南美洲大陆。亚美利哥对南美洲东北部沿岸作了详细考察，并编制了最新地图。1507年，他的《海上旅行故事集》一书问世，引起了全世界的轰动。在这本书中，引人入胜地叙述了“发现”新大陆的经过，并对大陆进行了绘声绘色的描述和渲染。亚美利哥向世界宣布了新大陆的概念，一下子冲跨了中世纪西方地理学的绝对权威普多列米制定的地球结构体系。于是，法国几个学者便修改和补充了普多列米的名著《宇宙学》，并以亚美利哥的名字为新大陆命名，以表彰他对人类认识所做的贡献。新《宇宙学》一书出版后，根据书中的材料，在地图上也加上了新大陆——亚美利哥洲。后来，依照其他大洲的名称构词形式，“亚美利哥”又改成“亚美利加”。起初，这一名字仅指南美洲，到1541年麦卡托的地图上，北美洲也算美洲的一部分了。

美洲位于西半球，处于大西洋与太平洋之间，北濒北冰洋，南与南极洲隔德雷克海峡相望。按地理位置划分为北美洲和南美洲两大部分，以巴拿马运河为界。美洲面积约为4219万平方公里，约占世界陆地总面积的28.2%。大陆从东向西分为三个南北纵列带：东部是久经侵蚀的山地和高原，巴西高原是世界上面积最大的高原；西部为高峻山地，属美洲科迪勒拉山系；东西部之间是广阔的大平原，北美中部大平原和亚马孙平原都是世界上著名的平原。美洲还拥有世界第一大岛格陵兰岛、流域面积最广的亚马逊河和最大的淡水湖苏必利尔湖。

美洲人口约为7.68亿，欧洲移民后代、印欧混血种人、黑白混血种人占多数，还有黑人、日本人、华人和原居民印第安人、因纽特人等。

美洲人信仰基督教的人比较多。

美洲现有35个主权国家，地理上分为北美、中美、加勒比和南美几个次区域。截止到目前，与中国建立了正式外交关系的美洲国家数目为23个。

收录入本书作为介绍对象的美洲国家有5个。

阿根廷礼俗

（一）基本概况

阿根廷的正式名称是阿根廷共和国。它位于南美洲东南部。西部与智利为邻，北部与玻利维亚、巴拉圭交界，东北与乌拉圭、巴西接壤，东部濒临大西洋，南部与南极洲隔海相望。阿根廷的全国总面积约为278万平方公里（不含马尔维纳斯群岛和阿主张的南极领土），海岸线长约4000公里。

阿根廷作为国家的名称，出自拉丁语“白银”一词，因此阿根廷有“白银之国”之称。其实，阿根廷并不产银。在那里，银可泛指财富。由于阿根廷是世界上主要的谷物、肉类生产国与出口国之一，人们习惯称之为“世界粮仓和肉库”。

阿根廷的行政区划，是将全国划分为23个省和联邦首都。阿根廷的首都，是布宜诺斯艾利斯。在西班牙语里，它的含义是“一帆风顺”、“好空气”。作为南美第二大城市，它有“南美巴黎”之称。

阿根廷的全国总人口现为3626万左右，由40多个民族所组成。其中白种人约占95%，他们多为意大利、西班牙后裔。

阿根廷的主要宗教是天主教。该国宪法明文规定，天主教是阿根廷的国教。在全国居民中，约87%左右的人信奉天主教。

阿根廷的官方语言是西班牙语。货币为比索。2007年，阿根廷人均GDP（国内生产总值）为6310美元，在世界上排第66位。

阿根廷目前实行总统制共和政体。阿根廷的国庆日是5月25日。

1972年2月19日，阿根廷与中国正式建立了大使级外交关系。

（二）国家标志

阿根廷的现用国旗启用于1818年2月25日，长宽比例为2：1。国旗自上而下由浅蓝、白、浅蓝三个长方形组成，白色部分中央有一个金光四射的太阳图案。浅蓝色象征正义，白色象征纯洁和高尚；太阳图案上绘有一张人脸，被称为“五月的太阳”，是纪念阿根廷1810年“五月革命”标志，象征自由和黎明。这面国旗是阿根廷独立运动领导人于1812年2月设计的，采用阿根廷士兵军服上的蓝、白两色，来纪念阿根廷军民打败殖民军队的胜利，太阳图案是1818年增加的。

阿根廷的现用国徽为椭圆形，圆面上下半部分别为国旗的蓝、白两色，象征阿根廷人民；白色部分有两只手相握，象征国家的团结；两只手共同擎起象征主权和尊严的自由之竿，竿顶为一顶象征自由、平等和牺牲的红色自由帽；顶端为一轮放射光芒的“五月的太阳”，象征阿根廷如旭日初升，正在崛起；环绕椭圆面的月桂树枝象征胜利和光荣。

阿根廷的现用国歌是《祖国进行曲》。

阿根廷的国花和国树分别为赛波花和奥布树。阿根廷人对它们极为宠爱。

阿根廷的国鸟是被誉为“面包师”的棕灶鸟。阿根廷人对其十分欣赏。

（三）社交礼仪

阿根廷人在日常交往中所采用的礼仪与欧美其他国家大体上是一致

的，并以受西班牙的影响为最。后来，随着意大利移民增多，意大利的礼仪逐渐对阿根廷人的待人接物也产生了不少的影响。另外，因为阿根廷人大多都信奉天主教，所以一些宗教礼仪也经常见诸阿根廷人的日常生活之中。

在交际应酬之中，阿根廷人所采用的见面礼节，一般都是握手礼。当亲朋好友相见时，男性之间通常会互相拥抱，而女性之间则大多双手紧握着对方的两手，同时与对方互吻面颊。

在与交往对象相见时，阿根廷人的一个特殊的讲究，是与对方握手的次数多多益善。他们认为：不断地与对象握手，非但不是多余之事，反而是表示亲热、友好的必行之法。因此，与阿根廷人打交道时，首先要对对方不断握手的做法表示理解。

告别之际，阿根廷人惯于与交往对象互致祝福。此时此刻，一定要注意与对方“有来有往”，因为“来而不往，非礼也”。阿根廷人最常用的祝福语，有“祝您走运”和“祝您幸福”。

在交际场合，对阿根廷人一般均可以“先生”、“小姐”或“夫人”相称。对未婚的阿根廷青年男子，亦可称之为“少爷”。在许多场合，将上述尊称与交往对象的学衔、职衔连在一起使用，例如，称之为“校长先生”、“工程师小姐”、“博士先生”等，往往更受对方欢迎。

在阿根廷，除占人口绝对大多数的白人之外，还有少量的当地土著。有机会与对方进行接触时，务必要尊重他们在称呼方面的特殊讲究。一般而论，阿根廷当地土著的自尊心极强，他们一向认为自己才是阿根廷的主人，并且一直生于斯，长于斯。因此，他们对所谓“印第安人”这一带有明显的外来移民色彩的称呼十分反感。近几年来，有一些中外学者总是在想方设法地论证，所谓“印第安人”是在殷商时期迁往美洲大陆的中国人。实际上，这一说法是极令阿根廷当地土著反感的。如果非要如此这般与对方“套近乎”、“攀亲戚”，搞不好就有可能会自己难以下台。

阿根廷土著居民普遍习惯于“隐姓埋名”。在他们看来，人的姓名是人体的组成部分之一。听任他人对自己指名

道姓，必然会给自己带来不幸。所以，在一般情况下，阿根廷土著居民很少会将本人的真名实姓告诉给陌生人。有意思的是，阿根廷土著居民向初次交往者自我介绍时，几乎总是会以别人的姓名代替自己的姓名。有的时候，他们则会临时给自己起上一个新的名字。他们在这样做的时候，并不认为自己是在说谎，或是交往对象不够诚实。

（四）服饰礼仪

在穿着打扮方面，阿根廷人的一个显著特点，是喜欢以“衣帽取人”。换而言之，着装是阿根廷人据以对他人进行“人物评价”的主要标尺。

在正式场合，阿根廷人的着装讲究整齐干净。做不到这一点的人，就得不到阿根廷人的尊重。在一般情况下，不论是进行正式拜访，还是外出去餐厅进餐，在阿根廷，一定要男穿西装套装，女着套裙或长裙。

在阿根廷，人们反对服饰过于华丽，讲究的是规范和庄重。男士在穿西装时，不仅最好要穿套装，而且尽量要内加一件西装背心，并且一定要扎上领带。此外，还要注意服饰在色彩上的协调。

在阿根廷，最好不要穿灰色的套装或套裙。阿根廷人认为，灰色的服装令人感到忧郁、悲伤。在阿根廷，人们对穿灰色服装的人，在印象上往往要大打折扣。

阿根廷人在公共场合十分讲究体面。不论是乘车还是娱乐，衣冠不整者会另他人嗤之以鼻。即使脱下上衣，挽起袖管，也会让许多人看不惯。弄不好，还会被人干预。

在阿根廷乡间，人们往往着装相对自由一些。在一般情况下，人们主要穿衬衫、长裤。气温低的时候，则多会往身上加一件深色披风。它大多以羊毛手工织成，无领无袖，钉有纽扣，四周装有穗子，有时还印有一些彩色条纹。穿在身上之后，头上再戴上一顶礼帽，会令人看上去极为潇洒迷人。

（五）餐饮礼仪

阿根廷人普遍喜欢吃欧式西餐，并以牛肉、羊肉、猪肉为喜食之物。在所有肉类中，阿根廷人最喜欢吃牛肉，人均年消费竟达70公斤以上。在吃牛肉时，他们名堂颇多，不仅将其按不同部位分为几十个等级，而且可以以之烹调出多道菜肴。

在阿根廷所有的牛肉菜肴之中，人们最爱吃的是“阿萨多”。其实，它就是烤牛肉。在阿根廷，“阿萨多”有着“国菜”之名。在款待来宾时，它往往是菜单上不可或缺的主角。除此之外，其他品种的烧烤，也大受阿根廷人的欢迎。

为了出口创汇，阿根廷政府曾规定：每个星期五为“禁肉日”。在这一天，市场上不得出售牛肉，餐馆中也不准供应牛肉。

有不少阿根廷人喜食鱼虾。但是，他们通常是不吃海参与鳝鱼的。

在阿根廷，人们喜欢的饮料有红茶、咖啡与葡萄酒。有一种名为“马黛茶”的饮料，最具有阿根廷的特色。所谓“马黛茶”，准确地讲，是由以瓜瓢作为杯子，冲泡巴拉圭冬青而成的。在喝“马黛茶”时，标准的方法，是要以特制的银吸管吸饮。在待客时，“马黛茶”往往是非上不可的。喝完它之后，客人应当咂巴咂吧嘴，以示大饱口福。

（六）习俗禁忌

著名的“探戈舞”起源于阿根廷。阿根廷人人深谙此道，并且喜欢别人对其表示赞美。对于阿根廷人所引为骄傲的“牛仔文化”，他们是容不得外人非议的。

与阿根廷人交谈时，最受其欢迎的话题主要有：足球及其他体育运动、烹饪技巧、家庭陈设、对孩子的称道，等等。阿根廷人所忌讳的话题，则包括军人政权、马岛战争、白人与土著的关系、对宗教的否定，等等。需要强调的是，阿根廷人普遍开朗、奔放，他们对于在人际交往中沉默寡言的人，是非常不喜欢的。

拜访阿根廷人时，可相互赠送一些小礼品。但是，送其菊花、手帕、领带、衬衫等，都是不适当的。另外，赠送贴身所用之物，也不为阿根廷人所欢迎。

跟外人打交道时，阿根廷人认为双方靠近一些，可表示亲近之意。在阿根廷，人们用手指轻轻敲脑袋，表示“我在动脑子”。而吻自己指尖，则表示：“哇，好漂亮！”

巴西礼俗

（一）基本概况

巴西的正式名称是巴西联邦共和国。它位于南美洲的东部。北部与法属圭亚那、苏里南、圭亚那、委内瑞拉、哥伦比亚交界，南部与巴拉圭、阿根廷、乌拉圭相接，西部与秘鲁、玻利维亚相连，东部则濒临大西洋。巴西是整个拉丁美洲国土面积最大的国家，约占其总面积的一半。它的全国总面积现为851.49万平方公里，海岸线长7400多公里。

巴西作为国家之名，源于当代一种树木的名字。在葡萄牙语里，“巴西”意即“红木”。在世界上，巴西有着“足球王国”、“狂欢节之乡”、“咖啡王国”、“人种大熔炉”等种种美称。

巴西的行政区划，是将全国划分为26个州，1个联邦区。巴西的首都，现为巴西利亚，它是由“巴西”一词演变而成的。在世界上，曾经号称为“万国建筑博览会”。

巴西是拉丁美洲人口最多的国家。它的全国总人口，目前约为1.87亿。由白种人、黑种人、黄种人、土著人以及混血种人所组成。在全国居民总数中，白种人约占54%，混血种人则约占40%。在巴西的混血种人之中，黑白混血种人占了绝大多数。

巴西的主要宗教是天主教。在巴西，大约73.8%的人信奉天主教。

巴西的官方语言是葡萄牙语。它是拉丁美洲里唯一一个以葡萄牙语为官方语言的国家。在拉丁美洲的其他国家里，官方语言基本上都是西班牙语。巴西还是世界上讲葡萄牙语人数最多的国家。货币为雷亚尔。2007年，巴西人均GDP（国内生产总值）为6842美元，在世界上排第61位。

巴西目前实行的是总统制共和政体。巴西的国庆日是9月7日。

1974年8月15日，巴西与中国正式建立了大使级外交关系。

（二）国家标志

巴西的现用国旗启用于1992年5月11日，长宽比例为10∶7。绿色旗面的中央是一个黄色菱形，菱形中间是蓝色天体图案。绿、黄两色都是代表巴西国家的颜色，绿色象征茂密植被，黄色象征黄金矿藏；蓝色天体图案被一道拱形白条分为上下两部分，白条上用葡萄牙文绿色字体写着“秩序与进步”；下半部代表南半球天空，上有以南十字星为中心的二十七颗星，代表首都和组成联邦的26个州。星星代表首都和各州，其数量会随着州数的改变而改变。

巴西的现用国徽为圆形，蓝色圆面上有5颗白色五角星，象征南十字星座；外围为一个蓝色圆环，布满27颗白色小五角星，代表巴西联邦的首都和各州。圆面后面为一个黄、绿两色的五角星，象征国家的独立和团结，五角星下方有一把垂直的剑，两侧环绕着咖啡叶和烟草叶，咖啡和烟草是巴西主要的经济作物。底部的蓝色绶带上用葡萄牙文书写着国名和建立共和国的日期“1889年11月15日”。

巴西的现用国歌是《正月的河》，启用于1922年。

巴西的国花是毛蟹爪兰。它是巴西人最喜爱的鲜花，是兰花之中的一种。

（三）社交礼仪

从民族性格方面来讲，巴西人在待人接物上所表现出来的特点主要有二。一方面，巴西人在人际交往中喜欢直来直去，有什么说什么。坦率而豪放的巴西人对于中国人的含蓄委婉和喜怒不形于色，往往会难于理解。他们认定，一个人假如喜欢另外一个人，那么跟他打交道时，就应当面含喜色，并且在自己的举止言行上要表现得热情洋溢。与他人相处时，如果面无笑容，态度冷淡，那么就等于是在向对方暗示——“我一点儿也不喜欢你”，或是“我不愿意同你待在一起”。对于巴西人的这一讲究，中国人一定要加以注意，并且要在同对方进行交往时，努力把自己对对方的好感、热情、友谊，表里如一地统一起来，恰到好处地表现出来。

另一方面，巴西人在人际交往中大都活泼好动，幽默风趣，爱开玩笑。在精力充沛、感情外露的巴西人看来，能说会道，妙语连珠，快人快语，是一种本领。有人曾戏言："巴西人所讲的三句话中，必定会有一句是笑话。巴西人如果说起话来失之于幽默，那么就不成其为巴西人了。"的确，在现实生活里，要让天性乐观、能歌善舞的巴西人讲起话来，从头到尾一贯严肃，是很不容易的。对巴西人乐于开玩笑的这一特点，中国人在与其交往时，心理上要有所准备。万万不可认为对方这样做，是嬉皮笑脸，不够正经，存心怠慢于人。

目前，巴西人在社交场合通常都是以拥抱或者亲吻作为见面礼节。只有在十分正式的活动中，他们才相互握手为礼。

除此之外，在巴西民间还流行着一些较为独特的见面礼节。其一，握拳礼。行此礼时，先是要握紧自己的拳头，然后向上方伸出拇指。这一做法，主要用于问安或致敬。

其二，贴面礼。它是巴西妇女之间所采用的见面礼节。在行礼时，双方要互贴面颊，同时口里发出表示亲热的亲吻声。但是，用嘴唇真正去接触对方的面颊，却是不允许的。

其三，沐浴礼。它是巴西土著居民迎宾的礼节。当客人抵达后，主人必定要做的头一件事，便是邀请客人入室洗浴。客人沐浴的时间越久，就表示越尊重主人。有时，主人还会陪同客人一道入浴。宾主双方

一边洗澡，一边交谈，显得大家亲密无间。

在日常生活里，巴西人几乎人人都能歌善舞。巴西的桑巴舞举世闻名。巴西土著居民在欢迎贵宾时，通常还会举行专门的仪式。这种仪式往往包括三项程序。首先，要由译名巫师朝客人的脸上吹气，以驱除对方有可能带来的疾病。其次，要由男主人泪流满面地发表欢迎演说。他们认为，眼泪是对和平使者最好的欢迎。最后，则要由女主人使用一种以树汁、唾液调制而成的特殊颜料，把客人的脸蛋涂抹成红色或者黑色。这是主人善意的一种表示。

尽管巴西民族众多，但是其核心成分，主要是信天主教、说葡萄牙语的葡萄牙人的后裔。因此，在礼仪与习俗上，巴西的主流社会深受天主教教规和葡萄牙文化的双重影响。

例如，巴西人的姓名一般都是葡萄牙式的。它通常由三个部分所构成。前面是本人的名字，接下来为母亲的姓氏，最后则是父亲的姓氏。在一般情况下，巴西人喜欢彼此直呼其名。有些时候，则会采用以本名加上父姓组合而成的简称。一个人的姓名全称，只有在极为正式的场合，才有可能使用。

巴西的土著居民，有许多人不习惯让外人称呼自己的姓名。让他们将自己的真实姓名说出来，是非常困难的。

(四) 服饰礼仪

在正式一些的场合里，巴西人的穿着打扮十分考究。他们不仅讲究穿戴整齐，而且主张在不同的场合里，人们的着装应当有所区别。

在重要的政务、商务活动中，巴西人主张一定要穿西装或套裙。而在一般的公共场合，男人至少要穿短衬衫、长西裤，妇女则最好穿高领带袖的长裙。

相对而言，巴西妇女的着装更为时髦一些。她们爱戴首饰，爱穿花衣裳，并且喜欢色彩鲜艳的时装。在一般情况下，巴西妇女大都喜欢赤脚穿鞋。

在巴西妇女之中，黑人妇女的着装可谓独树一帜。她们一般爱穿短小紧身的上衣、宽松肥大的花裙，并且经常身披一块又宽又长的披肩。

在巴西的那简斯第地区，妇女们所戴帽子的方式，可被用以标明情感。按照当地风俗，帽子戴得偏左，表示“未婚”；帽子戴得偏右，表示“已婚”；帽子扣在前额上，则表示“别理我，烦着呢”。

（五）餐饮礼仪

巴西人平常主要是吃欧式西餐。因为畜牧业发达，巴西人所吃的食物之中肉类所占的比重较大。在巴西，人们最爱吃牛肉，尤其是爱吃烤牛肉。在巴西，人们认为：不同部位的牛肉，烤制之后味道大不相同。巴西人普遍爱吃切开之后带血丝的牛肉，认为它鲜美无比。

在巴西人的主食之中，巴西特产的黑豆占有一席之地。巴西人最爱吃的菜肴名为“烩费让”。“费让”，意即杂豆。它是用黑豆、红豆等杂豆，加上猪肉香肠、烟熏肉、甘蓝菜、橘子片，用砂锅烹煮而成。在巴西，“烩费让”被称为国菜，是宴请时不可缺少的主角。

巴西人喜饮咖啡、红茶和葡萄酒。巴西人与咖啡有着不解之缘。长期以来，巴西咖啡的产量与出口量均居世界首位。人们不仅自己天天离不开咖啡，而且还喜以之待客。巴西人在饮咖啡时，能够一杯又一杯接着喝。

在巴西，人们饮酒时提倡饮而不醉。醉酒，被巴西人视为粗俗至极。

（六）习俗禁忌

巴西人对于蝴蝶十分偏爱。他们认为，蝴蝶不仅美丽，而且还是吉祥之物。

处于宗教方面的原因，巴西人忌讳“13”、“666”等数字。他们所忌讳的色彩，则是被其视为象征悲伤的紫色和代表凶丧的棕黄色。

与外人交谈时，巴西人不但神采飞扬，滔滔不绝，而且还喜欢跟对方拍拍打打。他们爱聊足球，爱讲笑话，爱听趣闻。对于国内政治、经济、民族问题，则会闭口不谈。

在人际往来中，巴西人极为重视亲笔签名。不论是写便条、发传真，还是送礼物，他们都会签下自己的姓名，否则就是不重视交往对象。对使用图章落款的做法，巴西人是不习惯的。

在巴西，一位女士最好不要邀请一位关系普通的男士共进晚餐。对于对方的邀请，也不宜接受。否则就有可能使对方产生误会。

跟巴西人打交道时，不宜向对方赠送手帕或刀子。

英美人所采用的表示“OK”的手势，在巴西人看来，是非常下流的。

加拿大礼俗

（一）基本概况

加拿大的正式名称即为加拿大。它位于北美洲北部。它的西北部与南部与美国交界，东北部隔巴芬湾与格陵兰相望，东临大西洋，西濒太平洋，北靠北冰洋。就国土面积而论，加拿大名列世界第二。它的国土总面积为998.467万平方公里，大陆海岸线达20000公里，海岸线总长则达24万多公里。

加拿大作为国家的名称，出自当地土著居民的语言，本意为“棚屋”。也有人讲，它来源于葡萄牙语，意为“荒凉”。在世界上，加拿大有着“移民之国”、“枫叶之国”、“万湖之国”、“真诚的北疆”、“粮仓”等多种美称。

加拿大现行的行政区划，是将全国分作10个省，3个地区。加拿大的首都是渥太华。它得名于流经该城的渥太华河。在当地土著居民的语言里，“渥太华”的含意是“大河”或“商贩”。

加拿大的全国总人口约为3262.3多万。作为一个“移民之国”，加拿大人自然来自世界各地。其中，英裔居民约占28%，法裔居民约占23%，土著居民仅占大约2%。其土著居民主要是印第安人、因纽特人和米提人。

加拿大的主要宗教是天主教和基督教。在全国居民之中，天主教徒约占45%，基督教新教徒则约占36%。在加拿大，二者的影响可以说是不相上下。

加拿大的官方语言是英语和法语并用，实行的是“双语制”。货币为加拿大元。2007年，加拿大人均GDP（国内生产总值）为42738美元，在世界上排第14位。

加拿大目前实行的是君主立宪制政体。它是英联邦成员国之一，并且奉英国国君为本国国家元首。加拿大的国庆日是7月1日。

1970年10月13日，加拿大与中国正式建立了大使级外交关系。

（二）国家标志

加拿大的现用国旗启用于1965年2月15日，长宽比例为2∶1。国旗从左至右由红、白、红三个竖长方形组成，白色部分中央为有十一个角的红色枫叶图案。1921年英王乔治五世颁令确定红、白两色为代表加拿大的颜色。加拿大享有“枫叶之国”的美誉，枫树为国树，枫叶是加拿大民族和国家的标志。加拿大国旗俗称“枫叶旗”，是加拿大统一的象征，代表包括不同种族、语言、宗教和见解的所有加拿大人。

加拿大的现用国徽为盾形，盾面上包括五个图案：三只金狮、一只红狮、一把拉琴、三朵百合花和三片枫叶，象征加拿大与英格兰、苏格兰、爱尔兰及法国的历史联系；盾徽上方是金色骑士头盔图案，中间托举红色枫叶的金狮象征加拿大的国家主权，顶端的金色王冠表示英国女王为加拿大国家元首；盾徽左侧的狮子举着英国国旗，右侧的独角兽举着代表法国的有百合花图案的蓝色旗帜。下方的蓝色绶带上书写着“从海洋到海洋”，表示加拿大是连接太平洋和大西洋的国家。它启用于1921年。

加拿大的现用国歌是《啊！加拿大》，启用于1980年7月1日。

加拿大的国花是枫叶，国树是枫树。枫叶被视为加拿大的象征，并且成为加拿大国旗、国徽上的主体图案。

（三）社交礼仪

加拿大的基本国情，是地广人稀。这种特殊的自然环境，对加拿大人的待人接物无疑有着一定的影响。一般而言，在交际应酬中，加拿大人的最大特点，是既讲究礼貌，又喜欢无拘无束，不大爱搞繁文缛节。

同加拿大人进行交往时，任何人大概都不会感到过于困难。这主要是因为，加拿大人性格上开朗热情，对人朴实而友好，十分容易接近，相处起来不存在任何麻烦。

在加拿大，人们相遇之时，都会主动向对方打招呼，问好。即便彼此双方互不相识，通常也往往会这么做。要是见过一次面的人再度相逢时，则双方通常都会显示出更大的热情。他们除了双方要互致问候之

外，彼此一定还要热烈地握手。需要指出的是，加拿大人虽然有时也以拥抱或亲吻作为见面礼节，但是它们通常仅仅适用于亲友、熟人、恋人或夫妻之间。关系普通者，一般都不会以此作为见面礼节。

加拿大人跟外人打交道时，只有在非常正式的情况下，才会对对方连姓带名一同加以称呼，并且彬彬有礼地冠以“先生”、“小姐”、“夫人”之类的尊称。在一般场合里，加拿大人在称呼别人时，往往喜欢直呼其名，而略去其姓。在加拿大，父子之间互称其名，也是常见之事。

对于交往对象的头衔、学位、职务，加拿大人只有在官方活动中才会使用。在日常生活里，他们绝对不习惯像中国人那样，以“主任”、“局长”、“总经理”、“董事长”之类，去称呼自己的交往对象。

与加拿大土著居民进行交际时，千万不要自以为聪明地将其称为“印第安人”或者“爱斯基摩人”。前者被认为暗示其并非土著居民，后者的本意则为“食生肉者”，因而具有侮辱之意。对于后者，应当采用对方所认可的称呼，称之为“因纽特人”。对于前者，则宜以对方具体所在的部族之名相称。

加拿大人在人际交往中的自由与随和，是举世知名的。举例而言，在中国的交际场合里很多人必备的名片，普通的加拿大人就不大常用。在加拿大，只有公司的高层职员在商务活动中才会使用名片。

在加拿大，国民的主体，是由英、法两国移民的后裔所构成的。一般而论，英裔加拿大人大多信奉基督教，讲英语，性格上相对保守、内向一些。而法裔加拿大人则大都信奉天主教，讲法语，性格上显得较为开朗而奔放。以上这种状况，有人戏称为加拿大的“一国两制”。

与加拿大人打交道时，最好要对该国“一国两制”的特点加以注意，首先了解清楚对方是英裔加拿大人，还是法裔加拿大人，抑或属于其他种族，然后再有所区别地加以对待。例如，在加拿大的魁北克省，法国移民的后裔最多，因而使之成为一个相对较为特殊的“法语区”。在那里，要是讲英语，说基督教的好话，在待人处世上过分地含蓄拘谨，往往会引火烧身，自找苦吃。

（四）服饰礼仪

在日常生活里，加拿大人的着装以欧式为主。上班的时间，他们一般要穿西服、套裙。参加社交活动时，他们往往要穿礼服或时装。在休闲场合里，他们则讲究自由穿着，只要自我感觉良好即可。

每逢节假日，尤其是在欢庆本民族的传统节日时，加拿大的各民族人民大都有穿着自己的传统民族服装的习惯。到了那种时候，人们往往会有参观“万国服饰博览”之感。

居住在临近北极的因纽特人，服装多以麋鹿的毛皮缝制而成。它不仅宽大厚实，而且常常是衣、裤与帽子连为一体。这一特点，主要与抵御严寒有关。

在参加社交应酬前，加拿大人循例都要认真地进行自我修饰，或是为此专门上一次美容店。在加拿大，参加社交活动时，男子必须提前理发、修面，妇女们则无一例外地要进行适当的化妆，并选戴一些首饰。不这么做的话，不仅会让别人觉得失之于自尊自爱，而且还会被视为是对交往对象的不尊重。

（五）餐饮礼仪

加拿大人的饮食习惯，与英、法两国较为接近。在一般情况下，他们对法式菜肴较为偏爱，并且以面包、牛肉、鸡肉、鸡蛋、土豆、西红柿等物为日常之食。在口味方面，加拿大人比较清淡。他们爱吃酸、甜之物。在烹制菜肴时极少直接加入调料，而是惯于将调味品放在餐桌上，听任用餐者各取所需，自行添加。从总体上讲，他们以肉食为主，特别爱吃奶酪和黄油。

加拿大人在饮食上的一大独特之处，是他们特别爱吃烤制的食品。烤牛排、烤鸡、烤土豆，都是他们所喜欢吃的。他们的这种饮食习惯，恐怕与该国气候寒冷有关。

在用餐之后，加拿大人爱吃上一些水果。在饮品方面，咖啡、红茶、牛奶、果汁、矿泉水，都受到他们的欢迎。此外，加拿大人还爱喝清汤，并且爱喝麦片粥。与欧洲人相比，他们喝酒并不多。

加拿大人忌食的东西，主要有肥肉、动物内脏、腐乳、虾酱、鱼露，以及其他一切带有腥味、怪味的食物。动物的头部、脚爪和偏辣的菜肴，他们也不大喜欢吃。

在一日三餐之中，加拿大人最重视的是晚餐。他们有邀请亲朋好友到自己家中，共进晚餐的习惯。受到这种邀请时，应当理解为是主人主动显示友善之意。请客之时，他们较常采用自助式。

加拿大人用餐时一般使用刀叉。对于在餐桌上化妆、吸烟、吐痰、剔牙的人，加拿大人是非常看不惯的。在用餐的整个过程中，他们没有用热毛巾擦脸的讲究。

（六）习俗禁忌

在加拿大，白色的百合花主要被用于悼念死者。因其与死亡有关，所以绝对不可以作为礼物送给加拿大人。

白雪在加拿大人的心目中有着崇高的地位，并被视为吉祥的象征与辟邪之物。在不少地方，人们甚至忌讳铲除积雪。

加拿大的国旗由红、白二色构成。这两种色彩深得加拿大人的广泛喜爱，并被正式定为加拿大的国色。

“13”被视为“厄运”之数，“666”表示魔鬼撒旦，“星期五”则是灾难的象征，加拿大人对于这些都是深为忌讳的。

在老派的加拿大人看来，打破了玻璃，请人吃饭时将盐撒了，从梯子底下经过，都是不吉利的事情。这些都应当尽力避免发生。

与加拿大人交谈时，不要插嘴，不要打断对方的话，也不要任意去补充对方的话或是与对方强词夺理。议论性与宗教，评说英裔加拿大人与法裔加拿大人的矛盾，探讨魁北克省要求独立的问题，处处将加拿大与美国连在一起进行比较，将加拿大视为美国的“小兄弟”，或是大讲特讲美国的种种优点与长处，都是应当避免的。

在需要指示方向或介绍某人时，加拿大人忌讳用食指指指点点，而是代之以五指并拢、掌心向上的手势。当加拿大人耸肩时，大多是表示自己“无能为力”，或者是为了掩饰自己的窘态。

在加拿大，根据法律规定，同性恋婚姻是合法的。

美国礼俗

（一）基本概况

美国的正式名称是美利坚合众国。美国的领土由其本土、位于北美洲西北部的阿拉斯加半岛和位于太平洋中部的夏威夷群岛等三个部分所组成。美国本土位于北美洲的中部，它北部与加拿大交界，南部与墨西哥和墨西哥湾相接，西部面临太平洋，东部则濒临大西洋。美国的全国总面积为937.26万平方公里，海岸线约长22680公里。

美国作为国家的名称，来自它所在的美洲洲名。在英语里，作为国名的“美利坚”与作为洲名的“亚美利加”，是一个相同的词。在中文里，人们习惯于用前者代表美国，而以后者泛指美洲。“亚美利加”一词，则是出自15世纪末确认美洲为“新大陆”的意大利探险家亚美利哥之名。美国的绰号是“山姆大叔”，这也是它的一个象征。“世界霸

主”、“超级大国”、“国际警察”、“金元帝国”、“电影王国”、“钢铁王国”、“轮子上的国家”、“民族熔炉”，等等，都是世人对于美国所常用的代称。

美国的行政区划，是将全国划分为50个州，1个特区。美国的首都是华盛顿哥伦比亚特区，它是以美国首任总统华盛顿的姓氏命名的。其全称应为“华盛顿·哥伦比亚特区”。它是世界上少有的仅以行使行政职能为主的首都。

美国的全国总人口，目前约2.96亿。在美国全国居民之中，白人约占75%，黑人约占12.3%，此外还有少量的土著居民以及亚洲人、南美人。在美国生活的华人，时下大约在243万人左右。

美国的主要宗教是基督教和天主教。在美国，目前约有56%的居民信仰基督教新教，约有28%的居民信仰天主教。在美国，还存在着多种其他的宗教信仰，如犹太教、东正教等。美国没有法定的国教。

美国的官方语言是英语。货币为美元。2007年，美国人均GDP（国内生产总值）为45594美元，在世界上排第9位。

美国现在实行的是总统制共和政体。美国的国庆日是7月4日。

1979年1月1日，美国与中国正式建立了大使级外交关系。

（二）国家标志

美国的现用国旗启用于1960年7月4日，长宽比例为19：10。国旗被称为“星条旗”，由十三道红白相间的平行宽条组成，左上角蓝色长方形内整齐排列着五十颗白色五角星。红色象征强大和勇气，白色象征纯洁和清白，蓝色象征警惕、坚韧不拔和正义；十三道宽条象征美国独立时创立合众国的十三个州，五十颗星代表美国现在的五十个州。

美国的现用国徽图案为一只展开双翅的白头鹰，胸前有一个国旗图案和颜色的盾牌，盾面下部的十三道红白条纹代表十三个创始州；上部为一个代表美国国会的蓝色长方形。白头鹰的两爪分别握着绿色橄榄枝和十三支箭簇，象征战争与和平的力量；鹰的头部望向橄榄枝一侧，表示美国对和平的追求；白头鹰上方蓝色背景中排列着十三颗白色五角星，象征诞生了一个新的独立国家；鹰嘴叼着的绶带上用拉丁文写着“合众为一”。

美国的现用国歌是《星条旗永不落》，启用于1931年。

美国的国花一说是山楂花，一说是玫瑰花。另外还流行一种折中的说法，以玫瑰为国花，以山楂为国树。美国人对山楂花与玫瑰花非常偏爱。

美国的国石是蓝宝石。

美国的国鸟是白头雕。白头雕，亦名白头鹰或秃鹰，是美国人最珍爱的飞禽。它是美国国徽上的主体图案。

（三）社交礼仪

美国人在待人接物方面，具有下述四个主要的特点。

第一，随和友善，容易接近。美国人为人诚挚，乐观大方，天性浪漫，好交朋友。用中国人的话来讲，美国人大概属于那种“自来熟”的类型。在交际场合，他们喜欢主动跟别人打招呼，并且乐于主动找人攀谈。如果愿意，美国人是可以跟任何人交上朋友的。

在美国人看来，人缘好，善于结交朋友，是取得个人成功的基本条件之一。不愿扩大自己的交际圈，甚至拒绝与他人接近的人，不仅个人心理上存在问题，而且对于交往对象以及其他接触的人，也是不够友好和尊重的。

第二，热情开朗，不拘小节。在日常生活中，美国人主张凡事讲究实效，不搞形式主义。他们不是不讲究礼仪，而是反对过于拘泥于礼仪，过分地矫揉造作。

美国人的见面礼节，大约是世界上最简单不过的了。在不了解对方的中国人看来，简直有怠慢他人、敷衍了事之嫌。

在一般情况下，同外人见面时，美国人往往以点头、微笑为礼，或者只是向对方“嗨”上一声作罢。若非特别正式的场合，美国人甚至连国际上最为通行的握手礼也略去不用了。若非亲朋好友，美国人一般不会主动与对方亲吻、拥抱。在商务往来中，他们尤其不会这么做。

在称呼别人时，美国人极少使用全称。他们更喜欢交往对象之间直呼其名，以示双方关系密切。若非官方的正式交往，美国人一般不喜欢称呼官衔，或是以“阁下”相称。对于能反映其成就与地位的学衔、职称，如“博士”、“教授”、“律师”、“法官”、“医生”等，他们却是乐于在人际交往中用作称呼的。在一般情况下，对于一位拥有博士学位的美国议员而言，称其为“博士”，肯定比称其为“议员”更受对方的欢迎。

第三，城府不深，喜欢幽默。普通的美国人，大都比较朴实、直率。在待人接物中，他们喜欢在符合礼仪的前提下直来直去。对于“听话听声，锣鼓听音”之类的做法，他们不仅不习惯，而且还往往难于接受。与美国人打交道时，表现得过于委婉、含蓄，或是有话不明讲，而代之以旁敲侧击，巧妙地暗示，效果未必能够尽如人意。

美国人的处世风格，总体上是潇洒浪漫。他们主张充分地享受生活，凡事都要尽可能地去尝试一下。许多美国人所信奉的格言，就是“To try”（“去尝试”）。在平时，他们喜欢笑面人生，爱开玩笑。跟美国人相处时，若是不明白这一点，而一味地恪守“喜怒不形于色”的中国古训，无形之中就会使对方与自己拉开距离，甚至会让对方对自己敬而远之。

第四，自尊心强，好胜心重。美国人一般而论都有很强的好胜心。他们喜欢见异思迁，崇尚开拓，在人际交往中大都显得雄心勃勃，做起事情来也会一往无前。受这一风气影响，美国的孩子一旦长大成人，就要自立门户，自己去闯天下，与父母算清经济账。如果听凭父母为自己做主，处处依赖父母的美国青年人，会被人们瞧不起。

在美国，即使是父子、朋友，外出用餐时，往往也会各付各的账。在人际交往中，美国人是不时兴向别人借钱的。他们认为，借钱应该上

银行，找个人借钱就是索要的意思。在一个美国人的一生中，不搬上几次家，不换上几回工作，往往是不可思议的。凡此种种，均与美国人的好胜心强存在着因果关系。

在人际交往中，美国人自尊心强，也是出了名的。自尊、自信本是一桩好事，但是有个别美国人却在这个方面走了极端，以至于发展为傲慢自大，惟我独尊。这些人认为，世间的一切事物都是美国第一，美国最佳。对于外国的事情，他们总喜欢以美国的经验作为判断是非的准绳，指手画脚，妄加非议。他们的这种自以为是的做法，令世人颇有微辞。

（四）服饰礼仪

总体而言，美国人平时的穿着打扮不太讲究。尊尚自然，偏爱宽松，讲究着装体现个性，是美国人穿着打扮的基本特征。

在日常生活之中，美国人大多是宽衣大裤，素面朝天，爱穿T恤装、牛仔装、运动装以及其他风格的休闲装。要想依照日常着装来判断一个美国人的实际地位或身份，往往是难以办到的。

衣冠楚楚的美国人在实际生活里也不是没有。但是，要想见到身穿礼服或套装的美国人，大约只有在音乐厅、宴会厅或者大公司的写字楼内，才比较容易。

美国人认定：一个人的着装，必须因其所处的具体场合，或是所扮演的具体角色而定。在美国人看来，一个人穿西装、打着领带去轧马路、逛公园、游迪斯尼乐园，与穿着夹克、T恤、短裤、健美裤赴宴或出席音乐会一样，都是极不得体的。在美国若不了解此类讲究，往往就会令人耻笑。

美国人在着装方面虽则较为随便，但这并不等于说，他们一点儿讲究也没有，只不过是相对而言少一些罢了。跟美国人打交道时，应注意对方在穿着打扮上的下列讲究，免得让对方产生不良印象。

第一，美国人非常注意服装的整洁。在一般情况下，他们的衬衣、袜子、领带必然每天一换。穿肮脏、折皱、有异味的衣服的人，美国人是看不起的。

第二，拜访美国人时，进了门一定要脱下帽子和外套，美国人认为这是一种礼貌。

第三，美国人十分重视着装的细节。在美国人看来，穿深色西装套装时穿白色袜子，穿凉鞋时穿袜子，或是让袜口露出自己的裙摆之外，都是缺乏基本的着装常识。

第四，在美国，女性最好不要穿黑色皮裙。不然的话，就会被美国人视为并非“良家妇女”。

第五，在美国，一位女士要是随随便便地在男士面前脱下自己的鞋子，或者撩动自己裙子的下摆，往往会令人产生成心引诱对方之嫌。

第六，穿着睡衣、拖鞋会客，或是以这身打扮外出，都会被美国人视为失礼。

第七，美国人认为，出入于公共场合时化艳妆，或是在大庭广众之前当众化妆、补妆，不但会被人视为缺乏教养，而且还有可能令人感到“身份可疑”。

第八，在室内仍旧戴着墨镜不摘的人，往往会被美国人视作“见不得阳光的人”。

（五）餐饮礼仪

美国人的饮食习惯，一般可以说是因地区而异，因民族而异。就总体而言，其共同特征是：喜食“生”、“冷”、“淡”的食物，不刻意讲究形式与排场，而强调营养搭配。在一般情况下，美国人以食用肉类为主，牛肉是他们的最爱，鸡肉、鱼肉、火鸡肉亦受其欢迎。若非穆斯林或犹太教徒，美国人通常不禁食猪肉。然而，在美国人之中，爱吃羊肉者却极为罕见。

美国人所不吃的食物，主要有狗肉、猫肉、蛇肉、鸽肉、淡水鱼与无鳞无鳍的鱼，动物的头、爪及其内脏，生蒜、韭菜、皮蛋，等等。

受快节奏的社会生活影响，美国人的饮食日趋简便与快捷，因此，快餐在美国得以大行其道。热狗、炸鸡、土豆片、三明治、汉堡包、面包圈、比萨饼、冰淇淋等，在美国可谓老少咸宜，早已成为美国人平日餐桌上的主角。

美国人爱喝的饮料有冰水、矿泉水、红茶、咖啡、可乐与葡萄酒。新鲜的牛奶、果汁，也是他们天天所必饮之物。在宴会上祝酒时，他们习惯于高举自己的酒杯，并不讲究非要使自己的酒杯低于他人。

在人际交往中，美国人有时会请亲朋好友们上自己家里共进晚餐。美国人看重的是这一形式本身，而在实际内容上却不甚讲究。美国人请客之时只准备两三道菜，是极为正常的。

用餐的时候，美国人一般以刀叉取用。在切割菜肴时，他们习惯于先是左手执叉，右手执刀，自左至右将其切割完毕，然后，放下餐刀，将餐叉换至右手，右手执叉而食。

美国人用餐的戒条主要有以下七条。其一，不允许进餐时发出声响。其二，不允许替他人取菜。其三，不允许吸烟。其四，不允许向他人劝酒。其五，不允许当众宽衣解带。其六，不允许议论令人作呕之事。其七，入口之物不宜再吐出来。总之，美国人认为，在用餐时理当表现得斯文一些才好。

（六）习俗禁忌

在动物之中，美国人普遍爱狗。美国人认为：狗是人类最忠实的朋友。对于那些自称爱吃狗肉或者虐待狗的人，美国人是非常厌恶的。在美国人眼里，驴代表坚强，象则代表稳重，它们分别是共和党、民主党的标志。

蝙蝠被视为吸血鬼与凶神，则令美国人最为反感。

美国人最喜爱的色彩是白色。在他们看来，白色象征着纯洁。在此前提下，白猫也成了美国人很喜欢的宠物，它被视为可以给人们带来好运。在美国，人们喜欢的色彩还有蓝色和黄色。由于黑色在美国主要用于丧葬活动，因此美国人对它比较忌讳。

美国人最讨厌的数字是“666”、“13”和“3”。他们所不喜欢的日期则是星期五。

与美国人打交道时，一般都会发现，他们大都比较喜欢运用手势或其他体态语来表达自己的情感。不过，下列体态语却为美国人所忌用。其一，盯视他人。其二，冲着别人伸舌头。其三，用食指指点交往对象。其四，用食指横在喉头之前。其五，竖起拇指并以之指向身后。其六，竖起中指。美国人认为，这些体态语都具有侮辱他人之意。

美国人在公共场合和他人面前，绝对不会蹲在地上，或是双腿叉开而坐。这两个动作，均被视为失仪之举。

美国人在跟同性打交道时，有不少的讲究。在美国，成年的同性共居于一室之中，在公共场合携手而行或是勾肩搭背，在舞厅里相邀共舞等，都有同性恋之嫌。

跟美国人相处时，与之保持适当的距离是必要的。美国人认为，个人空间神圣而不容冒犯。因此，在美国碰了别人要及时道歉，坐在他人身边先要征得对方认可，谈话时距对方过近则是失敬于人的。一般而论，与美国人交往时，与之保持50厘米至150厘米之间的距离，才是比较适当的。

标榜个性独立的美国最忌讳他人打探其个人隐私。在美国，询问他人收入、年龄、婚恋、健康、籍贯、学历、住址、种族、血型、星座等，都是不礼貌的。即使招工时，美国人也极少询问此类问题。

美国人大都认定“胖人穷，瘦人富”，所以他听不得别人说自己“长胖了”。与美国黑人交谈时，既要少提“黑”这个词，又不宜打听对方的祖居之地。与美国人聊天时，若是谈及政党之争、投票意向与计划生育，肯定导致双方“话不投机半句多”。在美国街头，千万不要搭理上前“卖药”的人，因为对方极有可能是贩毒者。

不宜送给美国人的礼品主要有香烟、香水、内衣、药品以及广告用品。

在美国，切勿随意打骂、训斥孩子。不注意这一点，搞不好就会吃官司。

墨西哥礼俗

（一）基本概况

墨西哥的正式名称是墨西哥合众国。就政治地理而言，墨西哥是一个拉丁美洲国家。而在自然地理上，它则位于北美洲西南部。墨西哥北部与美国相邻，南部与危地马拉、伯利兹交界，东部面临墨西哥湾和加勒比海，西部与南部则濒临太平岩。墨西哥的全国总面积为196.4万平方公里，海岸线总长为11122公里。

墨西哥作为国家之名，来自当地土著居民所崇拜的太阳神的别名“墨西特里”。在当地土著居民的语言里，“墨西哥”意即“战神指定的

地方”。在世界上，墨西哥被誉为“白银王国”、“玉米之乡”、“仙人掌之国”、“硫磺之乡”、“陆上桥梁”、“美洲陆桥”、“温和的高原之国”、“拉丁美洲的旅游之花”。

墨西哥的行政区划，是将全国分为31个州，1个联邦区。墨西哥的首都是墨西哥城。它的得名，与国名相同。

墨西哥的全国总人口目前约为1.06亿左右。在全国居民之中，当地土著居民约占9%，其余大约90%以上皆为白人与当地土著居民通婚所生的后裔，有人称之为印欧混血种人。

墨西哥的主要宗教是天主教。在全国居民之中，天主教教徒约占92.6%。

墨西哥的官方语言是西班牙语。墨西哥是目前世界上讲西班牙语人数最多的一个国家。货币为墨西哥比索。2007年，墨西哥人均GDP（国内生产总值）为8426美元，在世界上排第55位。

墨西哥目前实行的是总统制共和政体。墨西哥的国庆日是9月16日。

1972年2月14日，墨西哥与中国正式建立了大使级外交关系。

（二）国家标志

墨西哥的现用国旗启用于1968年9月16日，长宽比例为7∶4。国旗从左至右由绿、白、红三个竖长方形组成，白色部分正中为国徽图案。绿色象征独立，也象征希望；白色象征宗教信仰，也象征纯洁；红色象征统一，也象征英雄的鲜血。墨西哥的绿、白、红三色旗是独立运动中领导人民斗争的旗帜，深受法国三色旗的影响。

墨西哥的现用国徽图案是一只墨西哥古老传说中的神鹰。神鹰张扬着翅膀，嘴里叼着蛇颈，一只爪抓着蛇身，另一只爪站立在绿色仙人掌上。相传在远古时代，墨西哥人的祖先阿兹台克人受到太阳神的启示，能见到鹰叼着蛇站在仙人掌上的地方，就是有金银财宝和丰富资源的地方。后来，阿兹台克人终于在一个湖边找到了这样的地方，于是他们在湖边定居，修建城堡，建立了阿兹台克帝国，经过繁衍生息，最后形成了墨西哥。底部环绕着象征光荣与和平的橡树和月桂树枝叶。

墨西哥的现用国歌是《墨西哥合众国国歌》，启用于1853年。

在墨西哥，人们非常偏爱仙人掌和大丽菊。因此，有人说墨西哥的国花是仙人掌，有人则说墨西哥的国花是大丽菊。

墨西哥的国石是黑曜石，对它极为珍视。

墨西哥人热爱长脚鹰。长脚鹰不但成为该国国鸟，长脚鹰的形象也成为墨西哥国旗、国徽和货币上的主题图案。

（三）社交礼仪

在人际交往之中，墨西哥人总是表现得既热情、活泼，又不失文雅、礼貌。不管与什么样的人打交道，墨西哥人总能对对方笑脸相向，并且总是表现得积极、主动而友好。因此，有人曾经评论说："墨西哥人是最容易与之相处的，而且也是最容易与之交上朋友的。"

在墨西哥，熟人相见之时所采用的见面礼节，主要是拥抱礼与亲吻礼。在上流社会，男士们往往还会温文尔雅地向女士们行吻手礼。不过，跟陌生之人初次相见时，墨西哥人却绝对不会这么做。在一般情况下，尤其是与不熟悉的人打交道时，墨西哥人所采用的见面礼节，不是与对方握手，就是代之以微笑。

墨西哥的土著居民与亲友告别时，有些时候还会施"赠弓礼"，即向亲友赠送一张弓、一枝箭和几张剪纸，以示对对方的敬意与祝福。在他们看来，弓箭象征着征服大自然的力量，象征着食物与房子，而剪纸则象征着神灵和上帝的保佑。

需要称呼别人时，墨西哥人的作法是比较保守的。在正式场合，他们从不主张直接去称呼交往对象的名字。只有彼此之间十分熟悉的人，才会有例外。通常，他们最惯于使用的称呼方式，与欧洲人的正统作法相仿，即在交往对象的姓氏之前，加上“先生”、“小姐”或“夫人”之类的尊称。

对于某些可以体现出交往对象具有一定的社会地位的头衔，诸如“博士”、“教授”、“医生”、“法官”、“律师”、“议员”、“工程师”之类，墨西哥人则极爱使用。

在墨西哥，人们没有称呼他人为“阁下”的习惯。

同朋友们相处的时候，性格爽朗、能歌善舞的墨西哥人是很会玩、很爱玩的。墨西哥人爱好斗牛，因此斗牛士备受尊重。他们为人非常爽快，喜怒哀乐往往溢于言表。中国人对于这一点，千万不要大惊小怪。只有在谈起生意来的时候，墨西哥人才会显得一本正经，不再说说笑笑。

热情好客的墨西哥人，一般都很喜欢邀请亲朋好友们上门做客。不过，要是打算前去拜访墨西哥人的话，最好事先进行预约，否则是不会受到对方欢迎的。

前去赴约的时候，墨西哥人一般都不习惯于准点到达约会地点。在通常情况下，他们的露面总要比双方事先约定的时间，晚到一刻钟至半个小时左右。在他们看来，这也是一种待人的礼貌。有鉴于此，在接待墨西哥来宾时，一定要保持足够的耐心，留出充裕的“提前量”，并且切勿对对方的姗姗来迟加以责怪。

（四）服饰礼仪

墨西哥人的穿着打扮，既具有强烈的现代气息，又具有浓厚的民族特色。在墨西哥人的传统服装之中，名气最大的是“恰鲁”和“支那波婆兰那”。前者是一种类似于骑士服的男装，由白衬衣、黑礼服、红领结、大檐帽、宽皮带、紧身裤、高统靴所组成，看起来又帅又酷。后者则为一种裙式的女装，它多以黑色为底，金色滚边，并以红、白、绿三色绣花，无袖、窄腰、长可及地，穿起来令人显得又高贵、又大方。

在日常生活里，目前墨西哥的男子爱穿格子衬衫、紧身裤。在乡村之中，他们往往上穿衣襟绣花的衬衫，下着白色或米色长裤，头戴宽边草帽，脖子上系着红绸花领巾。有时，他们还会再穿上一件马夹，或是

外披一件斗篷。

平时，墨西哥妇女爱穿色调明快、艳丽的绣花衬衣和图案、款式多变的长裙。出门在外之时，她们还喜爱披上一块用途多样的披巾。

只有在十分正规的场合，墨西哥人才讲究穿西装或西式套裙。在商务交往中，这种穿法本身就是一种基本的礼貌。

墨西哥人非常讲究在公共场合着装的严谨与庄重。在他们看来，在大庭广众之前，男子穿短裤，妇女穿长裤，都是不合适的。因此，在墨西哥出入于公共场所时，男子一定要穿长裤，妇女则务必要穿长裙。

（五）餐饮礼仪

墨西哥人的饮食，是在当地土著居民传统风格的基础上，吸收了欧洲、特别是西班牙的烹饪技艺之后，逐渐发展起来的。在世界上，墨西哥菜不但颇有名气，而且的的确确自成一体。

从总体上讲，墨西哥人的传统食物主要是玉米、菜豆和辣椒。它们被称为墨西哥人餐桌上必备的“三大件”。

墨西哥乃是玉米之乡。墨西哥人不仅爱吃玉米，而且还可以用它制作各式各样的风味食品。其中最有特色的是玉米面饼、玉米面糊、玉米饺子、玉米粽子，等等，有鉴于此，所以有人将玉米称作“墨西哥人的面包”。

墨西哥菜的特色，是以辣为主。有人甚至在吃水果时，也非要加入一些辣椒粉不可。除了爱以菜豆做菜之外，墨西哥人还有吃仙人掌的嗜好。在他们看来，仙人掌与香蕉、菠萝、西瓜一样，可以当水果吃，以之入菜，在墨西哥人的家中是极其常见的。除此之外，仙人掌还被墨西哥人用来制作饮料。

在墨西哥，许多人都有以昆虫做菜的爱好。蚂蚱、蚂蚁、蟋蟀，等等，都可以成为墨西哥人享用的美味佳肴。

一般来讲，墨西哥人颇为好酒。宾客登门以后，他们往往会首先以酒款待。在墨西哥，人们最看重的酒，是一种用龙舌兰酿成的名为“台基拉”的酒，有人甚至将其称为墨西哥的国酒。

在墨西哥人所举办的迎宾宴会上，主人通常会首先向来宾敬酒，并且大都会主动提议宾主采用手臂交叉的“伊达尔戈式”的方式饮酒。在一般情况下，墨西哥人是不劝酒的。

墨西哥人大都不吃过分油腻的菜肴。用牛油烹制的菜肴和用鸡油制作的糕点，他们一般是不吃的。

（六）习俗禁忌

墨西哥人忌讳将黄色的花或红色的花送人。他们认为，前者意味着死亡，后者则会带给他人晦气。

在墨西哥，蝙蝠及其图案为人们所忌讳。在墨西哥人眼里，蝙蝠凶恶、残暴，是一种吸血鬼。在该国，人们不仅不惧怕骷髅，反而认为它象征着公正，喜欢以其图案进行装饰。

墨西哥人喜爱白色，但却对紫色深为忌讳。墨西哥人所讨厌的数字和日期是“13”、“666”与“星期五”。

接到墨西哥人用西班牙语所写来的信件，切勿采用其他语言复信，不然就会被墨西哥人视为失礼。

中国人以掌心向下比划孩子身高的手势，在墨西哥人看来是侮辱人的。在他们那里，这一动作仅可以用以表示动物的高度。墨西哥人极少有夫妻并排而行的，他们主张丈夫应随行于妻子身后，以示尊重妇女，这被视为一种绅士风度。

在墨西哥的不少地方，做客之时，不应一进门就摘下自己的帽子。这种做法，在当地含有前来寻仇之意。

对于谈论政治腐败、军人地位、种族冲突、经济困境、墨美关系以及其他历史方面的话题，墨西哥人一般都兴趣不大。

第四章 欧洲国家礼俗

欧洲的全称是欧罗巴洲。“欧罗巴”一词据说最初来自闪米特语的“伊利布”一词，意思是“日落的地方”或“西方的土地”。英文为Europe。关于欧洲这个名称的由来，有这样一个传说：在希腊神话中，德米特(Demeter)是专管农事的女神，她保佑人间五谷丰登、人畜两旺。在有关这位女神的画像中，人们总是把她画成坐在公牛背上。这位女神的另一个名字叫欧罗巴，人们出于对女神的敬意，就把欧罗巴称为大洲的名字。

欧洲位于东半球的西北部，北临北冰洋，西濒大西洋，南滨大西洋的属海地中海和黑海。欧洲总面积为1016万平方公里，占世界陆地总面积的7%。欧洲是世界上地势最低的一洲，平均高度只有300米。高度在200米以下的平原约占全洲总面积的60%，平原所占比重之大，在各大洲中首屈一指。欧洲的地形，大体上可以以波罗的海东岸至黑海西岸一线为界分为东西两部分：东部以平原占绝对优势，地形比较单一，西部则山地和平原互相交错，地形比较复杂。

欧洲目前的总人口约为7.29亿，约占世界总人口的12.5%，是人口密度最大的一个洲。欧洲居民中的99%属欧罗巴人种（白种人），是种族构成比较单一的洲。欧洲居民多信奉基督教，另有少数信奉伊斯兰教。欧洲是一个人文荟萃的大陆，灿烂的古代希腊文明孕育了现代欧洲文明。欧洲对人类历史所做的贡献，包括先进人物不断地向世界思想宝库输送先进的思想；也包括一批又一批革命家推动社会进步的重大社会创举；也包括大批科学家在科技领域的重大发现、发明和创造；还包括一大批作家、诗人、音乐家向世界文学艺术殿堂提供了辉煌灿烂的文学艺术珍品。

欧洲现有44个主权国家，按地理位置可分为北欧、西欧、南欧、中欧和东欧几个部分。截止到目前，与中国建立了正式外交关系的欧洲国家数目为43个。

收录入本书作为介绍对象的欧洲国家有13个。

比利时礼俗

（一）基本概况

比利时的正式名称是比利时王国。它位于欧洲西部。北部与荷兰交界，南部与法国相接，东部与德国、卢森堡为邻，西部则隔英吉利海峡与英国相望。比利时的全国陆地总面积为3.05万平方公里，海岸线长为66.5公里。

比利时作为国家的名称，来源于古时生活于当地的比利其人的族称。在凯尔特语里，“比利其”具有“勇敢”或“尚武”之意。也有人讲，“比利其”意为“多沼泽的林地”。在世界上，比利时享有“欧洲的十字路口”之名。

比利时的行政区划，是将全国分成三个地区，下设10个省。比利时的首都是布鲁塞尔。“布鲁塞尔”最初叫做“布鲁奥克塞拉”。在条顿语里，其含意为“沼泽上的住所”。布鲁塞尔在世界上拥有“欧洲首都”和“小巴黎”的美誉。

比利时的全国总人口目前约为1051.1万左右。比利时的全国居民，主要是由弗拉芒人和瓦隆人这两大民族所构成的。在比利时的全国总人口之中，弗拉芒人约占59.3%，瓦隆人则约占40%。

比利时的主要宗教是天主教。在全国居民中，约有80%左右的人信仰天主教。

比利时的官方语言是荷兰语、法语和德语。在比利时，荷兰语亦称弗拉芒语。货币为欧元。2007年，比利时人均GDP（国内生产总值）为41605美元，在世界上排第17位。

比利时目前实行君主立宪政体。比利时的国庆日是7月21日。

1971年10月25日，比利时与中国正式建立了大使级外交关系。

（二）国家标志

比利时的现用国旗启用于1831年1月23日，长宽比例为15∶13。国旗从左至右黑、黄、红三个竖长方形组成。黑色表示对在1830年独立战争中牺牲的英雄的悼念，黄色象征国家的财富和丰收，红色象征爱国者的生命和他们抛洒的热血。这面国旗来源于比利时独立前布拉邦、埃诺和弗兰德三省人民抗击荷兰统治者时使用的战旗，仿照法国三色旗的式样，是一面象征自由和革命的古老旗帜。

比利时的现用国徽中心图案为盾形，黑色盾面上有一头吐着红舌的金色狮子；盾徽上方是一顶王冠，两侧由利奥波德一世皇家勋章的饰带环绕；盾徽两侧各有一头狮子高举一面比利时三色国旗，下方的红色绶带上分别用法文和荷兰文写着“团结就是力量”，绶带中央悬挂着一枚利奥波德一世金十字勋章。盾徽被置于华美的镶有金边的红色外表的白貂皮斗篷之中，顶端为九面代表各省的旗帜和一顶王冠。它启用于1830年。

比利时的现用国歌是《布拉班人之歌》。

比利时的国花是虞美人花。它是比利时人最喜欢的鲜花。

比利时的国鸟是红隼。

（三）社交礼仪

从总体上讲，比利时人在人际交往中讲求实际，温顺善良。他们不但讲究礼貌，遵守礼仪，而且往往表现得开朗活泼，喜欢说笑，并且富有幽默感。

具体而言，在比利时，由于存在着“两个民族共存，两种语言并用”的特殊国情，人们在日常交往中所采用的礼仪，往往会不尽一致。在弗拉芒人所聚居的弗拉芒地区，人们所遵守的礼仪与习俗接近于荷兰；而在瓦隆人所聚居的瓦隆地区，同行的礼仪与习俗则与法国相近似。对于比利时礼仪与习俗的这个特点，在与比利时人打交道时务必要加以注意。对于不同民族的比利时人，最好不要一概而论。

在社交活动中，比利时人一般所采用的见面礼节主要是握手礼。在行握手礼时，比利时人讲究双方一定要打招呼或互致问候。他们的具体做法是：若相见的双方较为熟悉，应当先打招呼，然后再握手；若相见的双方不太熟悉，则应一面握手，一面互致问候。在握手的时候，比利时人对于交叉握手是非常忌讳的。

除握手礼之外，当至交相见，或是举行隆重的迎宾仪式时，比利时人通常还会行拥抱礼或亲吻礼。比利时人在交际应酬之中，一般习惯以“先生”、“小姐”或“夫人”称呼交往对象，或者是将此类称呼与交往对象的姓氏连在一起相称。对于有地位、有身份的人，比利时人往往称之为“阁下”。

在比利时，对于国王或王后，应称之为“陛下”。对于王子、公主和亲王，应以“殿下”相称。对于有爵位的贵族，既可以以其爵位相称，亦可以称之为“阁下”。

在姓名方面，比利时人彼此之间习惯于互称其姓。在亲朋好友之间，直呼交往对象之名是最常见的。长辈在称呼晚辈时，除去直呼其名之外，往往还会采用表示亲密关系的昵称。称呼全称的做法，只有在极为正式的场合才会遇到。

在交际应酬之中，喜爱交际的比利时人大都爱请客。不仅如此，他们还希望经常受到他人的邀请。在比利时人看来，经常请客或被人邀请，证明自己人缘好、朋友多。

比利时人十分喜欢社交聚会。在全国各地，每三天必有一个集市、一个节日或一个嘉年华会。

（四）服饰礼仪

比利时人在服饰方面是比较讲究的。一般而言，他们非常喜欢穿着质地天然、色泽柔和、款式庄重、做工精良的服装。

在比较正规的场合里，比利时的男士大都是西装笔挺，领带醒目，皮鞋锃亮。而妇女则必定要穿长裙，化淡妆，并且佩戴适当的饰物。

对于面部的修饰与美容，比利时人极为重视。他们认为，不注意个人面部清洁的人，或是听任自己面部缺陷暴露无遗的人，无疑是在自损个人形象。

比利时人在正式场合露面时，通常会特意去提前做一下发型。对于发型过于随意，或是极端前卫的人，比利时人往往都是看不惯的。

在比利时民间，人们在着装方面还有着下述四条特殊的讲究或禁忌。

第一，比利时人早上起床后穿鞋子时，总是要先穿上左脚的鞋，然后才会再去穿右脚的鞋。原来，他们认为，在早上起床时先穿上左脚上的鞋子，能够帮助自己消除牙痛等方面的病症。

第二，比利时人普遍不穿墨绿色或蓝色的服装，并且也十分讨厌穿着这两种色彩服装的交往对象。这是因为，比利时人认为，纳粹军人的服装是墨绿色的，而蓝色在比利时主要用作不祥之事的标志，并被视为魔鬼的化身。硬要穿这两种色彩的服装，肯定会令人们产生联想，并因此而不快。因此，流行于各国的藏蓝色制服或套装，在比利时绝对难以见到。

第三，比利时人主张男士在正式场合最好穿上三件套的西装。对于只穿一件西装上衣，而随便配上一条裤子的穿法，他们是不能接受的。

第四，比利时人在休息、运动或逛街时通常喜欢穿便装。不过，他们却认为，穿着这身行头，是难登大雅之堂的。

（五）餐饮礼仪

比利时人在日常生活之中，以吃西餐为主。比利时人在饮食上总的特点是：不喜欢油腻，偏好清淡，鲜嫩，爱吃酸，甜之物。

比利时人在粮食方面，主要以面食为主。烤面包与甜面包，便是他们最爱吃的面食。在一般情况下，比利时人大都爱吃土豆和贻贝。在比利时人的餐桌上，以这两种东西制成的各种菜肴，往往是不能缺少的。

在肉类方面，比利时人一般爱吃鸡肉、鱼肉和牛肉。通常他们是不吃肥肉、宠物和内脏的。

在用餐之时，比利时人非常讲究以适当饮料进行搭配。餐前，他们总是习惯先喝一点开胃酒。在用餐之时，他们一定要以葡萄酒佐餐。在用餐之后，他们则务必要喝上一杯咖啡，以便为自己化解油腻。

（六）习俗禁忌

在比利时，给人送花时，绝对不宜选择在该国象征死亡的菊花。

对于鸽子，比利时人十分喜爱。除此之外，在比利时，几乎人人爱猫，家家养猫。

在比利时，人们通常都喜欢被视为高雅的灰色。喜欢粉色也不乏其人。

比利时人所忌讳的数字和日期，主要是“13”、“666”、与“星期五”。他们之所以厌恶“666”，原因在于它被视为代表魔鬼撒旦。

向交往对象表示友好时，比利时人往往喜欢拍一拍对方的肩膀。在比利时，拇指朝下具有贬义，而以手背面向他人，则意味着让对方走开。

拜访比利时人时，宜向对方赠送鲜花。不过，按照比利时人的讲究，先请花店送去鲜花，然后人再抵达才好。

与比利时人交谈时，议论个人隐私、宗教争端以及弗拉芒人与瓦隆人之间的矛盾或纠纷，皆在禁止之列。在比利时，根据法律规定，同性恋婚姻是合法的。因此，在与比利时人交谈时切勿对此少见多怪。

德国礼俗

（一）基本概况

德国的正式名称是德意志联邦共和国。它位于欧洲中部。东部与波兰、捷克为邻，西部与荷兰、比利时、卢森堡、法国接壤，南部与奥地利、瑞士毗连，北部与丹麦交界，并且濒临北海，隔波罗的海与瑞典相望。德国的全国总面积为35.70万平方公里，海岸线约长2389公里。

德国作为国家的名称，源于“德意志”一词。在古代高德语里，其含意本为“人民的国家”或“人民的土地”，在世界上，德国有“经济巨人”、“欧洲的心脏”、“出口大国”、“运河之国”、“啤酒之国”、“香肠之国”等美称。

德国目前的行政区划，是将全国划分为16个州。德国的首都是柏林。“柏林”的本意是“小狗熊”。有人称之为“欧洲中心”。

德国的全国总人口，目前大约有8231万。德国的主体民族是德意志人，约占全国居民总数的95%。此外，在德国还生活着少量的丹麦人、吉普赛人、索布人，以及约728.9万左右的外籍人。

德国的主要宗教是基督教和天主教。目前，在德国全国总人口之中，信奉基督教的约占47.2%，信奉天主教的约占35.9%。

德国的官方语言是德语。货币为欧元。2007年，德国人均GDP（国内生产总值）为39650美元，在世界上排第19位。

德国目前实行的是内阁制共和政体。德国的国庆日是10月3日。

1972年10月11日，德国与中国正式建立了大使级外交关系。

（二）国家标志

德国的现用国旗启用于1949年5月23日，长宽比例为5∶3。国旗自上而下由黑、红、金三个长方形组成。18世纪后期，在反对拿破仑的战争中，日耳曼军队士兵身穿黑色斗篷，佩戴红色肩章和金色纽扣，后来这三色变成为德意志民族统一的象征色彩，1919年被采用为国旗。在19世纪的德意志统一运动中，曾有德国诗人对三色作了注解：黑色代表愤怒的心情，红色代表追求自由的精神，而金色则代表理想和真理的光辉。现代的解释则为：黑色象征勤勉和力量，红色象征国民的热情，金色象征国家的荣誉。

德国的现用国徽为盾形，金色盾面上有一只红嘴红爪、双翼展开的黑鹰。黑鹰是力量和勇气的象征，是德意志国家的标志，自神圣罗马帝国时代起一直是德意志国家国徽的主要图案。它启用于1950年。

德国的现用国歌是《德意志之歌》，启用于1952年。

德国的国花是矢车菊。在所有花卉之中，德国人对矢车菊最为推崇。

德国的国树是爱支栎。

德国的国鸟是白鹳。白鹳在屋顶筑巢，被德国人看成吉祥的预兆。

（三）社交礼仪

与欧洲其他国家的人们相比，德国人在待人接物所表现出来的独特风格，往往会给人留下极为深刻的印象。一般而言，德国人在人际交往中通常会表现出如下四个特点。

第一，纪律严明，法制意识极强。在世界上，德国人讲纪律、守法律是出了名的。在德国，事无巨细，皆由法律规范。在日常生活里，德国人为人处世不仅讲究有法可依，而且更为注重有法必依。即使是生活琐事，往往也处处时时都有规章、制度可循。遵法守纪，在德国被视为做人的一种美德。可以毫不夸张地讲，在这一方面，德国人堪称世人的楷模。与德国人打交道时，目无法纪的人，会令其敬而远之。相反，对于自觉遵法守纪的人，则会使其非常敬重。

第二，讲究信誉，重视实践观念。在人际交往中，特别是在经济往

来中，德国人非常讲究信誉。他们虽然在谈判时会斤斤计较，精于讨价还价，但是正式的合同一旦订立，则必定会严格遵守，依约而行。总之，德国人的说话算数如同德国工业品的优良品质，在世界上都是有口皆碑的。平日，德国人工作十分讲究办事效率。他们在这方面对人对己，要求都很严格。在人际交往之中，他们十分珍惜时间。在交谈时，大都喜欢少说闲话，直奔主题，看不惯没话找话、浪费别人时间的人。

第三，极端自尊，非常尊重传统。在历史上，德国曾涌现过一大批著名的哲学家、艺术家和科学家，为人类文明贡献很多。同时，在两次世界大战中，作为战败国，它也连遭惩罚。这种特殊背景，使得德国人极为珍惜本国的文化传统，并且极度自尊。在外国人看来，他们往往还会显得有些过于自负和高傲。在德国，人们一直认为国货最佳，对舶来品通常不屑一顾。不仅如此，即便与外国人交谈，德国人也大都喜欢会讲德语的人。对于说英语的人，有时他们会不太乐意与之合作。对于流行于世界，美国人占绝对优势的篮球、垒球、橄榄球等运动项目，酷爱体育的德国人连一点兴趣也提不起来。

第四，待人热情，十分注重感情。刚刚开始接触德国人时，外国人一般都会觉得他们过于拘谨、严肃，在待人接物上往往固执己见，缺少通融，表现刻板。要想同一位刚刚结识的德国人像美国人一样信口开河，谈笑风生，似乎不太可能。然而，这并不表明德国人一概拒绝人际交往，一律排外。实际上，绝大多数德国人都非常重视人与人之间的感情。他们家庭观念极强，把亲人之间的团聚视为最幸福的时光。他们具有很强的群体意识，酷爱集会和结社，并以此作为人际交往的渠道与纽带。在德国，什么“高个子会社”、“矮个子会社”、“打领带会社”“反对打领带会社”，甚至“反对成立会社会社”，光怪陆离，无奇不有。

德国人尽管个性很强，不大善于交际和表达自己的情感，但是他们非常看重老朋友和老关系，瞧不起过河拆桥之人。与德国人交朋友虽说存在一定难度，但与之一旦成了朋友，双方通常就不易分手或反目。

德国人天性纯朴，乐于助人。面对陌生人，他们通常不苟言笑，不善言谈，不爱主动上前与之结识。可是，对待有求于己的人，他们却往往有求必应，不厌其烦。比如，对于问路的陌生人，德国人的答复一般都会十分详尽。必要时，他们还会主动为之带路。要是他们自己也不太熟悉的话，甚至还会代为向其他人询问。

必须指出的是，德国人在人际交往中对礼节非常重视。在社交场合，德国通常都采用握手礼作为见面礼节。与德国人握手时，有必要特别注意下述两点，一是握手时务必要坦然地注视对方；二是握手的时间宜稍长一些，晃动的次数宜稍多一些，握手时所用的力量宜稍大一些。

此外，与亲朋好友见面时，德国人往往会行拥抱礼。在德国，亲吻礼多用于夫妻、情侣之间，并未广泛使用。有些上了年纪的人，与人相逢时，还往往习惯于脱帽致意。

重视称呼，是德国人在人际交往中的一个鲜明特点。对德国人称呼不当，通常会令对方大为不快。

在一般情况下，切勿直呼德国人的名字。称其全称，或仅称其姓，则大都可行。德国人对职衔、学衔、军衔看得比较重。对于有此类头衔者，在进行称呼时一定要不忘使用其头衔。这被视为向对方致敬的一种做法。“阁下”这一称呼，在德国是不通用的。

与德国人交谈时，切勿疏忽对“您”与“你”这两种人称代词的使用。对于初次见面的成年人以及老年人，务必要称之为“您”。对于熟人、朋友、同龄者，方可以“你”相称。在德国，称“您”表示尊重，称“你”则表示地位平等，关系密切。

（四）服饰礼仪

德国人在穿着打扮上的总体风格，是庄重、朴素、整洁。他们不太容易接受过分前卫的服装，不喜欢穿着过分鲜艳花哨的服装，并且对衣冠不整、服装不洁者难以容忍。

在一般情况之下，德国人的衣着较为简朴。男士大多爱穿西装、夹克，并且喜欢戴呢帽。妇女则大都爱穿翻领长衫和色彩、图案淡雅的长裙。在日常生活里，德国妇女的化妆以淡妆为主。对于浓妆艳抹者，德国人往往是看不起的。

德国人正式场合露面时，必须要穿戴得整整齐齐，衣着一般多为深色。在商务交往中，他们讲究男士穿三件套西装，女士穿裙式服装。对于服饰品位与自己相近者，德国人往往比较欣赏。

在日常生活里，德国人服饰的民族特点并不显著。但是，也有个别地区例外。例如，巴伐利亚人在节庆之时的穿着就极具特点。男子一般是上穿以墨绿色为主的无领外套，下着挂着背带的皮短裤，头戴插着一枝羽毛的小呢帽，脚穿长袜与翻毛皮鞋。妇女则一般上穿敞领、束腰、袖口带有花边的上衣，下着多为红、绿、白色的类似于围裙的长裙。

对于口腔卫生，德国人非常重视。牙齿不好的人往往被德国人看不起。

德国人对发型较为重视。在德国男士不宜剃光头，免得被人当作“新纳粹分子”。德国少女的发式多为短发或披肩发，烫发的妇女都是已婚者。

（五）餐饮礼仪

德国人是十分讲究饮食的。在一般情况下，德国人的餐桌上主要是肉食。面包、土豆、禽蛋等，虽然也受欢迎，但是他们基本上属于配角。

在肉类方面，德国人最爱吃猪肉，其次才能轮到牛肉。猪蹄膀和以猪肉制成的各种香肠，令德国人百吃不厌。通常，德国人都不太爱吃羊肉。除肝脏之外，其他动物内脏也不为其接受。除北部地区的少数居民之外，德国人大都不爱吃鱼、虾。即使吃鱼的人，在吃鱼时也不准讲话。这是德国的一种独特的民俗，其原因恐怕主要是担心被鱼刺扎伤。

德国人一般胃口较大，喜食油腻之物，所以德国的胖人极多。在口味方面，德国人爱吃冷菜和偏甜、偏酸的菜肴，对于辣和过咸的菜肴则大多不太欣赏。

在饮料方面，德国人最欣赏的是啤酒。饮起啤酒来，他们人人都是海量。对咖啡、红茶、矿泉水，也很喜欢。

自助餐发明于德国。在外出用餐时，德国人很爱选择这一进餐方式。

在一日三餐之中，德国人最重视的是晚餐。用餐的时候，他们习惯于关闭电灯，点燃蜡烛，以朦胧的烛光烘托出优雅的气氛。

德国人在用餐时，有以下几条特殊的规矩。其一，吃鱼用的刀叉不得用来吃肉或奶酪。其二，若同时饮用啤酒与葡萄酒，宜先饮啤酒，后饮葡萄酒，否则被视为有损健康。其三，食盘中不宜堆积过多的食物。其四，不得用餐巾煽来煽去。

（六）习俗禁忌

在德国，不得随意以玫瑰或蔷薇送人。前者表示求爱，后者则用于悼亡。喜郁金香的人，在德国也极为少见。送女士一枝花，一般也不合适。

德国人对黑色、灰色、红色以及渗入有红色或红黑相间之色，则不感兴趣。

对于“13”、“666”与“星期五”，德国人极度厌恶。他们对于四个人交叉握手，或在交际场合进行交叉谈话，也比较反感。因为这两种做法，都是被他们看作是不礼貌的。

德国人对纳粹党党徽的图案“卐”十分忌讳，对其切勿滥用。德国人认定，在路上碰到了烟囱清扫工，便预示着一天要交好运。

在德国，跟别人打招呼时，切勿身体立正，右手向上方伸直，掌心向外。这一姿势，过去是纳粹的标准行礼方式。

在德国，星期天商店一律停业休息。在这一天逛街，自然难有收获。

向德国人赠送礼品时，不宜选择刀、剑、剪、餐刀和餐叉。以褐色、白色、黑色的包装纸盒彩带包装、捆扎礼品，也是不允许的。

与德国人交谈时，不宜涉及纳粹、宗教、两德统一、党派之争。在公共场合窃窃私语，德国人认为是十分无礼的。

在德国，根据法律规定，同性恋婚姻是合法的。

俄罗斯礼俗

（一）基本概况

俄罗斯的正式名称是俄罗斯联邦。该国规定，“俄罗斯”与“俄罗斯联邦”这两个名称，在国际上具有同等法律效力。它位于欧洲东部和亚洲北部，但是在人们的习惯上被看成是一个欧洲国家。俄罗斯北临北冰洋，南接哈萨克斯坦、阿塞拜疆、中国和蒙古，西靠芬兰、爱沙尼亚、拉脱维亚、白俄罗斯、乌克兰、格鲁吉亚与黑海，东濒太平洋。国土面积1708万平方公里，海岸线总长为33807公里。在整个世界上，俄罗斯是国土面积最大的国家。

“俄罗斯”这一名称，是通过蒙古语转译过来的。最先，它是出自“罗斯”一词。关于“罗斯”这一词的本意，主要有两种解释，一说它来自其民族名称，指的是来自瑞典东海岸罗斯拉根地区的瓦兰吉亚人。另外一种说法，则是认为它带有“划船者”之意。过去，中国人曾将俄罗斯称为俄国。

俄罗斯目前设有21个自治共和国、1个自治州、6个民族自治区、8个边疆区、47个州、两个联邦直辖市。首都是莫斯科。“莫斯科”这一名称来自莫斯科河。在斯拉夫语中，它的含意有“沼泽地”、“潮湿”、“架有大桥的河流”等。在芬兰—乌戈尔语里，它的含意是“牛涉场”。而在喀巴尔达语里，它则含有“茂密的森林”之意。

俄罗斯全国总人口目前约为1.422亿，由俄罗斯人、鞑靼人、乌克兰人、楚瓦什人、犹太人、日耳曼人等130多个民族所构成。主体民族是俄罗斯人，约占全国总人口的79.8%。

俄罗斯最主要的宗教是东正教，其信徒有1亿人以上。

俄罗斯的官方语言是俄语，许多少数民族都拥有各自的语言文字。懂英语者不多，而德语、法语则较为普及。货币为卢布。2007年，俄

罗斯人均GDP（国内生产总值）为8612美元，在世界上排第54位。

俄罗斯目前实行总统制共和政体。它是独联体成员国之一。它的国庆日是6月12日。

1949年10月2日，苏联与中国正式建立了大使级的外交关系。苏联解体后，俄罗斯作为继承国，继续与中国保持着大使级外交关系。两国于1991年12月27日正式确定国家关系。

（二）国家标志

俄罗斯的现用国旗启用于1991年8月22日，长宽比例为3∶2。国旗自上而下由白、蓝、红三个长方形组成。传说俄罗斯国旗是彼得大帝设计的，他曾在荷兰学习造船技术，就模仿荷兰国旗，设计出了俄罗斯的三色旗。19世纪中，东欧爆发反斯拉夫运动，俄罗斯协助巴尔干的斯拉夫民族对抗西方列强的侵略。东欧各斯拉夫民族国家便竞相效仿俄罗斯，使用蓝、白、红三色旗帜，于是蓝、白、红三色旗帜便成为斯拉夫民族的代表颜色。

俄罗斯的现用国徽为红色方形盾牌。盾面上有一只向上展翅的双头鹰，头戴两顶小皇冠，上方还有一顶大皇冠。三顶皇冠间由带子连接，象征俄罗斯联邦的团结。鹰的右爪抓着权杖，左爪抓着象征王权的金球。鹰的胸前有一面红色小盾牌，盾牌上一名骑白马、披蓝袍的银甲骑士用银矛击杀一只被马踏于蹄下、向后仰倒的龙形怪兽。小盾徽是莫斯科公国的纹徽。

俄罗斯的现用国歌是《俄罗斯联邦国歌》，启用于2000年12月8日。

俄罗斯的国花是葵花。在俄罗斯，她被视为“光明的象征”，最受人们喜爱，被称为“太阳花”。

（三）社交礼仪

在人际交往中，俄罗斯人素来以热情、豪放、勇敢、耿直而著称于世。在交际场合，俄罗斯人习惯于和初次会面的人行握手礼。但对于熟悉的人，尤其是在久别重逢之时，他们则大多与对方热情拥抱。有时，还会与对方互吻双颊。在俄罗斯，这是常规的见面礼节。

在迎接贵宾之时，俄罗斯人通常会向对方献上“面包和盐”。这是给与对方的一种极高的礼遇，来宾必须对其欣然笑纳。

俄罗斯人有讲礼貌的好习惯。与他人相见时，他们通常都会主动问候“早安”、“午安”、“晚安”或者“日安”。

在称呼方面，过去，俄罗斯人习惯以“同志”称呼他人。而今，随着社会制度的变更，这一称呼除与老年人打交道之外，已不再流行。目前，在正式场合，他们也采用“先生”、“小姐”、“夫人”之类的称呼。在俄罗斯，人们非常看重人的社会地位。因此对职务、学衔、军衔的人，最好以其职务、学衔、军衔相称。

在俄罗斯民间，对于长辈可称之为“老爹爹”、“老妈妈”、“大叔”或者“大婶”。这种做法，与我国大体类似。

要强调的是：在俄语里有“您”这个称呼，它多用以称呼女士、长辈、师长、上司或贵宾，以表示尊重与客气。对于亲朋好友，最好还是以“你”相称。这既是为了向对方表示亲热，也是为了让对方不必拘束，随便一些。要是反其道而行，比如，一位长者将一个晚辈称为“您”，则多半带有讥讽之意，或是意在表示自己的不满或愤怒。

俄罗斯人的姓名，在一般情况下，是由本人名字、父母名字和姓氏等三个部分所构成的。姓名的排列顺序，通常是本人名字在前，父亲名字居中，姓氏则位居最后。例如，列宁的本名“弗拉基米尔·伊里奇·乌里扬诺夫”之中，弗拉基米尔是他本人的名字，伊里奇是父名，乌里扬诺夫才是姓氏。

在结婚前，俄罗斯妇女用的是父姓。在结婚之后，则一般改用丈夫的姓氏。至于本人名字和父名，则一点不作更改。有趣的是，他们的姓名往往以“娜”、“娅”、“娃”作为结尾。

有的时候，特别是在正式的书面文件中，在书写俄罗斯人的姓名时，亦可将其姓氏排在最前面，而将本人的名字与父名依次排于其后。必要的话，还可以将其本人名字与父名改用缩写，即仅写上二者各自的头一个字母。

依照俄罗斯民俗，在用姓名称呼俄罗斯人时，可按彼此之间的不同关系，具体采用不同的方法。通常，对较为熟悉者，俄罗斯人惯于只称其姓，或直接叫出对方的名字。为表示对交往对象特别的尊重与敬意，可将其本人名字与其父名连在一起称呼。至于有必要对长者表示特殊的尊敬时，则最好直接称呼其父名。对于家人或亲朋好友，有时还可以用其爱称相称。例如，可将“伊万”叫做“万尼亚”，可将“谢尔盖”叫做“谢廖沙”，等等。只有与初次见面之人打交道时，或是在极为正规的场合，才有必要将俄罗斯人的姓名的三个部分连在一道称呼。

（四）服饰礼仪

俄罗斯人大都讲究仪表，注重服饰。俄罗斯人的传统服装为：男人上穿粗麻布长袖斜襟衬衣，腰系软腰带，下穿瘦腿裤。外面常穿呢子外套，并且头戴毡帽，脚穿皮靴。女人则爱穿粗麻质地的带有刺绣和垫肩的长袖衬衫，并配以方格裙子。在俄罗斯民间，已婚妇女必须头戴头巾，并以白色为主；未婚姑娘则不戴头巾，但常戴帽子。

在城市里，俄罗斯人目前多穿西装或套裙，俄罗斯妇女往往还要穿一条连衣裙。不过，由于气候的原因，他们的服装大都稍显厚重。

外出上班或参加社交时，俄罗斯人一般都会衣冠楚楚，妇女还会认真地化一化妆。就连衣服上的每粒纽扣，也会被他们一丝不苟地系好。俄罗斯人认为：敞开衣服，不系纽扣，或者将衣服拎在手上、搭在肩上、围在腰上，都是不文明、不礼貌的。

前去拜访俄罗斯人之时，进门之后务请立即自觉地脱下外套、手套和帽子，并且摘下墨镜。这是一种礼貌。前往公共场所时，则还须在进门后自觉将外套、帽子、围巾等衣物存放在专用的衣帽间里。

（五）餐饮礼仪

在饮食习惯上，俄罗斯人讲究量大实惠，油大味厚。他们喜欢酸、辣、咸味，偏爱炸、煎、烤、炒的食物，尤其爱吃冷菜。总的讲起来，他们的食物在制作上较为粗糙一些。

一般而论，俄罗斯人以面食为主，他们爱吃用黑麦烤制的黑面包。除黑面包之外，俄罗斯人大名远扬的特色食品还有鱼子酱、红菜汤、酸黄瓜、酸牛奶，等等。吃水果时，他们多不削皮。

在饮料方面，俄罗斯人很能喝冷饮。平时，他们十分爱吃冰淇淋。在一般情况下，他们都很能喝烈性酒。具有该国特色的烈酒伏特加，是他们最爱喝的酒。在饮酒时，他们酒量很大，可以不吃菜，往往一醉方休。此外，他们还喜欢喝一种叫“格瓦斯”的饮料。

通常，俄罗斯人是不吃海参、海蜇、乌贼、黄花和木耳的。还有不少人不吃鸡蛋和虾。此外，鞑靼人不吃猪肉、驴肉、骡肉，犹太人也不吃猪肉，并且不吃无鳞无鳍之鱼。

用餐之时，俄罗斯人多用刀叉。他们忌讳用餐发出声响，并且不能用匙直接饮茶，或让其立于杯中。通常，他们吃饭时只用盘子，而不用碗。

参加俄罗斯人的宴请时，宜对其菜肴加以称道，并且尽量多吃一些。俄罗斯人将手放在喉部，一般表示已经吃饱。

（六）习俗禁忌

拜访俄罗斯人时，赠以鲜花最佳，但送给女士的鲜花宜为单数。

俄罗斯人普遍偏爱红色，并视其为美丽的化身。他们最讨厌黑色，因为它仅能用于丧葬活动。

在数目方面，俄罗斯人最偏爱“7”，认为它是成功、美满的预兆。对于“13”、“666”、“星期五”，他们则十分忌讳。

俄罗斯人非常崇拜盐和马。他们认定：盐具有祛灾避邪的力量，马则会给人们带来好运。他们对兔子的印象大都极坏，并且十分厌恶黑猫。在俄罗斯，打碎镜子和打翻盐罐，都被认为是极为不吉利的预兆。

俄罗斯人主张“左主凶，右主吉”，因此，他们也不允许以左手接触别人，或以之递送物品。

在俄罗斯，蹲在地上，卷起裤腿，撩起裙子，都是严重的失礼行为。

俄罗斯人讲究“女士优先”，在公共场所里，男士们往往自觉地充当“护花使者”。不尊重妇女，到处都会遭以白眼。

俄罗斯人忌讳的话题有：政治矛盾、寡头政治、经济难题、宗教矛盾、民族纠纷、车臣问题、苏联解体、阿富汗战争，以及大国地位问题。

法国礼俗

（一）基本概况

法国的正式名称是法兰西共和国。它位于欧洲西部。北部与比利时、卢森堡接壤，南部与安道尔、西班牙毗邻，东南与摩纳哥相连并且濒临地中海，东部与德国、瑞士、意大利交界，西部面临大西洋，西北隔拉芒什海峡与英国相望。法国的国土总面积约为55.16万平方公里，海岸线总长达约2700公里。

作为国家的名称，法国的国名“法兰西”源于古代的法兰克王国的国名。在日耳曼语里，“法兰克”一词的本意是“自由”或“自由人”。在历史上，法国还曾被人叫做“高卢”。“高卢”之称系出自栖居于此的凯尔特人自称“高卢人”。法国的绰号与象征是玛丽亚娜。它原出自西班牙一位男作家之名，后来成了共和党人团体的名称。现在在漫画中，它已演变为一位头戴三色帽的女性。“艺术之邦”、“时装王国”、

“葡萄之国”、“奶酪之国”、“名酒之国”、“美食王国”等，都是世人给予法国的美称。

法国目前的行政区划，是将全国划分为22个大区、96个省。此外，还有4个海外地方行政区、4个海外单省大区、2个海外属地。法国的首都是巴黎。巴黎的得名，据说来自古希腊神话里特洛伊王子帕里斯的名字。在世界上，巴黎是鼎鼎大名的“艺术宫殿”、“浪漫之都”、“时装之都”和“花都”。

法国的全国总人口大约是6320万。其中法国的主体民族法兰西人约占90%，还有布列塔尼人、巴斯克人、科西嘉人以及一些外籍人。在法国生活的外籍人之中，有不少来自法属非洲殖民地，并且多为黑人。

法国的主要宗教是天主教。在全国总人口之中，约有62%左右的人是天主教教徒。此外，还有约20%的人信奉基督教、犹太教或伊斯兰教。

法国的国语是法语。货币为欧元。2007年，法国人均GDP（国内生产总值）为40782美元，在世界上排第18位。

法国目前实行的是总统制共和政体。法国的国庆日是7月4日。

1964年1月27日，法国与中国正式建立了大使级外交关系。

（二）国家标志

法国的现用国旗启用于1794年2月15日，长宽比例3∶2。国旗被称为“三色旗”，从左至右由蓝、白、红三个竖长方形组成。它产生于1789年的法国大革命，最初的意义是以红蓝两色代表巴黎市民，白色代表法国王室，期望双方携手合作建立新国家。随着大革命的影响扩大，三色旗成为法国大革命的象征，蓝、白、红三色分别被赋予了自由、平等、博爱的意义。法国大革命在全世界产生了广泛而深刻的影响，三色旗变成自由的象征。

法国没有采用正式国徽。自1999年起，法国政府及驻外使（领）馆开始使用法国三色旗与象征法兰西共和国及政府的“玛丽安”头像相结合的图案，作为代表国家的标志。这个标志为长方形，从左至右为法国国旗的蓝、白、红三色，中间白色部分为“玛丽安”女性头像剪影。自法国大革命起，戴一顶弗里吉亚帽的妇女玛丽安一直被作为代表法国的形象。标志下方用法文书写着箴言“自由、平等、博爱”和国名。

法国的现用国歌是《马赛曲》。1795年7月15日法兰西第一共和国决定采用《马赛曲》为国歌，后经几度废黜和禁唱。第二次世界大战结束后，《马赛曲》再次被确定为国歌，直至今日。

法国的国花是鸢尾花。也有人说，法国的国花是玫瑰花或马兰花。

法国的国鸟是公鸡，法国人认定它是勇敢、顽强的直接化身。

法国的国石是珍珠。

（三）社交礼仪

与英国、德国人相比较，法国人在待人接物方面表现是大不相同的。从总的方面来讲，法国人在人际交往之中大都会表现下列特点。

第一，爱好社交，善于交际。就一般而论，法国人在邻里之间虽然往来较少，但却对社交活动十分重视。对他们来说，社交是人生的重要内容，没有社交活动的生活是难以想象的。在日常生活里，法国人非常善于交际。即使与他人萍水相逢，他们也会主动与之交往，而且表现得亲切友善，一见如故。

第二，诙谐幽默，天性烂漫。在外人看来，法国人似乎人人都是不知愁为何物的乐天派。他们在人际交往中大都爽朗热情，善于雄辩，高谈阔论，好开玩笑，幽默风趣，讨厌不爱讲话的人，对愁眉苦脸者难以接受。受传统文化的影响，法国人不仅爱冒险，而且喜欢浪漫的经历。风花雪月，享受人生，男女情爱，都是早期生活之中不可缺少的组成部分。

第三，渴求自由，纪律较差。在世界各国人中，法国人是最为著名的“自由主义者”。“自由、平等、博爱”不仅被法国宪法定为本国的国家箴言，而且还在国徽上明文写出。在日常生活之中，他们崇尚自由自在，随意而为，偏爱标新立异，与众不同，喜欢创造宽容轻松的气氛，反对外来干预。他们认为，自由就是可以去做法律禁止之外的一切事情。受此影响，他们虽然讲究法治，但是纪律较差，不大喜欢集体行动。与法国人打交道，约会必须事先约定，并且准时赴约，但是也要对他们可能的姗姗来迟事先有所准备。

第四，自尊自强，偏爱“国货”。在世界上，法国较早进入资本主义社会。此后，它一直是强国之一，并且一度在世界上拥有面积最大的殖民地。法国的时装、美食和艺术，更是世人有口皆碑。在此影响下，法国人拥有极强的民族自尊心和民族自豪感。在他们看来，世间的一切都是法国最棒。以语言而论，法国人懂英语的不少，但通常不会直接用

英语与外国人交谈。因为他们认定，法语是世间最优美的语言。与法国人交谈时若能讲几句法语，一定会使对方热情有加。懂法语而又不同法国人讲法语，则会令其大为恼火。

第五，骑士风度，尊重妇女。骑士，曾经是法国贵族里的一个阶层。所谓骑士风度，指的是流传至今的用以规范骑士举止行为的一系列宫廷礼节。当今，骑士阶层与宫廷在法国早已荡然无存，但是骑士风度依旧为广大法国人所看重。骑士风度的核心之处，是男子对妇女的尊重与保护。在法国人看来，充当“护花使者”是男人的天职与荣幸。做不到这一点，男人就不成其为男人。

在人际交往中，法国人所采用的见面礼节，主要有握手礼、拥抱礼和亲吻礼。就一般而言，法国人所行的吻面礼，不但使用得最多、最广泛，而且在其做法上也有一定的特点。

法国人与交往对象行吻面礼，意在表示亲切友好。为了体现这一点，在行礼的具体过程里，他们往往要同交往对象彼此在对方的双颊上交替互吻三、四次，而且还讲究亲吻时一定要连连发出声响。其实，他们这样作犹如表演，并非真的要亲在对方脸上。而往往只是弄出“空想”即可。

法国人的姓名，由两部分组成，其名字在前，姓氏在后。法国妇女婚前姓父姓，婚后则改姓夫姓。而今，有些法国妇女，或婚后仍用父姓，或婚后同时使用父姓与夫姓。后一种情况亦称双姓，具体做法是夫姓在前，父姓在后。

在签署本人姓名时，法国人往往习惯将姓写在前面，名字写在后面，二者之间以逗号分开。在一般情况下，法国人姓名的特点是姓氏很多，名字有限。这主要是因为信奉天主教或基督教的法国人，在起名时多选择圣徒的名字，而圣徒的人数实在有限。

正式称呼法国人的姓名时，宜只称其姓氏，或是姓与名兼称。家人、熟人、朋友、同事、同学之间，应直呼其名。对于关系至为密切者，则宜直呼其爱称。

与法国人打交道，有时又必要使用谦称或敬称。法国人所有的谦称，多为第一人称复数，或者是第三人称，意即“鄙人”或“鄙公司”。有时，他们还爱在其后加上形容词“卑贱的”，意为“卑职”。

法国人常用的敬称主要有三种。其一，对一般人称第二人称复数，其含意为“您”。其二，对官员、贵族、有身份者称“阁下”、“殿下”或“陛下”。其三，对陌生人称“先生”、“小姐”或“夫人”。“老人家”、“老先生”、“老太太”等带有“老”字的称呼，都是法国人忌讳的。

（四）服饰礼仪

法国人对于衣饰的讲究，在世界上是最为有名的。所谓“巴黎式样”，在世人耳中即与时尚、流行含意相同。一般人都认为，法国人最善于穿着打扮，他们的衣着配饰、发型、化妆往往令人无可挑剔。

在正式场合，法国人通常要穿西装、套裙或连衣裙。法国人所穿的西装或套裙多为蓝色、灰色或黑色，质地则多为纯毛。在他们看来，棕色、化纤面料的这类服装，是难登大雅之堂的。

出席庆典仪式时，法国人一般要穿礼服。男士所穿的多为配以蝴蝶结的燕尾服，或是黑色西装套装；女士所穿的则多为连衣裙式的单色大礼服或小礼服，并且讲究要同时以薄纱面罩、薄纱手套与之相配。

有身份的法国人在正式场合露面时，往往不会将同一套服装连穿两次。他们认为，那样做会有失自己的身份。他们还讲究自己的衣着既要尽量保持个性、与众不同，又不宜过分地超前或落伍。

对于穿着打扮，法国人认为重在搭配是否得法。在选择发型、手袋、帽子、丝巾、鞋子、手表、眼镜时，法国人都十分强调要使之与自己着装相协调、相一致。

法国妇女在参加社交活动时，一定要化妆，并且要佩戴首饰。她们认为，化妆对人对己都是一种尊重。佩戴首饰的话，则一定要选“真材实料”，对于仿真人造首饰她们大都加以拒绝。

法国男士对自己仪表的修饰相当看重，他们中的许多人经常出入美容院。在正式场合亮相时，剃须修面，头发“一丝不苟”，身上略洒一些香水，已被法国人看成男人所应具备的基本教养。

（五）餐饮礼仪

作为举世皆知的世界三大烹饪王国之一，法国人十分讲究饮食，并且人人喜欢以美食家自居。他们的看法是：“烹饪是文明的无名先锋”，“一顿晚餐比一首诗价值更高”。在西餐之中，法国菜可以说是最讲究的。

平时，法国人爱吃面食。在法国，面包的种类之多，难以数计。在肉食方面，他们爱吃牛肉、猪肉、鸡肉、鱼子酱、蜗牛、鹅肝、蛙腿，不吃肥肉、宠物、肝脏之外的动物内脏、无鳞无鳍的鱼和带刺带骨的鱼。

法国的名菜有鹅肝牛排、红酒山鸡、马赛鱼羹、巴黎龙虾、煎蜗牛、扒鹅肝，以及黑菌，等等。就口味来讲，法国人有两大特点。其一，喜欢肥浓。做菜之时，他们常用大蒜、丁香、香菜调味。其二，偏爱鲜嫩。法国人做菜，非但选料要新鲜，而且烹饪也大多半生不熟。有不少菜，他们甚至还直接生食。

法国人大都爱吃奶酪。待客之际，他们往往会拿出各式各样的奶酪请客人品尝。

在世界上，法国所产的白兰地、香槟与红白葡萄酒，无出其右者。法国人特别善饮，他们几乎餐餐必喝，而且讲究在餐桌上要以不同品种的酒水搭配不同的菜肴。他们的常规做法是：餐前要喝开胃酒，吃鱼要喝白葡萄酒，吃肉要喝红葡萄酒，餐后才适合喝利口酒或白兰地。对于鸡尾酒，法国人则大都不大欣赏。

除酒水之外，法国人平时还爱喝生水和咖啡。在法国的城市里，随处可见的咖啡馆和露天咖啡座，早已成为法国人社交的一个场所和街头的一处风景。

法国人在用餐时，两手允许放在桌上，但却不许将两肘支在桌子上。在放下刀叉时，他们习惯于将其一半放在碟子上，一半放在餐桌上。这一作法，与英国人迥然不同。

一般来说，在法国人餐桌上，酒水贵于菜肴。而在正式的宴会上，则有“交谈重于一切”之说。这是因为法国人视宴会为交际场合，所以他们举行的宴会大都时间较长，在用餐时只吃不谈，是不礼貌的。

（六）习俗禁忌

对于菊花、牡丹、玫瑰、杜鹃、水仙、金盏花和纸花，一般不宜随意送给法国人。

在法国，仙鹤被视为淫妇的化身，孔雀被看作是祸鸟，大象则象征着笨汉，它们都是法国人反感的动物。法国人平时对动物看得很重。虐待动物，被视为不人道的行为。以至有人戏言：“在法国，妇女比男士受优待，而动物又比妇女受优待。”

法国人对核桃十分厌恶，认定它代表着不吉利。以之招待法国人，将会令其极其不满。对核桃图案，他们也深为厌恶。

法国人大都喜爱蓝色、白色与红色，对于粉红色也比较喜欢。他们所忌讳的色彩，主要是黄色与墨绿色。

法国人所忌讳的数字，是“13”、“666”与“星期五”。给法国妇女送花时，宜送单数，但是记住要避开“1”与“13”这两个数字。在一般情况下，法国绝对不喜欢13日外出，不会住在13号房、坐13号座位，或是13个人同桌进餐。

在人际交往中，法国人对礼物十分看重，但又有其特别的研究。他们认为，初次见面就向别人送礼，往往会令对方产生疑虑，因而是不善交际的表现。在接受礼品时若不当着送礼者的面打开其包装，则是一种无礼的、粗鲁的行为。此外，他们还不太重视“礼尚往来”。

向法国人赠送礼品时，宜选具有艺术品位和纪念意义的物品。但是，不宜以刀、剑、剪、餐具，或是带有明显的广告标志的物品作为礼品。男士向关系一般的女士赠送香水，也被法国人看作是不合适的。

值得一提的是，在法国邮寄避孕药物和其他避孕物品，都是被禁止的。

与别人交谈时，法国人往往喜欢选择一些足以显示其身份、品位的话题，如历史、艺术等。对于恭维美国、英国和德国，贬低法国的国际地位与历史贡献，议论其国内经济滑坡、种族纠纷以及科西嘉独立等问题，他们则是不愿意予以呼应的。

在人际交往中，法国人的形体语言极为丰富。在交谈时，他们喜欢与对方站得近一些，并爱以手势进行辅助。对他们而言，拇指与食指分开表示“2”，用食指指自己的胸部表示“我”，拇指朝下指表示“差”或“坏”，掌心向上表示诚恳，耸动肩膀则表示高兴或惊讶。

在法国，根据法律规定，同性恋婚姻是合法的。

荷兰礼俗

（一）基本概况

荷兰的正式名称是荷兰王国。它位于北欧西部。东部与德国为邻，南部与比利时相连，西部与北部濒临北海。荷兰的全国总面积为4.15万平方公里，海岸总长大约为1075公里。

荷兰作为一个国家的名称，来自日耳曼语“霍特兰”一词。“霍特兰”原来为荷兰的一个省，字面上的含义为“森林之国”。在正式场合，荷兰亦称“尼德兰”。“尼德兰”的本意是“低地之国”。“堤坝之国”、“风车之国”、“花卉之国”、“西欧花园”等，都是世人给予荷兰的十分形象的美称。

荷兰目前的行政区划，是将全国一共划分为12个省，省下设立443个市镇。另有荷属阿鲁巴和安的列斯两个海外领土。荷兰的首都，是阿姆斯特丹。“阿姆斯特丹”的本来含义，是“阿姆斯特河上的堤防”。在世界上，阿姆斯特丹素有“北方威尼斯”之称。事实上，阿姆斯特丹作为荷兰首都，主要是名义上的。该市的作用，主要是君主登基和重要庆典在此举行。荷兰的政府、议会和各国使馆则都设在海牙。在荷兰语里，海牙的含义为“伯爵们的围场”，它的别称为“欧洲最大最美丽的村庄”。

荷兰的全国总人口，目前大约为1635.7万。在荷兰全国居民之中，大约90%以上的人是荷兰人，因此荷兰的主体民族就是荷兰人。此外，在荷兰还生活着弗里斯人。

荷兰的主要宗教是天主教与基督教。目前，在荷兰的全国总人口之中，有31%的人信奉天主教，有21%的人信奉基督教。

荷兰的官方语言是荷兰语。货币为欧元。2007年，荷兰人均GDP（国内生产总值）为45429美元，在世界上排第10位。

荷兰目前实行的是君主立宪制政体。荷兰的国庆日是4月30日。

1954年11月19日，荷兰与中国建立了代办级外交关系。1972年5月18日，升格为大使级外交关系。1981年5月5日，降格为代办级外交关系。1984年2月1日，两国又恢复为大使级外交关系。

（二）国家标志

荷兰的现用国旗启用于1937年2月19日，长宽比例为3∶2。国旗自上而下由红、白、蓝三个长方形组成。荷兰国旗有悠久的历史，是世界上第一面象征自由、平等和革命的三色旗，对欧洲斯拉夫国家产生了重大影响。在1568年，荷兰在奥伦治公爵领导下，爆发反对西班牙统治的独立战争，当时的旗帜就是一面橙、白、蓝三色旗，荷兰独立后成为国旗。后来因为在使用过程中橙色容易变红，加上奥伦治家族独裁统治遭到反抗，红色逐渐代替橙色（英文的“奥伦治”意即“橙”）。1937年2月荷兰政府正式将红、白、蓝三色旗定为国旗。

荷兰的现用国徽中心图案为盾形，蓝色盾面上有一只金色狮子，口吐红舌，一只前爪抓举着一把银色宝剑，另一只前爪抓着一把箭头。该图案是早年的尼德兰联合共和国的标志，表现了荷兰人民争取自由的斗争精神，象征团结就是力量。顶端是一顶金色王冠，两侧各有一只狮子，下方的蓝色绶带上写着领导独立斗争的奥伦治公爵威廉的格言“坚持不懈”。盾徽置于象征王室传统的饰有金边的红色斗篷之中。

荷兰的现用国歌是《威廉·凡·那叟》，启用于1569年。荷兰国歌是世界上最早的国歌。

荷兰的国花是郁金香。她是“荷兰四宝”之一。她不仅被确定为国花，而且深得荷兰人的喜爱。在荷兰，几乎家家都种植有郁金香。她不仅是最受荷兰人欢迎的礼物，而且是最佳的装饰品。

荷兰的国石与英国一样，也是钻石。

荷兰的国鸟是琵鹭，它是一种珍稀鸟类，外形与鹭相似。

（三）社交礼仪

在人际交往中，荷兰人的所作所为大体上有以下三个方面的特点。

其一，爱整洁，守秩序。荷兰人喜爱清洁，做事情讲究有板有眼，任何微小的细节都会被他们安排得井然有序，有条不紊。平时，他们喜

欢按照精确的日程表，有计划地工作和生活，不大愿意临时去做某件事情。

其二，性格直，办事快。荷兰人性格刚毅，为人爽快，办事果断，自信心甚强。平时，他们待人礼貌，而且非常善于体谅他人。与朋友相处时，他们乐于开诚布公，直言不讳，有时甚至还会不讲任何情面。对办事拖沓者，他们是看不起的。

其三，重节约，讲正统。荷兰人大都善于理财和赚钱，不仅如此，他们还十分节约，在商务谈判中，往往因此而斤斤计较。或许是荷兰的历史至今仍然令荷兰人引以为荣，或许是因为荷兰是一个君主制国家，荷兰人平时处事保守，人人都讲正统，不论做什么事情都要正儿八经。对“游戏人生”者，荷兰人鄙视至极。

在交际场合，对待不同的对象，荷兰人采取的见面礼节往往有所不同。工作时，或是与因公相识者见面时，荷兰人大都会行握手礼。但是，他们即使是在握手时，也十分介意自己能否保持风度，神态是否庄重，所以他们的握手在有些人看来，似乎热情不够，有点儿像是“例行公事”。

在日常生活中与他人见面，或是会见亲朋好友时，荷兰人大都会同对方以拥抱为礼。他们对于关系亲密者，经常还会行吻面礼。荷兰人在行吻面礼时，一般要在对方的双颊上各吻一次。在某些地区，人们还讲究要在交往对象的双颊上交替轻吻三下。

荷兰人的姓名与欧美绝大多数民族一样，都是名字在前，姓氏在后。但是他们的姓氏，又有单姓和复姓之分。在一般情况下，仅从荷兰人的姓名上，就可以判断出其性别。在荷兰，男人的姓名多以辅音结尾；而妇女的姓名则以元音结尾。

根据习惯，荷兰妇女婚前姓父姓，婚后则改用夫姓。然而，荷兰的女权主义者们为了显示自立和自尊，经常会在自己夫姓的后面再加上原来的姓氏，中间加之一个连接号。这就是所谓复姓。

在荷兰，拥有爵位或封号，乃是一种荣耀。因此，拥有爵位、封号的荷兰人，往往会将自己的爵位、封号直接加在姓与名之间。

与荷兰人打交道时，务必要对其采用适当的称呼，他们对这一点特别在意，并且认为礼貌而得体的称呼，可以加深人与人之间的感情交流。

称呼一般关系的荷兰人，可称之为“先生”、“小姐”或“夫人”。对熟人相称，可以直接使用其本名。对于关系密切者，则可使其爱称。连姓带名一起称呼，往往多见于十分正式的场合。

称呼国王或王室成员时，且勿随意而为。对女王，要用“陛下”或“女王陛下”。对王室成员，则通常宜以“殿下”相称。

与荷兰人进行交往时，务必要注意对妇女表示尊重。这既是因为荷兰人讲究“女士优先”，更是因为他们目前在位的国王就是一位女性。

（四）服饰礼仪

一般而言，荷兰人在正式场合，尤其是在对外交往中，穿着打扮与欧洲大陆上的其他国家大同小异。男士们通常都会西装革履，穿着庄重而保守。妇女们的衣着则往往典雅而高贵，她们要么会身穿简洁明快的职业装，要么会穿上令其风姿绰约的长裙。

穿着传统服装的荷兰人，往往只有在乡村或者是节日庆典、文艺演出中才能见到。

在荷兰人的民族服饰之中，名气最大者当属木鞋。它是著名的“荷兰四宝”之一。男人身穿宽腿裤，女人身穿多层裙，脚上再穿上一双木鞋，曾经是荷兰人数百年“一贯制”的衣着模式。

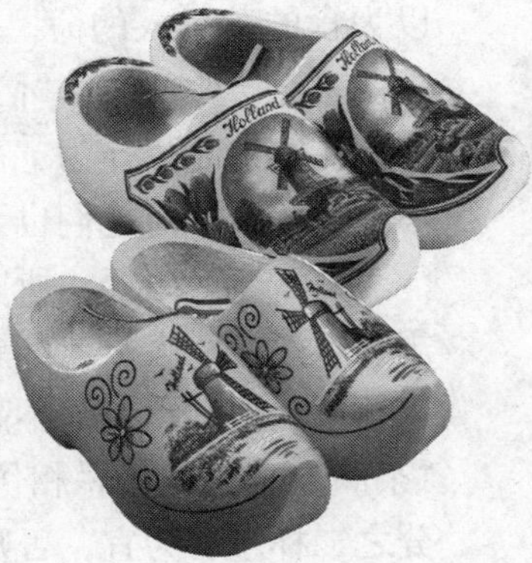

荷兰人过去之所以爱穿木鞋，大概同该国的地理条件和气候条件直接相关。这种木鞋，是用一块整块的木材雕刻而成的。它外观上多呈现为船形，鞋底子很厚实，鞋头又尖又翘。穿这种木鞋的时候。荷兰人通常还会往鞋内填上一些干稻草。这样一来，它便冬可御寒，夏可防潮。

在荷兰的许多地方，男人们以蓄须为美，并且喜欢将自己的胡须修成“V”字形状，以显示自己的阳刚气概。不仅如此，那些蓄须的男子对于不蓄须的男子，经常还会加以歧视。

（五）餐饮礼仪

说荷兰人的饮食习惯在世界上独树一帜，极富特色，是一点都不夸张的。

荷兰人平时爱吃面食，但也不拒绝米饭。什锦炒饭和奶油炒饭，都是他们很爱吃的。在肉食方面，他们忌讳较少，牛肉、羊肉、猪肉、鸡肉都能吃。他们的口味较淡，爱吃偏甜、偏酸的一些菜肴，经常会吃冷菜。有趣的是，他们对中餐十分欢迎。在荷兰，中餐馆几乎到处可见。

在人际交往中，热情好客的荷兰人大都喜欢宴请自己的客人。由于荷兰人以晚餐为正餐，所以他们通常会将正式的宴请安排在晚上。与众不同的是，为了显示正规，荷兰人经常会将宴请安排在营业性餐馆之中举行。

请客吃饭的时候，注重礼仪的荷兰人讲究上菜必须依照其传统顺序依次而行，即第一道菜上鲜汤，第二道菜上蔬菜，第三道菜上肉菜，第四道菜上奶酪制品，第五道菜上点心与甜品。这一既定次序稍有错乱，即被认作失礼。

荷兰人在设宴款待客人时，通常会上一道由土豆、洋葱、胡萝卜混合烹调而成的菜肴。客人们不仅一定要吃这道菜，而且届时务必要郑重其事，吃得津津有味。千万不要弃而不食，或加以抱怨。原来，它属于荷兰人的国菜。据说1574年荷兰与西班牙交战时，这道菜救过一时无以为食的荷兰人的命，所以他们深深地对其怀有敬意。每年10月3日，他们一定会吃此菜，“忆苦思甜”。

在宴请时，作为“荷兰四宝”之一的奶酪，是荷兰人肯定会上的。不仅如此，平时他们也天天爱吃此物，甚至每餐必备。

由于盛产牛奶，所以久而久之它变成了荷兰人日常生活里的一种常规饮料。荷兰人天天都要喝牛奶，就如同中国人爱喝茶一样。不过，对于饮茶，他们兴致却不高。在待客时，荷兰人有时会上咖啡。与中国人“茶满欺客”的禁忌相仿，他们的讲究是不可将咖啡斟满杯子，而以三分之二杯左右为宜，否则即为失敬于人。

荷兰人在宴请客人时，进食之慢是有名的。他们的习惯，是要边吃边聊，连吃带喝。因此跟他们一起吃上一顿饭下来，常常需要花上两三个小时。

（六）习俗禁忌

拜访荷兰人时，以送鲜花最好。但是要送单数，并以五枝或七枝最合适。在荷兰，给关系一般的女士送双数的鲜花，乃是失礼的行为。

风车也是“荷兰四宝”之一。过去在荷兰人的生活里，风车既是一种用于排水、磨面、锯木加工的工具，又被视为一种可用以传递信号或情感的媒介。在荷兰，风车若被摆成十字形，表示的是它正在恭候顾客上门。若是出殡的队伍经过风车附近时，必须使其停止转动，以示哀悼。每年5月份的第二个星期六，还被荷兰人定为全国性的“风车日”。每到那一天，荷兰全国所有的风车都要启动旋转，供人们观赏。

常用以提神的雪茄烟，在荷兰人手里竟然能起到类似于“红娘”的作用。当小伙子看上某位姑娘时，他就要一而再、再而三地找对方的父亲借火点雪茄烟。当他第三回前来借火时，姑娘的父亲如果对他中意，便会开门相迎。反之，则会请他吃闭门羹。获得父亲首肯后，姑娘见到小伙子的第一件事，是要为他点燃雪茄。等到婚礼举行时，新娘为新郎点燃雪茄，也是一道必不可少的程序。

荷兰人对于黄色十分喜爱，他们忌讳的数字和日期主要是“13”、“666”与“星期五”。

在举止行为上，荷兰人有不少讲究。在赞扬他人有头脑时，他们常以手指敲太阳穴来表示。在外人面前就座时，他们忌讳跷腿或抖腿。男士与女士一同上楼梯时，他们的讲究是男士在前，女士随后。在众人面前用牙签或手指剔牙，被他们看作最没有教养的表现。

当荷兰人的家门上钉上了一块镶边的小木牌时，一般表明这一家家里有产妇。所钉的小木牌是粉色的，说明生的是女孩。所钉的木牌是蓝色，说明生的是男孩。

荷兰人不喜欢被人称为“海上马车夫”。由于在荷兰之中天主教教徒与基督教教徒的数量不相上下，所以与其交谈时不宜涉及宗教信仰，尤其是这两个教派之间的差异与对立。金钱、物价、纳粹占领、美国问题以及荷兰与日本的历史纠葛等，也不宜与荷兰人谈及。在荷兰，同性恋是合法的，所以不宜对其非议。

在荷兰，根据法律规定，同性恋婚姻是合法的。

罗马尼亚礼俗

（一）基本概况

罗马尼亚的正式名称是罗马尼亚。它位于欧洲东南部的巴尔干半岛的东北部。北部与东北部分别与乌克兰和摩尔多瓦为邻，南部与保加利亚相接，西南与西北分别与南斯拉夫和匈牙利接壤，东部濒临黑海。罗马尼亚的全国总面积大约为23.84万平方公里，海岸线则长245公里。

罗马尼亚作为国家的名称，来自该国主体民族罗马尼亚人的民族名称。从字面上讲，“罗马尼亚人”意即“从罗马来的人”，而“罗马尼亚”则意为“罗马尼亚人的国家”。作为世界上最大的芦苇产地之一，罗马尼亚有着“芦苇王国”的别称。它还有“多瑙河上的珍珠”、“欧洲粮仓”、“金鹰之国”之称。

罗马尼亚的行政区划，是将全国分为41个县、1个直辖市。罗马尼亚的首都，是布加勒斯特。这一名称，是从英语转译过来的。在罗马尼亚语里，它本应为“布库雷什蒂”。“布库雷什蒂”一词，又由“布库尔”与“埃什蒂”两个词组成。前者意为“欢乐”，后者意为“城”。因此，“布加勒斯特”的含义是“欢乐之城”。

罗马尼亚的全国总人口现为2161万，由罗马尼亚人、匈牙利人、日耳曼人等25个民族所组成。罗马尼亚的主体民族是罗马尼亚人。在全国居民总数中，罗马尼亚人约占89.5%。由于罗马尼亚人属于拉丁民族，因此罗马尼亚又被视为东欧诸国之中唯一的拉丁民族国家。

罗马尼亚的主要宗教是东正教。在全国居民中，约86.7%的人信奉东正教。

罗马尼亚的官方语言是罗马尼亚语。货币为列伊。2007年，罗马尼亚人均GDP（国内生产总值）为7352美元，在世界上排第58位。

罗马尼亚目前实行的是总统共和政体。罗马尼亚的国庆日是12月1日。

1949年10月5日，罗马尼亚与中国正式建立了大使级外交关系。

（二）国家标志

罗马尼亚的现用国旗启用于1989年12月27日，长宽比例为3∶2。国旗从左至右由蓝、黄、红三个竖长方形组成。蓝色象征天空，黄色象征自然资源，红色象征人民的勇敢和牺牲精神。在1848年席卷欧洲大陆的革命运动中，罗马尼亚受法国三色旗所倡导的自由精神鼓舞，将蓝、黄、红三色旗作为象征自由的国旗。这面国旗象征着罗马尼亚的历史、人民对强权的反抗以及取得胜利的法宝。

罗马尼亚的现用国徽为盾形，蓝色盾面上有一只金色的雄鹰，鹰嘴上啄着一个东正教十字架，两只爪子分别握着权杖和长剑；蓝色盾面象征天空；金鹰象征勇气、决心、奋发向上、权力和伟大；权杖和长剑象征主权。金鹰胸前的小盾上有五个图案，分别代表着罗马尼亚的瓦拉几亚（金鹰）、摩尔多瓦（公牛头）、马纳特及奥尔泰尼亚（狮子和桥）、特兰西瓦尼亚和克里沙纳（灰鹰和七座城堡）等省和黑海海滨地区（海豚）。

罗马尼亚的现用国歌是《觉醒吧，罗马尼亚》。

罗马尼亚的国花是白玫瑰。

罗马尼亚的国石是琥珀。

（三）社交礼仪

罗马尼亚人性格开朗，待人热情，善于交际。在人际交往中，他们往往会给人一见如故之感。

在交际应酬中，罗马尼亚人所用最多的见面礼节是握手礼。与他们握手之时，罗马尼亚人讲究一定要友善地目视对方，这被视为尊重对方的一个重要标志。否则就会理解为心不在焉，目中无人。

在罗马尼亚，相熟的男子相见时，还往往会相互抱一抱对方的肩膀；而相熟的妇女相见时，则大多还会相互拥抱，并亲吻对方的双颊。这两种见面礼节，罗马尼亚人在与别人进行初次交往时，一般不会采用。

尊重老人，尊重妇女，是罗马尼亚人古之遗风。在许多场合，向老人行脱帽礼，向妇女行吻手礼，也比比皆是。

热情好礼的罗马尼亚人，在人际交往中往往会主动和人打招呼，并且向交往对象致以亲切的问候。在打招呼或问候别人时，“您”、“您好”等词语是他们时常采用，不离于口的。在罗马尼亚，多用“您”，而不用“你”，是称呼他人的一种礼貌。

在罗马尼亚，人们最常采用的称呼是“先生”、“小姐”、“夫人”或是职、衔。有些时候，上了年纪的罗马尼亚人还会使用“同志”这一称呼。而同辈的罗马尼亚人为了表示自己与交往对象的关系不同寻常，有时还习惯于彼此称兄道弟。

罗马尼亚人的姓名，通常由两个部分所组成。其本名居前，而姓氏在后。在需要称名道姓时，罗马尼亚人的讲究是：在正式场合，应当称呼全称，或是其姓氏；在非正式场合，熟人之间大都可以直呼其名。假使交往双方之间的关系非比寻常，则还可以互称对方的爱称。

（四）服饰礼仪

在正式场合里，罗马尼亚人一般讲究要穿深色的西装套装或套裙。妇女们有时也可以穿单色的连衣裙。

在日常生活里，特别是在节庆活动之中，罗马尼亚人大多偏爱穿自己的传统民族服装。罗马尼亚人的民族服装尽管因为地区不同、民族不同而有所不同，但在总体上都具有色彩绚丽的特征。在农业区，人们的衣着大多色彩鲜亮；而在牧区，人们的服装则以深色居多。在一般情况

下，罗马尼亚人的服装注重的是，通过浓重的色彩对比与简洁的花边的使用，而取得协调的装饰效果。

罗马尼亚男子大多爱穿宽袖的白衬衣，并且爱穿白色的裤子。在他们的腰间，往往会扎上一条宽皮带，或是华丽的编织腰带。在他们的衣裤上，绣花与镶边一般必不可少。天冷的时候，他们不仅爱戴黑色羊羔皮帽，而且还习惯穿“摩尔多瓦皮袄”。后者除了绣有众多的花纹、图案外，在缝合处还要嵌上山羊皮条，因而外观十分华丽。

罗马尼亚妇女的传统民族服装，通常上衣为袖管宽大、袖口紧收、绣边镶边的圆领罩衫，下装则为同时穿上的、一里一外的两条围裙。在乡村之中，罗马尼亚妇女外出时有头戴头巾的习惯。

在罗马尼亚，人们不分男女老幼，往往都爱穿黑色或棕色的羊皮夹克，它几乎成了一种长盛不衰的“时装”。

（五）餐饮礼仪

罗马尼亚人的饮食习惯极有特色。在粮食方面，他们一般以面食为主，有时也爱吃一些土豆和玉米，但是不喜欢吃米饭。米饭在当地，仅仅可作配菜之用。

在肉食方面，罗马尼亚人爱吃牛羊肉，对于鸡肉、鱼、虾、禽蛋亦能接受，喜欢吃猪肉的人则较少。罗马尼亚人最爱吃的肉菜有土豆烧牛肉、炸牛排、红焖鸡，等等。

从口味上讲，他们较为清淡，不喜油腻。一般而言，他们绝对不吃肥肉，不大吃海鲜，但却爱往菜肴之中添加奶油。

在用餐时，罗马尼亚人有三大特色。其一，他们喜欢在餐桌上备有盐与胡椒，以供在进餐之时添加进菜肴之中，或是直接进行蘸食。其二，他们用餐时间较长。在用餐时，罗马尼亚人讲究边吃边谈，有时还要听听音乐，或是载歌载舞。其三，他们习惯饮生水。不论是佐餐，还是日常饮用，罗马尼亚人都只喝生水，而绝对不接受开水。

在饮料方面，他们爱喝酒，也能饮茶。不过他们饮茶时，大都以一杯为限。

迎接贵宾时，罗马尼亚人最隆重的礼节，是由主人家的一位姑娘托着盘子，向客人敬献面包和盐。

（六）习俗禁忌

罗马尼亚人非常喜爱白色与绿色，他们认为前者象征着光明、纯洁，后者则代表着美好、幸福。

对于“13”、“666”、与“星期五”，罗马尼亚人是深为忌讳的。

在日常生活里，罗马尼亚人对“过堂风”十分忌讳。在罗马尼亚，要是同时将客厅、餐厅两边的窗户打开通风，必会遭到干预。罗马尼亚人认定，“过堂风”会令人生病。

在一般情况之下，罗马尼亚人不会主动邀请交往不深者上门做客。若是受到了上门做客的邀请，便意味着被对方视为知心好友。

拜访罗马尼亚人，不宜擅自进入主人的卧室，或是坐在对方的床上。这样做，被视为对主人的不尊重。

罗马尼亚人的自尊心很强，因此与对方交谈时，不宜涉及罗纳尼亚的缺点或不足。

在别人打喷嚏时，罗马尼亚人习惯说上一声“诺罗克”，意即“干杯”。他们的本意，是要预祝对方吉祥、健康，而不是真的要同对方干上一杯。

瑞典礼俗

（一）基本概况

瑞典的正式名称是瑞典王国。它位于北欧斯堪的纳维亚半岛的东部。西部和西北与挪威交界，东北与芬兰接壤，东临波的尼亚湾、波罗的海，西南濒临北海。瑞典的全国总面积为45万平方公里，海岸线约长2181公里。在北欧地区，瑞典是国土面积最大的国家。

瑞典作为国家的名称，是古时在该国建立的斯维亚国的名称演化而来的。在古高德语里，“斯维亚”一词的意思是“亲属”。在世界上，瑞典是闻名遐迩的“森林之国”、“千湖之国”和“福利国家”。

瑞典目前的行政区划，是将全国分为21个省。瑞典的首都是斯德哥尔摩。在当地语言里，“斯德哥尔摩”意即“木头岛”。在世界上，它有着“北方威尼斯”之称。

瑞典的全国总人口现在大约为912万。瑞典的主体民族，是日耳曼族后裔的瑞典人。在全国居民总数里，瑞典人约占90%以上。此外，在瑞典还生活着少量的芬兰人、萨米人和一些外国移民。

瑞典的主要宗教是基督教。在全国居民之中，大约有90%的人都信奉基督教路德宗。

瑞典的官方语言是瑞典语。货币为瑞典克朗。2007年，瑞典人均GDP（国内生产总值）为47069美元，在世界上排第8位。

瑞典目前实行的是君主立宪制政体。瑞典的国庆日是6月6日。

1950年5月9日，瑞典与中国正式建立了大使级外交关系。

（二）国家标志

瑞典的现用国旗启用于1906年6月22日，长宽比例为8：5。国旗为蓝色旗面，偏左侧有一个黄色十字。瑞典国旗最早出现于16世纪，图案来自丹麦国旗，偏向旗面左侧的十字最早发源于丹麦。蓝、黄两色则源于瑞典王室国徽的颜色。

瑞典的现用国徽分大、小两种。小国徽常用，蓝色盾面上有三顶金色王冠，是瑞典王国的象征，也象征组成卡尔马联盟的三个成员国：丹麦、瑞典和挪威；盾徽顶端有一顶镶满珠宝的大王冠。自1336年起这个盾徽就被作为瑞典国徽。大国徽是国王的王徽，仅在特殊场合供政府和议会使用。大国徽中央为一个蓝色盾面，上有四组图案，左上角和右下角均为代表瑞典的三个金色王冠图案，右上角和左下角则是头戴王冠的金色狮子，中心还有一个小盾，上有瑞典皇家的标志；盾面上方是一顶大王冠，两侧各有一只金狮，下方悬挂着一枚勋章。背景是饰有王冠的红色大斗篷。

瑞典的现用国歌是《你古老的光荣的北国山乡》。

瑞典人最喜欢的鲜花是睡莲和白菊。这两种鲜花，都被瑞典人视为本国国花。另外，也有以铃兰作为瑞典国花一说。

瑞典的国鸟是乌鸫。

（三）社交礼仪

从总的方面讲，瑞典人由于其所处的特殊的地理环境所决定，在性格上既乐观爽快，又沉默寡言；既乐于交际，又略显孤僻。

具体来说，在人际交往中，瑞典人大抵有着下述四个方面的基本特点。

第一，瑞典人在待人接物方面，大都表现得内向、平静。他们善于控制自己的情绪，并将此视为一种美德。在任何情况下，瑞典人都不会表现得气急败坏、忘乎所以或痛不欲生。在他们看来，情绪易于激动，动辄疾言厉色，是没有涵养的表现。

第二，瑞典人怯于社交应酬，喜欢独处。在人际交往中，瑞典人往往表现得稳重温顺，含蓄持重。他们善于独善其身，但却不善于主动与人进行交际活动。

第三，瑞典人很看重自己的面子。在人际交往中，他们既注意使自己举止有方，以礼待人，又十分介意他人是否重视自己，能否给与自己以符合身份的礼遇。

第四，瑞典人是世界上最为守时的人。他们在交往应酬中，绝对不

会误时失约，而且也难以容忍误时失约之人。

在社交场合，瑞典人所用最多的见面礼节是握手礼。与外国人打交道时，他们尤其习惯于与对方互相握手。与亲朋好友见面时，瑞典人往往会与对方拥抱、贴面，或是向对方脱帽、举手、点头致意。前者表示双方关系非同寻常，后者则意味着双方因经常见面而较为随意，却又不失礼貌。

在瑞典，人们不习惯于当众接吻，即使是夫妻或恋人之间也很少会这么做。另一方面，该国又以法律形式规定“同性恋”合法。

与他人分手告别时，瑞典人习惯于大家首先握手道别，然后再各自去取自己的外衣、手套，并且离开。在他们看来，这一顺序天经地义，不这么做，即为失礼。瑞典人的这种做法，在世界上并不多见。

瑞典人的姓名，多由两部分组合而成，并且均为名字在前，姓氏居后。有些出身贵族之家的人，也有姓复姓的。需要称呼瑞典人的姓名时，通常宜称其姓氏。在较为正式的场合，则应当称其全称。只有在关系密切者之间，方可直呼其名。

在一般情况下，称呼瑞典人时可酌情称之为“先生”、“小姐”或“夫人”。对于高级官员，宜以“阁下”相称。在称呼国王、王后时，则应称之为“陛下”。

（四）服饰礼仪

瑞典人在正式的场合，通常习惯于穿着深色的西装套装或套裙。瑞典商人在出席晚宴时，不仅讲究身着礼服，而且讲究一定要佩戴蝴蝶结。

在一般情况下，瑞典人对衣着不甚讲究。在中国人看来，他们的日常着装可以说是既随意，又不落伍。

瑞典人在出席传统的节庆活动时，有时还会身着民族服装。最为典型的是瑞典人的传统衣着：男子上穿短上衣和背心，下穿紧身齐膝或及踝的裤子，头上戴着平顶帽子或高筒礼帽。妇女则上穿衬衣和背心，下穿花色长裙，腰上有时还会拴上荷包式小袋。未婚女子一般不戴帽子，而已婚妇女则须戴上一顶包头帽。在乡村之中，有些瑞典人还会穿老式的木头鞋。

瑞典人不分男女，都有戴戒指的爱好。他们所戴戒指的图案，通常可以反映出他们所从事的职业。例如，戴橡树叶图案戒指的，多为中学教师；带桂冠图案戒指的，多为擦玻璃匠；戴斧头图案戒指的，则多为木匠。

（五）餐饮礼仪

瑞典人的主食，一般以面食为主。在菜肴方面，瑞典人有三个主要特点：

其一，他们爱吃生、冷之物。瑞典人爱吃鲜嫩的菜肴，因此他们上桌享用的菜肴往往半生不熟，而且大都又冰又凉。

其二，他们不大吃蔬菜与水果。这主要是因为瑞典地处寒温带，蔬菜、水果难以生长。并且价格昂贵之故。

其三，他们爱吃鱼肉。由于瑞典海岸线漫长，鱼类繁多，所以往往是鱼肉在瑞典人的菜肴之中充当主角。

瑞典人在饮料的选择上也有两大特点。一是他们酷爱咖啡。咖啡被定为瑞典人的国饮，用他们自己的话讲：“每天可以不吃面包。但是咖啡却不能不喝。”“不喝咖啡，就会睡不着觉。”二是他们一般不饮酒。这是因为该国乃是“禁酒之国”。不论是外出就餐，还是家中就餐，饮酒、售酒都有多种严格的限制，违者必受处罚。

在宴请客人时，瑞典人也有多种讲究。在排列座次时，瑞典人习惯请主宾坐在主人左侧。在祝酒时，客人必须在主人这样做过之后，才可以回敬对方。

（六）习俗禁忌

在色彩方面，瑞典人忌讳滥用黄色与蓝色。瑞典人所忌讳的数字，主要是“13”、“666”与“星期五”。

瑞典人普遍爱惜动物和环境。他们对于伤害鸟类、猫、狗，或者当众吸烟，乱丢废弃物，都十分反感。

与他人交谈时，瑞典人讲究既要正视对方，又不宜与对方相距过远或过近。在瑞典人看来，交谈者之间相距一米左右，才是最为恰当的。

同瑞典人聊天时，不宜涉及王室、宗教问题，不宜询问对方的政治倾向。对瑞典的“性开放”津津乐道，对瑞典古时的海盗之风再三提及，或是对其福利政策妄加评论，都会令瑞典人不满。

拜访瑞典人时，不宜赠送过分贵重的礼品，也不宜以酒相赠。送花或糖果，则一般都会大受欢迎。

做客告辞时，瑞典人往往是由主人提起的。客人要是再三辞行而主人毫无表示，会被视作无礼之举。

在瑞典，根据法律规定，同性恋婚姻是合法的。

瑞士礼俗

（一）基本概况

瑞士的正式名称是瑞士联邦。瑞士位于中欧南部，是一个多山的内陆国。它东部与奥地利、列支敦士登交界，西部与法国接壤，南部与意大利相连，北部与德国相接。瑞士的全国总面积大约是4.13万平方公里。

瑞士作为一个国家的名称，来源于该国国内一个州——施维茨的名称。在古高德语里，“施维茨”意为“焚烧”，指的是烧林开垦出来的土地。也有人说，其本意是“畜牧业”或“乳品业”。此外，瑞士在世界上还有一个非正式的名字叫“赫尔维第”。它来自公元前1世纪时生活于瑞士境内的一个古代高卢人的部落的名称。“欧洲的屋脊”、“旅游业的摇篮”、“博物馆之国”、“世界花园”、“钟表王国”等，都是流传于世的瑞士的美名。

瑞士的行政区划，目前是将全国分作26个州。瑞士的首都是伯尔尼。在当地语言里，“伯尔尼”的本意是“熊”。也有人认为，它的含义是“沼泽地”。在世界上，伯尔尼有着“熊城”、“表都”等种种美称。

瑞士的全国总人口目前大约是750.73万左右。在全国居民之中，瑞士人约占80%，外籍人士约占20%。有趣的是，在瑞士并不存在一个统一的瑞士民族。瑞士人实际上是由德意志瑞士人、法兰西瑞士人、意大利瑞士人和拉丁罗曼人等四个民族所组成的。这四个民族在瑞士籍总人口之中所占的比例分别为73.5%，20.1%，4.5%和1%。

瑞士的主要宗教是天主教和基督教。目前，在瑞士全国居民之中，信奉天主教和信奉基督教的人，分别各占41.8%和35.3%。

瑞士的通用语言一共有四种，即德语、法语、意大利语和拉丁罗曼语。这几种语言，均为官方语言。在瑞士，也并不存在一种瑞士语。这是很有趣的一种现象。有鉴于此，在其邮票、硬币、汽车牌照上凡涉及国名之处，均以瑞士古代名称的缩写“CH”代替。货币为瑞士法郎。2007年，瑞士人均GDP（国内生产总值）为56711美元，在世界上排第7位。

瑞士目前实行的是联邦共和政体。瑞士的国庆日是8月1日。

1950年9月14日，瑞士与中国正式建立外交关系，并互派公使。1956年1月和1957年4月，中瑞先后将外交关系由公使级升格为大使级，并互派大使。

（二）国家标志

瑞士的现用国旗启用于1889年12月12日，长宽比例为1∶1。国旗为红色旗面，呈正方形，中央有一个红色的十字。瑞士国旗有700多年历史，起源于瑞士施瓦茨州的旗帜，是德国皇帝腓特烈二世作为自由的象征赐予该州的。白色十字表示对基督教的信仰，也是自由的象征。后来，联邦各个成员的公民都以红底白十字旗织作为自己的标志，以示同其他国家的区别。这面旗帜象征国家的统一和人民对国家的献身精神。

瑞士的现用国徽为盾形，红色盾面中央有一个白色十字，图案和寓意与国旗相同。

瑞士的现用国歌是《瑞士诗篇》，启用于1981年4月1日。

瑞士的国花是火绒草。瑞士人对火绒草深怀敬意，认为她象征着至高无上的荣誉。瑞士人常将其作为珍贵的礼品送给外宾。

瑞士的国石是水晶。

（三）社交礼仪

与瑞士人进行社交应酬时，需要注意以下两个方面的问题。

一方面，对瑞士人切忌千人一面，一概而论。业已指出，在瑞士存在四个民族，但是不存在一个瑞士族；瑞士人使用四种语言，但却不存在统一的瑞士语。对于这一重要的民俗现象，务必要做到胸中有数。同瑞士人打交道时，若能首先了解对方的民族归属和母语，并予以应有的尊重，无疑会对双方的交往大有裨益。

另一方面，瑞士作为一个主权的国家，早已立国多年。尽管在其内部不存在统一的民族、统一的语言和统一的宗教信仰，但是生活于瑞士的各民族人民在待人接物和风俗习惯上，还是有许多共性可言的。

从总体上说，在人际交往之中，瑞士人的所作所为往往显得比较保守。同外人打交道时，他们通常会毕恭毕敬地用“先生”、“小姐”、“夫人”或“您”一类的尊称去称呼对方。除非双方之间的关系十分密切，瑞士人一般不习惯直呼交往对象的名字，也不会对对方直接以“你”相称。

同外人相处时，瑞士人在开始之际通常会略显严肃而拘谨。刚刚开始交谈时，他们还往往会字斟句酌，表现得有点儿过分地认真。但是，本性持重、含蓄的瑞士人，也有自己善于交际的一面。随着与交往对象接触的深入，他们大都会慢慢地越来越显得自然而放松。实际上，瑞士人感情细腻，语言风趣，谈风颇健，只不过通常为了保持风度，他们在外人面前含而不露罢了。

就见面礼节而论，瑞士人会见客人时习惯于使用握手礼。与熟人见面时，他们往往还会采用点头礼或脱帽礼。在熟人之间，有时也会使用一些更显亲切的见面礼节。比如，男子之间以拥抱为礼，妇女之间则互行贴面礼。

（四）服饰礼仪

瑞士人在服饰方面较为讲究。他们认为，一个人的穿着打扮既要符合其身份，又要具有其个人特色。

就衣着而言，瑞士人在色彩、款式、面料等方面，都有自己独到的眼光。在较为正式的场合，瑞士人忌讳着装过分地鲜艳亮丽，他们觉得那样会给人不稳重之感。另外，瑞士人通常对棕色的服装比较反感，他们认定穿棕色的服装会令人感到不够庄重。

瑞士人在政务交往和商务活动中，通常讲究要穿西装套装或套裙。有地位、有身份的男士，则以穿三件套西装为宜。而在日常生活里，瑞士人的穿着则以朴素、随意为主要特色。有的瑞士姑娘平时甚至素面朝天，连淡妆也不化。瑞士人衣着的款式总体上并不时髦，但却十分讲究剪裁合体，优雅大方。

在瑞士人看来，服装的面料决定其档次。纯天然质地的面料，尤其是纯棉、纯毛、纯丝、纯麻等，被瑞士人视为服装面料之中的上品，而化纤面料则被看做低档货。在一般情况之下，瑞士人大都不会穿以化纤面料制作而成的服装。

瑞士的各个民族都有自己的传统服装，然而当今它们仅见于节日或庆典之中，平时并不多见。最为常见的瑞士人的传统服装是：男子上穿大袖衬衫、短夹克，下穿过膝长裤。妇女则上着丝质上衣、天鹅绒背心，下穿大摆长裙。

瑞士人平时佩戴的饰物不多。他们的习惯是：要么不戴首饰，要戴就戴“真货”。对于人造的珠宝首饰，瑞士人一般是难以认同的。

（五）餐饮礼仪

瑞士人在餐饮方面的讲究并不太多，他们平时主要是吃西餐，在主食方面，他们以面食为主，但也爱吃米饭。在肉食方面，他们非常爱吃鸡肉和蛋类，对于牛肉、羊肉、猪肉以及许多野味往往也来者不拒。

在瑞士，有一种类似于中式火锅的菜肴，深受人们的欢迎。与中式火锅所不同的是，瑞士人用于“涮”、“煮”食物的并非汤锅，而是油锅。

瑞士人平时爱吃蔬菜和水果，注重的是精工细作，讲究的是色、香、味、形。就数量而言，他们所举办的宴请却简单至极。在瑞士，一道冷盘、一道汤、一道主菜，再加上一道甜品，往往就是宴请客人时所上的全部菜肴。在嘉宾光临时，瑞士人有时还讲究待之以“干奶酪、鸡蛋糊”，这是传统的待客仪式之一。

比较而言，瑞士人对用餐时的酒水更为在意一些。他们普遍能饮酒，许多人喝起葡萄酒来就像喝水一样。在日常生活中，瑞士人往往将啤酒、葡萄酒与咖啡、红茶一样，当成普通饮料来喝。

对于肥肉、动物内脏以及过分辣的菜肴，瑞士人通常是难以接受的。

在正式的宴请中，瑞士人对于餐桌礼仪非常讲究。对中国人而言，在这方面主要应当注意下述三点。其一，咀嚼食物、使用餐具时，无论如何都不要弄出声响。其二，对于过熟、过烫的菜肴或汤，千万不要直接用嘴巴去吹凉。其三，不要在餐桌上同瑞士人讨论有关减肥或者节食方面的话题。

（六）习俗禁忌

瑞士人还对葱头印象甚佳，不仅以其做成各种风味菜肴，而且还用它做成各种工艺品，甚至佩戴在身上。

瑞士人对动物十分爱护，但是猫头鹰却不在其列。在瑞士，猫头鹰被视为一种祸鸟，并被用作死亡的标志。

在色彩方面，瑞士人喜欢红、黄、蓝、绿、橙、紫各色，并且偏爱红白相间、浓淡相间的二重色。对于黑色，他们则一般都会避免使用。

瑞士人最喜欢的吉祥数字是“11”。他们认为，几乎所有的好事情都与“11”相关。瑞士人忌讳的，主要是“13”、“666”与“星期五”。男士向一般关系的女性送花时，一般不宜送3枝花。瑞士人认为，3枝花具有浪漫的色彩。

瑞士人很讲社会公德，并且对公共场合的卫生十分关心。将衣服悬挂于室外晾晒，在他们看来是不文明的行为。吸烟在瑞士也大受限制，该国规定：乘火车时，吸烟者须乘红色车厢，不吸烟者则可乘坐绿色车厢。

在公共场合，瑞士人喜欢保持安静，忌讳碰撞他人的身体。在瑞士人眼里，“窃窃私语”，娓娓道来，才最有风度。

与瑞士人交往时，忌谈收入、职业以及议论别国内政。体育、旅游以及对瑞士所产的钟表、巧克力、刀具等“三宝”的称道，则是瑞士人所欣赏的话题。

在瑞士，根据法律规定，同性恋婚姻是合法的。

西班牙礼俗

(一)基本概况

西班牙的正式名称是西班牙王国。它位于欧洲西南部的伊比亚半岛之上。西部与葡萄牙为邻，东北与法国、安道尔接壤，北部面临比斯开湾，南部隔着直布罗陀海峡与摩洛哥相望，东部与东南则濒临地中海。西班牙的全国总面积大约是50.59万平方公里，海岸线约长7800多公里。

西班牙作为国家的名称，其出处众说纷纭。有人认为它出自迦太基语，意为“野兔国”。有人认为它源自巴斯克语，含义为“边疆”或“海洋”。还有人认为它来自腓尼基语，本意为“埋葬”，转意则为“埋葬着财富、矿产”。在世界上，西班牙被人们誉为“海上强国”、“世界桥梁”、“地中海陆地”、“永不沉没的航空母舰”、“欧洲果园”、“橄榄王国”、“欧洲菜场”、“旅游王国”、“无雨之国”。

西班牙的行政区划，是将全国一共划分为17个自治区、50个省、8000多个市镇。在摩洛哥境内另有休达和梅利亚两块飞地。西班牙的首都是马德里。它的得名来自10世纪阿拉伯与此建立的要塞“马吉里特”。人们称之为“旅游王国的中心”。

西班牙的全国总人口，目前大约为4411万。西班牙的主体民族是西班牙人，亦称卡斯蒂利亚人，约占全国居民总数的72.8%。西班牙的少数民族，目前主要是加泰罗尼亚人、巴斯克人和加里西亚人。从总体上讲，西班牙各族人民均属于拉丁血统。

西班牙的主要宗教是天主教。在其全国居民之中，大约96%的人都信奉天主教。天主教是西班牙的国教。

西班牙的国语是西班牙语，亦称卡斯蒂利亚语。在加泰罗尼亚、巴斯克与加里西亚这三个少数民族地区，其各自民族语言与西班牙语同为官方语言。货币为欧元。2007年，西班牙人均GDP（国内生产总值）为31471美元，在世界上排第26位。

西班牙目前实行的是君主立宪制政体。西班牙的国庆日是10月12日。

1973年3月9日，西班牙与中国正式建立了大使级外交关系。

（二）国家标志

西班牙的现用国旗启用于1981年12月19日，长宽比例为3∶2。国旗中间为黄色，上下各有一道红色宽条；黄色部分左侧为国徽图案。传说国旗的颜色来自在战争中受伤的哥德王鲜血浸染的金盾，因此这面旗帜被称为“血与金”。红、黄两色是深受西班牙人民喜爱的传统色彩，象征人民对祖国的赤胆忠心。自1785年以来，红、黄两色成为代表西班牙国家的颜色。

西班牙的现用国徽中心图案为盾形，中央三朵蓝色鸢尾花形纹章代表西班牙王室；左上角的金色城堡和右上角的紫色狮子都是古老西班牙的标志；左下角的红、黄竖条和右下角的金色链网分别代表东北部的阿拉贡和北部的纳瓦拉；下方的红色石榴代表南部的格拉纳达。盾徽顶端为象征国家权力的大王冠，两侧各有一根置于海水之上的海格立斯银柱。左柱顶上绘有一顶王冠，右柱顶上是帝国冠冕，分别代表守护着西班牙直布罗陀海峡和莱昂岛的两根柱石。环绕银柱的红色绶带上用拉丁文书写着“通向更远方”。

西班牙的现用国歌是《皇家进行曲》。

西班牙的国花是石榴花。西班牙人非常喜爱石榴花，将其视为富贵与吉祥的象征。在该国国徽里，也有着一个红色的石榴图案。

（三）社交礼仪

受到拉丁文化的影响，西班牙人在待人接物方面大都显得性格开朗，热情奔放，诚实爽快，纯朴豁达。与西班牙人相处时，任何人都会为对方的鲜明的性格所感动。

与此同时，西班牙人又以自尊心和荣誉感强而著称于世。他们很讲面子，对任何可能冒犯其自尊的事情都十分敏感。有许多时候，为了维护自尊与荣誉，他们宁肯遭受某种程度上的损失，也绝不愿意公开承认

自己的过失。对于维护其自尊与荣誉的人，西班牙人往往会知恩图报。

与法国人相似，西班牙人普遍认为：本国的语言是世界上最优美、最重要的语言。因此，与西班牙人进行交往应酬时，会讲西班牙语的人定然会大受对方的欢迎，而且往往还会得到对方的特殊关照。

在政务或商务活动中，西班牙人讲究要互换名片。假如对方递上了自己的名片，而不回敬他一张，在西班牙人看来，是极其失礼的。需要注意的是，用于同西班牙人交换的名片，应当尽可能用西班牙语印制，这意味着对对方的一种尊重。

在人际交往中，热情奔放的西班牙人十分健谈，因而聊天成了西班牙人与朋友相处时的主要活动方式和休息方式。不论是在自家的客厅里，还是在酒吧、咖啡屋，只要有两三个西班牙人聚在一起，便会大聊其天，而且往往一开头就没个完。

西班牙人的聊天，可谓是一种地地道道的“信天游”。从他们喜爱的斗牛、足球，直到时事政治、文学艺术、家庭琐事，往往会无所不包。当西班牙人找自己聊天时，应当尽可能地予以呼应。不理不睬，三缄其口，定然会让对方十分难堪。

在外人看来，西班牙人在为人处世上略微显得有些粗狂急躁。另外，他们的时间观念也不太强。平日，他们生活的十分清闲。他们每天的工作时间甚短，休闲、娱乐的时间却甚多。有位外国作家曾就此议论说："西班牙人只有在观看斗牛比赛时，才会准时到场。"不管怎么讲，与西班牙人相处时，对他们的这一特点务必要有心理准备。

西班牙人采用的见面礼节非常热烈。男士之间，通常要相互搂抱对方的肩膀。妇女之间则不仅要相互拥抱，而且还要互吻对方的双颊。只有在官方活动中，西班牙人才会采用握手礼。

虽说西班牙人待人豪放，但是他们也很注意自己在大庭广众前举止有度。在西班牙，男女通常不会当众接吻，因为此举被视为伤风败俗。

在正常情况下，西班牙人的姓名均由四部分组成。其中前两部分是本人的名字，第三部分是其父姓，第四部分则为其母姓。通常，称呼西班牙人的姓名时可采用简称，即或是称呼其父姓，或是将其名字的头一部分与父姓连在一起称呼。不过在西班牙人所用的名片上，其母姓往往也必不可少。

在西班牙，对一般人可称"先生"、"小姐"、"夫人"，或将其与姓名、职衔、学位连称。对于国王、王后，应当称之为"陛下"。对于王子、公主，应当称"殿下"。对于高级官员，则宜以"阁下"相称，或将其与职位连称。

（四）服饰礼仪

在较为正式的一些场合，西班牙人对于自己的穿着打扮是较为重视的。在一般情况下，他们还往往喜欢在这一方面墨守成规。

西班牙人在商务往来中对交往双方的衣着十分介意。他们的讲究是：最好要穿式样保守的深色西装，白色衬衣，并且务必要配以图案庄重的领带和黑色皮鞋。有意思的是，西班牙人对黑色服装十分偏爱。他们认定，一个有教养的人，在办公时间，特别是在日落之后，必须要穿黑皮鞋。穿棕色、灰色、白色或双色皮鞋，均被其视为失礼。

西班牙妇女在人际交往中大都忌穿裤装，而一定要穿素色的套裙或连衣裙。即使是穿时装或礼服时，她们也会有意回避鲜艳亮丽之色。在一般情况下，她们的衣着多讲究高雅、朴素，很少会盛装而出。

西班牙妇女在外出社交之前，大都要化妆并选戴首饰。在该国，妇女参加交际应酬时，是不能不戴耳环的，否则便会处处引来别人大惊小怪的目光。原来，西班牙人居然认为，妇女外出却不戴耳环，无异于一个常人外出而不穿衣服！

（五）餐饮礼仪

西班牙人对于吃喝极其讲究。他们觉得：不懂得吃喝，做人就会失去乐趣。平时，他们不仅自己想方设法大饱口福，而且往往还习惯于请客吃饭。拒绝西班牙人赴宴的邀请，对于吃喝毫不讲究，弄不好就会被其看作不近人情。

在世界各国之中，西班牙的节日之多是出了名的。西班牙人差不多每个月都有好几个节日，而且几乎所有的节日都与大饱口福有关。在西班牙人看来，所谓过节，主要就是要饱享美味佳肴。所以西班牙有一句人人皆知的民谚，叫做"饱口福，过节日"。

有趣的是，在西班牙，竟然还有口福节、烹调节、螃蟹节、苹果节、草莓节、葡萄酒节等直截了当地以食物或吃喝命名的节日。每逢此类节日来临，西班牙人自然而然地会名正言顺地大吃特吃一通。

在一般情况下，西班牙人的日常饮食以面食为主，并且爱吃鱼肉、羊肉、牛肉、猪肉以及虾、蟹，对于猪的内脏，他们亦能接受。西班牙人不爱吃油腻、过咸的菜肴，又酸、又辣、比较鲜嫩的菜肴则大受其欢迎。

西班牙的名菜不胜枚举，其中比较著名的有烤乳猪、烤羊肉、熏香肠、鳗鱼馅饼以及红色的"巴戈五饭"，等等。

在饮料方面，西班牙人爱喝矿泉水、咖啡、啤酒和葡萄酒。西班牙的葡萄种植面积世界第一，因此西班牙人十分爱喝葡萄酒。他们喝汤时一定要喝冷汤，不象中国人那样爱喝热汤。

西班牙人通常以午餐作为正餐，而早餐与晚餐则大多较为简单。吃午餐时，西班牙人往往要全家人聚在一起，因此西班牙的大部分机关、单位每天下午1点半至4点半要停止办公或营业，专供人们回家去聚餐。

根据民俗，西班牙人在除夕之夜人人都要喝蒜瓣汤，并且要在新年钟声敲响时每人吃上12粒葡萄。前一种做法，是为了给自己祈求来年遂心如愿。后者，则是为了预祝自己在新的一年的12个月里，月月诸事顺利。

（六）习俗禁忌

在西班牙，鲜花乃是人际交往中送礼的佳品。但是，被其他欧美国家人士视为“爱情之花”的红玫瑰，除了被西班牙人送给演员和女朋友之外，以之送给其他女性，也是许可的。不允许送给西班牙人的鲜花，主要有菊花与大丽花两种，因为二者在西班牙均被看做是死亡的化身。

在西班牙，雄鹰和狮子都深受人们的宠爱。充满了“刀光剑影”的斗牛活动，不仅是一项融力量、胆识、技巧于一体的竞技活动，而且也是西班牙人机智勇敢、尚武好斗精神的直接写照。在西班牙，斗牛活动已被其视为“国粹”，几乎每个西班牙人都乐此不疲。在西班牙人眼里，著名的斗牛士自然是自己的偶像。

在色彩方面，西班牙人最欣赏的，是象征吉祥的红色、象征高贵的黄色和象征庄严的黑色。

西班牙人非常忌讳“13”、“666”与“星期五”。他们认为，碰上这类数字或日期，往往会使灾难或厄运临头。

西班牙人在日常生活里对花卉、石榴百看不厌，但是对于山水、亭台和楼阁，他们却很不喜欢。

与西班牙人交谈，不宜对天主教和斗牛活动予以非议，不宜将西班牙政治与外国政治进行比较，不宜对其国内的政治纠纷、恐怖主义活动或民族问题予以涉及。出于尊重交往对象的考虑，西班牙人一般不对别人说“不”字。对在该国属于合法的同性恋，亦不宜加以非议。

西班牙人需要提醒别人“当心”或“注意”时，时常会用其左手的食指先是放在下眼睑上，然后往外一抽。

在过元旦的那一天，西班牙人认为小孩子打架、骂人或是哭哭啼啼，都是不祥的预兆。为了不让小孩子们这样做，在这一天大人们往往会对小孩子有求必应，刻意讨好他们。

在西班牙，根据法律规定，同性恋婚姻是合法的。

希腊礼俗

（一）基本概况

希腊的正式名称是希腊共和国。它位于欧洲东南部的巴尔干半岛的最南端。北部与保加利亚、马其顿、阿尔巴尼亚交界，东北与土耳其接壤，西南濒临艾奥尼亚海，东部面临爱琴海，南部隔地中海与非洲大陆相望。希腊的全国总面积为13.2万平方公里，海岸线长达15021公里。

作为国家的名称，希腊源于意大利语，指的是一个部落的名称。“希腊”一词，可被解释为“值得尊敬的人”或者“希伦人君主的地区”。在世界上，希腊拥有“西方文明的摇篮”、“奥运故里”、“航运大国”、“海员之国”等美称。

希腊目前的行政区划，是将全国分为13个大区。希腊的首都是雅典。它是因古代神话传说之中的女神雅典娜之名而得名。

希腊的全国总人口目前约为1107.5万。在其全国居民之中，主体民族希腊族约占98%以上。此外，还有马其顿人、阿尔巴尼亚人、土耳其人等少数民族。

希腊的主要宗教为东正教。在全国总人口之中，约有98%的人信奉东正教。东正教是希腊的国教。

希腊的官方语言是希腊语。货币为欧元。2007年，希腊人均GDP（国内生产总值）为32010美元，在世界上排第25位。

希腊目前实行的是内阁制共和政体。希腊的国庆日是3月25日。

1972年6月5日，希腊与中国正式建立了大使级外交关系。

（二）国家标志

希腊的现用国旗启用于1978年12月22日，长宽比例为3∶2。国旗

旗面由五道蓝色和四道白条组成，左上方蓝色正方形中央为白色十字。蓝色与白色是以前王族徽章的颜色，蓝色代表天空与大海，白色象征纯洁，左上方的十字象征对基督教的信仰。蓝白相间的宽条共有九条，表示一句希腊格言“不自由，毋宁死”，这句格言是希腊独立战争的口号，在希腊语中有九个音节。

希腊的现用国徽为圆形，中央蓝色盾面上镶嵌着一个白色十字，十字象征对宗教的信仰，希腊以东正教为国教。盾徽由象征和平的绿色橄榄枝环绕。

希腊的现用国歌是《自由颂》，启用于1865年。

希腊的国花是橄榄。希腊人将橄榄树视为和平与智慧的象征，认为橄榄枝可以给人们带来平安、友谊与好运，因此橄榄被正式确定为希腊的国花。香堇有时也被视为希腊的国花。

希腊的国石是蓝宝石。

（三）社交礼仪

与外人打交道时，个性鲜明的希腊人往往会表现出以下三个特点。

特点之一，希腊人在和外人打交道时，大都热情爽快，礼貌友好。同时，他们也往往容易情绪激动，经常会和别人发生争吵。不过，希腊人的脾气来得快，去得也快。与别人争吵之后，他们平息起来也较为容易。事情一过，希腊人便会若无其事，甚至立刻会脸上挂笑容。对其人际交往，这类小小摩擦似乎不会构成影响。对希腊人的这种脾气，必须胸中有数，不然到时候较起真来，就没有意思了。

特点之二，希腊人在待客时都会表现得无比真诚。有时，他们的慷慨大方会让人难以置信，甚至还会叫客人手足无措。在希腊，广为流传着一句民谚："人也罢，神也罢，进了家门都应该被当成神来接待。"在该国，无论是准点赴约的客人，还是突然到来的不速之客，主人都会奉若上宾，热情款待。希腊人在待客时，通常会取出家里最好的食物请客人品尝。有时，他们还会邀请客人和自己一同起舞。如果此刻加以拒绝，是很不礼貌的。

特点之三，希腊人在待人接物时通常喜欢说说笑笑，并且表现得落落大方。一般而言，希腊人口才甚佳，许多人都能言善辩，极爱与他人"摆事实，讲道理"。除此之外，他们还天性幽默，不拘小节，爱开玩笑。当希腊人说说笑笑时，假若他人没有任何反应，便会令其感到难堪。

在希腊，人们所用最多的见面礼节是握手与拥抱。前者适用于一般场合，后者则多见于亲友之间。亲吻礼，在希腊人中间也被广泛地采用。在行亲吻礼时，希腊人一般是不分男女的。

在称呼希腊人时，需要具体情况具体对待。对于熟人，可以直呼其名。对于长辈，则宜采取尊称，也可以称之为"大叔"或"大婶"。对于官员，可称之为"先生"、"阁下"。将这两种称呼分别与其官衔相连，或是将其姓名与官衔连在一起也可。

（四）服饰礼仪

希腊人的服饰，在总体上对端庄、整洁最为强调。在社交场合露面时，每个人都必须穿戴得整整齐齐，大大方方。否则，就会被他人看不起。

参加正式的交际应酬时，希腊人一般讲究要穿深色的西装套装或套裙。而在日常生活之中，人们则大多穿着较为简单。T恤衫、花衬衣、牛仔裤、羊皮夹克等，都是希腊人常穿的服装，目前，穿运动装已是时尚一族的普遍选择。

相对而言，希腊妇女的服装比希腊男子的服装更具其特色。在一般情况下，她们不喜欢过分暴露躯体的服装，而是爱穿长裙，并且爱戴头巾。另一方面，她们又对服装的色彩、图案十分重视。色彩鲜艳、图案别致的服装，往往最受其欢迎。

希腊马其顿地区的妇女，有以自己所穿上衣的花边的色彩来显示婚否的习惯。在当地，穿绿色花边上衣者，多为待嫁的少女；穿白色花边上衣者，多为新娘；而穿淡紫色花边上衣者，则多是寡妇。

在希腊人的生活里，手帕发挥着很重要的作用。人们外出散步时，喜欢将它夹在白色短衫中间，以示气派。男士在社交场合身穿深色西装露面时，大都爱在左侧上衣口袋里插上一块手帕，以作装饰。就是在跳舞之时，希腊人也爱将手帕充作道具，挥来挥去。但是，在公共场合当众用手帕擦鼻涕，则被认定为失礼。

（五）餐饮礼仪

希腊人的饮食极具民族特色。平时，他们以面食为主，对于米饭也能够接受。他们所吃的菜肴，常以柠檬汁、番茄汁和橄榄油烹制而成，既不像法国菜那样油腻，也不像中国菜那样要放入许多佐料。

用大米、牛奶、桂皮做成的奶米饭，用面粉、奶油、茄子、番茄汁烤成的方糕，用面粉、菠萝做成的菠萝饼，以及夹有烤肉、洋葱的面包，都是希腊人餐桌上的佳品。

在肉食方面，希腊人爱吃牛肉和羊肉。在当地，“煮羊头”被视为一道大菜，经常用来招待客人。在火上烤熟的不加任何调料的鱼肉，也是他们很爱吃的。

一般而言，希腊人大都能喝酒。不管是午餐还是晚餐，但凡有可能，他们就要喝上两口。饮酒微醉，在希腊人看来是不失风度的。

希腊人最喜爱的饮料是咖啡。他们早上起来要喝咖啡，工作累了要喝咖啡，客人来了也要上咖啡。希腊人所饮用的咖啡较为特别。它是先磨成粉状后，再冲泡在大杯子里的。看上去连渣带水，好似浓浆。喝的时候，一定要连渣一起咽下去。希腊人喝咖啡很费时间，他们往往一杯咖啡会喝上一个小时。

吸烟，在希腊几乎是人人都有的习惯。希腊人不分男女老少，差不多人人都有不小的烟瘾。

（六）习俗禁忌

马蹄铁在希腊被看作最灵验的护身符。希腊人认为它不仅象征了幸运，而且具有驱魔避邪的神奇力量。大蒜与石榴，在希腊人心目中有很高的地位。在过年之际，他们通常会将大蒜与石榴挂在墙上，以示“驱除邪恶”。

在希腊的传统民俗里，蛇被视为神灵，盐被当成了怪物，二者都广受人们的尊重。但是，希腊人一般都是不养猫，不玩猫的。原来，他们认为猫会引导着人们下地狱。

在色彩方面，希腊人喜爱黄、绿、蓝、白各色，认为它们代表着积极向上。他们所不喜欢的，主要是被视为死亡征兆的黑色。

希腊人所不喜欢的数字和日期，是“13”、“666”与“星期五”。

喜欢摄影的人，到了希腊务必要注意，希腊有许多地方，例如名胜古迹等处，都不许拍照。希腊官方还特别规定，未经许可，不得随意支起三角架进行拍照，不然就会遭到惩处。

在日常生活里，希腊人还有三个值得重视的特点。其一，希腊人非常爱睡午觉。每天下午的两点钟至五点钟，都称为希腊人“不设防的时间”。在这段时间内，机关不办公，商店不营业，人人都要回家睡午觉。此刻不宜上门打扰，或是打电话。其二，希腊人的家庭观念极强。他们习惯于一家人一起生活，一起工作，并且以此为荣。其三，希腊人所拥有的物品切莫轻易予以称道。那样一来，慷慨大度的希腊人通常就会当即以此物相赠，不接受往往还不行。

希腊人的形体语言不仅丰富，而且特殊。他们表示“不同意”时，头会向上仰。而他们歪着头时，则大半是在表示肯定之意。他们的这一做法，被人戏称为“点头不算摇头算”。

平时，希腊人很爱咬舌头。这只是用以表示一种希望，或是在发出一种信号，并不存在恶意。

在希腊，久久凝视别人，会被对方理解为瞧不起对方，或是不怀好意。跟希腊人相处时，有两种手势不能用。一是不可掌心向外招呼对方，它被理解为“下地狱”，二是不能以拇指、食指构成“O”型，它在希腊被视为与“性”相关。

希腊人将人的头部视为灵魂之所在，并且将鼻孔看成是灵魂的通道。因此，他们认为人打喷嚏是不吉利的事情。在他们看来，打喷嚏不但会使灵魂不得安宁，而且还有可能使得灵魂出窍。早上起床的时候，希腊人尤其听不得打喷嚏。他们觉得，那样一来，一整天都会碰上倒霉之事。

但从大笑上来观察，是难以明白希腊人的真情实感的。他们不仅高兴时大笑，发怒时往往也会大笑。

在希腊，人们经常喜欢对别人飞吻。据说，飞吻最早就是起源于古希腊的。

在希腊的一些地区，人们表示告别的做法，是以手背朝向对方招手。而招呼别人过来的做法，则是右手手腕弯拢，朝自己胸前来回晃动。

与希腊人交谈时，对其悠久的传统、灿烂的文明、杰出的贡献加以提及，会让对方高兴不已。有关塞浦路斯以及国际政治中对希腊有争议的问题，则应避免涉及。

希腊人在谈话时，忌讳别人中途插嘴。他们认为，静待对方先把话说完，是必要的礼貌。

匈牙利礼俗

（一）基本概况

匈牙利的正式名称是匈牙利共和国。匈牙利位于欧洲中部，地处多瑙河中游，喀尔巴阡山盆地中央，是一个内陆国家。它东部、东北部分别与罗马尼亚、乌克兰接壤，西部与奥地利交界，北部与捷克、斯洛伐克毗连，南部则与斯洛文尼亚、克罗地亚、塞尔维亚和黑山共和国为邻。匈牙利的全国总面积约为9.3万平方公里。

作为国家的名称，匈牙利源于该国主体民族匈牙利人的族称。在古代，匈牙利人自称为“马扎尔”，意为“当地人”。由于外人将其视为匈奴人，故称该国为匈牙利。在土耳其语里，“匈牙利”的本意是“十个部落”。

匈牙利目前的行政区划，是将全国划分为首都和19州，设立22个州级市、266个市、2856个乡。匈牙利的首都，是布达佩斯。布达佩斯有着“东欧巴黎”、“多瑙河女王”、“多瑙河玫瑰”之称，它实际上是由横跨多瑙河的两座城市：河西的布达与河东的佩斯所组成。

匈牙利的全国总人口现在大约为1005万。在全国居民里，作为主体民族的匈牙利人约占90%，另外还有2%的少数民族，其主要是德意志人、斯洛伐克人、罗马尼亚人、塞尔维亚人、克罗地亚人、斯洛文尼亚人。在匈牙利，匈牙利人的正式名称应为马尔扎人。

匈牙利的主要宗教是天主教。在全国总人口里，大约有66.2%的人信奉天主教。此外，大约有17.9%的人信奉基督教。

匈牙利的官方语言是匈牙利语。货币为福林。2007年，匈牙利人均GDP（国内生产总值）为13560美元，在世界上排第43位。

匈牙利目前实行的是总统制共和政体。匈牙利的国庆日是8月20日。

1949年10月6日，匈牙利与中国正式建立了大使级外交关系。

（二）国家标志

匈牙利的现用国旗启用于1957年10月1日，长宽比例为3∶2。国旗自上而下由红、白、绿三个长方形组成。红色象征力量，白色象征忠诚，绿色象征希望。在1848至1849年对抗哈布斯堡王朝的独立战争中，红、白、绿三色旗的合法地位第一次得到确认，革命胜利初期发布的政令规定“国家的代表色及国徽应当回归到过去独立时期强国的象征”。

匈牙利的现用国徽为盾形，盾面包括两个图案，左侧为八道平行相间的红、银白色宽条，代表12世纪末的匈牙利国王，条纹图案带有西班牙风格，反映当时的国王与西班牙王族的关系；右侧为银色的双十字伫立于金色小王冠和绿色山峰之上的图案，银色双十字在800多年前就已成为匈牙利的象征。盾徽上方为一顶镶嵌着珠宝、顶端有一个倾斜的十字的匈牙利大王冠，这是匈牙利开国国王圣伊斯特凡的王冠，象征这个国家的古老历史。

匈牙利的现用国歌是《匈牙利共和国国歌》，启用于1903年。

匈牙利的国花是郁金香。匈牙利人非常喜欢郁金香，称之为“百花皇后”。

（三）社交礼仪

由于匈牙利人绝大多数都是马尔扎人，因此匈牙利人的社交礼仪基本上可以说与马尔扎人的社交礼仪是画等号的。这是匈牙利人的社交礼仪的特点之一。

由于马尔扎人以前是自亚洲的西伯利亚地区迁徙过去的，因此其传统习俗之中既保留了亚洲民族的某些特征，又受到了欧洲民族的深刻影响。这种习俗上的东西合璧，可以说是匈牙利人的社交礼仪的特点之二。

与匈牙利人进行交往应酬时，了解上述两个方面的特点，对自己会有一定的帮助。

在人际交往中，匈牙利人举止文雅，谈吐礼貌，性情幽默，爱开玩笑，处世认真，待人真诚。任何人对于这一点，都会留下深刻的印象。在商务交往中，他们则十分重视商业道德，讲究穿着，非常在乎遵时守约。

匈牙利人在社交场合，一般都是与交往对象握手为礼。除此之外，匈牙利人在与亲朋好友相见时，还会采用下列见面礼节：男子可以向妇女行吻手礼，妇女可以向他人行屈膝礼，妇女之间则可以互行拥抱礼或亲吻礼。

匈牙利人的姓名，基本上与中国人的姓名相类似。二者都是姓氏在前，名字居后，由两个部分构成。在成婚之前，匈牙利妇女一般姓父姓；而在结婚以后，她们则改用丈夫的姓氏，只不过需要在姓氏或名字以后加上一个“妮”字，以示与丈夫的区别。

在称呼匈牙利人时，需要注意以下四点：

第一，匈牙利人不喜欢被称为“匈牙利人”，而喜欢“马尔扎人”这一称呼。对此最好予以尊重。

第二，匈牙利人对于外来的客人以及有身份的客人，往往习惯以“您”相称，而不大使用“你”字。值得一提的是，在匈牙利语里，表示“您”这一尊称时所用的词是第三人称单数，不了解这一点，当他人尊敬地以“您”相称自己时，往往会认为这是对方在同别人打招呼。

第三，在称呼匈牙利人时，通常只称其姓，不呼其名。只有在双方关系甚佳时，才可以称呼对方的名字。在需要称名时，还须注意：对妇女，宜称其婚前的名字；对长辈，宜冠以“大叔”、“大婶”一类表示辈分的词；对孩子，则可加上一个“小”字，或是称呼其爱称。

第四，匈牙利人在正式交往中，往往会使用“先生”、“小姐”、“夫人”或是职务、学衔作为尊称。但是，“同志”这一称呼在匈牙利也是不绝于耳的。

（四）服饰礼仪

一般而论，匈牙利人的穿着打扮很有品位。他们最重视的，一是要保持服装的干净与整洁，二是要注意服饰的协调与搭配。匈牙利人认为，一个连个人服装的整洁都做不到的人，是不值得他人尊重的。而一个具有良好教养的人，也不可能不注意自己服饰的协调与搭配。

在较为正式的场合，匈牙利人大都讲究男子要穿着式样庄重、保守的西装，妇女则通常会以西装上衣配上长裙，或是穿连衣裙。

匈牙利人在日常生活中的着装，主要讲究随意、自然与方便。与欧美许多国家的情况大体相似，匈牙利人平常也十分爱穿牛仔裤、T恤衫和夹克。

在欢庆传统节日时，匈牙利人往往会穿本民族的传统服装。它们往往款式各异，但色彩大都鲜艳亮丽。

在订婚之时，匈牙利人的传统做法是：男方要送给女方一枚金戒指，而女方则须回赠男方一个花环。

匈牙利人在辞旧迎新时，有时还会头戴羊头牛面，肩背装有麦种的布袋，身穿白羊皮袄，举行假面游行活动。

（五）餐饮礼仪

匈牙利人的饮食习惯有欧洲人的特色，有明显的亚洲人的风格。

在主食方面，匈牙利人以面食为主，并且对面包百吃不厌。对于大米、玉米等，他们平时则很少会吃。

在肉食方面，匈牙利人极爱吃猪肉。牛肉、鸡肉、鱼肉在餐桌上的地位，通常都是低于猪肉的。过新年，匈牙利人有吃烤乳猪的习惯。在他们看来，猪头象征着幸福与兴旺，是宴席上不可缺少的。

匈牙利人大都爱吃味厚、油大的菜肴。他们爱吃味道偏酸的菜，并且爱往菜里加辣椒。

在饮料方面，匈牙利人能饮酒，爱喝汤，但是平时不怎么喝茶。对红葡萄酒，匈牙利人最为推崇。埃格尔所产的红似牛血的红葡萄酒，人称“牛血酒”，在匈牙利名气最大。

在一般情况下，匈牙利人忌吃海参、龟、蟹等物，也不大吃菠菜、萝卜以及带有骨刺的菜肴。

在除夕之夜，匈牙利人忌吃鱼类和飞禽。他们认定，吃了这些东西，吉祥与幸福就会像鱼儿一样溜走，像飞禽一样飞掉。

在招待匈牙利人时，一般不宜上面条、通心粉和糊状食物，否则就会被视为过于吝啬，待客缺乏诚意。

（六）习俗禁忌

在日常生活之中，匈牙利人认为大蒜和食盐具有消灾避邪的功效。他们往往会为此将大蒜放在孕妇床上，将食盐撒在新房里。

匈牙利人认为白色是吉祥的色彩，而黑色仅仅适用于丧葬。见到黑色的猫，被他们当做倒霉之事。见到了白猫，则会令人欣喜。

匈牙利人特别讨厌“13”这个数字。在安排座位时，他们通常是忌讳出现单数的。

打碎玻璃制品，尤其是打碎了镜子，在匈牙利人看来是非常不吉利的。

在习俗方面，匈牙利人是讲究“右高左低”的。他们出门要迈右脚，递东西要用右手。谈到自己心情不好时，他们往往会说：“我早上起床时左脚先着地。”说一个匈牙利人是“左撇子”，在对方听起来，如同骂他是“笨蛋”一样。

出门之后如果发现自己忘记携带了某样物品，匈牙利人一般不会回家去取。那样做的话，他们认为会凶多吉少。

意大利礼俗

（一）基本概况

意大利的正式名称是意大利共和国。它位于欧洲南部，包括亚平宁半岛以及西西里、撒丁等岛屿。北部与法国、瑞士、奥地利、斯洛文尼亚接壤，东部、南部、西部三面分别濒临地中海的属海亚德亚里海、爱奥尼亚海和第勒尼安海。意大利的全国总面积大约为30.13万平方公里，海岸线约长7200公里。

意大利作为国家的名称，译自英语。在意大利语里，它应为“意大利亚”。“意大利”一词，则出自古时人们对意大利的称呼“维大利亚”。“维大利亚”的本意是“小牛生长的乐园”。另外还有一种讲法，认为

意大利这一名称来自该国一个古代部落首领的名字。也有人说，其含义为“牧羊场”。在世界上，意大利有着“欧洲花园”、“旅游之国”、“航海之国”、“欧洲炼油厂”等美称。

意大利目前的行政区划，是将全国一共划分为20个行政区，下设95个省。意大利的首都是罗马，它是古罗马帝国的发祥地，其得名出自古希腊传说里该城的创建者、战神马尔斯之子罗马路斯之名。因为该城建在7座山丘之上，故有“七丘城”之称。还因为它拥有大量的古罗马宏伟建筑和文艺复兴时期的精美雕塑，全城犹如一座历史与艺术的博物馆，亦有“博物馆之城”的雅称。

意大利全国的总人口目前大约为5846万。意大利的主体民族是意大利人，约占全国居民总数的98%左右。此外，在该国还生活着少量的费留利人、拉丁人、法兰西人和奥地利人。

意大利的主要宗教是天主教。根据1929年意大利政府与罗马教廷签订的《拉特兰》条约的规定，天主教为意大利的国教。目前，在意大利全国人口中，约90%以上的人信奉天主教。

意大利的官方语言是意大利语。在个别边境地区，也有一些人讲法语或德语。货币为欧元。2007年，意大利人均GDP（国内生产总值）为35386美元，在世界上排第20位。

意大利目前实行的是内阁制共和政体。意大利的国庆日是6月2日。

1970年11月6日，意大利与中国正式建立了大使级外交关系。

（二）国家标志

意大利的现用国旗启用于1946年6月2日，长宽比例为3∶2。国旗从左至右由绿、白、红三个竖长方形组成。绿色象征平原和丘陵，也象征希望；白色象征白雪皑皑的阿尔卑斯山，也象征信念；红色象征在意大利独立战争中抛撒的鲜血，也象征仁爱。

意大利的现用国徽为圆形，中央为一颗带红边的白色五角星，背后有一个齿轮。五角星象征意大利共和国，齿轮象征劳动者；齿轮周围由橄榄树和橡树叶环绕，象征和平与强盛；底部的红色绶带上用意大利文书写着国名“意大利共和国”。它启用于1948年。

意大利的现用国歌是《马梅利之歌》，启用于1946年6月2日。

意大利的国花是雏菊。此外，也有人说意大利的国花是紫罗兰，或者是玫瑰。

意大利的国树是五针松。

与阿尔及利亚等国情况相同，意大利人也将珊瑚定为本国国石。

（三）社交礼仪

在人际交往中，意大利人往往会表现出许多特别之处。与意大利人打交道时，尤其需要对其国家观念、宗教观念、身份观念和时间观念，有一定程度的了解。

由于现代意大利统一的时间不过才一百三十多年，而且该国北部与南部地区经济发展水平相差悬殊，在一般情况下，意大利人的国家意识较为淡薄。他们平时很少会提到自己的国家，尤其对国名提及甚少。即使在国际交往中提起自己时，意大利人也大都只是提到自己是某某地区的人，而很少会自称“意大利人”。

另一方面，意大利人又具有极强的民族自尊心。在言谈话语里，他们往往会对本民族悠久的历史津津乐道，并且为自己的国家昔日曾经是整个世界的“主人和老师”而无比骄傲。对意大利往日的辉煌稍有异议，都会令其怒发冲冠。不仅如此，大多数意大利人，特别是意大利商人，都不会讲通行于世界的英语，他们并不认为这有什么不好。

意大利人的宗教观念极强。作为国教，天主教在意大利的影响极其巨大，各种天主教机构遍布于全国。仅在首都罗马，就有300多座教堂和7所教会大学。而全世界天主教的中心——教皇及其教廷，就位于罗马老城西北角的梵蒂冈。在意大利，大多数人不仅虔诚地信奉天主教，严格地恪守教规，而且真心实意地认为教会拥有至高无上的精神力量。实际上，天主教教会在意大利扮演着意大利人日常生活之中的统治者和指导者的角色。在该国，教会的势力无人比拟，往往说一不二。

受教规影响，意大利的宗教性节日特别多。不但有圣诞节和复活节，而且还一定要过圣母节、降灵节、耶稣升天日、圣母升天日以及狂欢节，等等。每到重要的宗教节日，按政府的规定都要放假，以便让人们尽情欢乐。而今，意大利的许多重要的宗教性节日，已经逐渐演化为普天同庆的民俗性活动。在一年之中，意大利有122天的节假日。

意大利人的身份观念较强。在人际交往中，他们对别人的地位、等级十分重视。对于来自家学渊博、历史悠久的家族的人士，他们往往会刮目相看。假如交往对象有值得尊敬的头衔的话，他们必定会再三对此提及，以示重视之意。对于人际关系，他们很是在意。

在商务交往中，意大利人企业的决策权大都掌握在总经理手里，其他人员说话未必算数。因此，直接与总经理打交道，可以说是与意大利人做生意的一条捷径。

意大利人的时间观念极为奇特。在外人眼里，他们似乎来去匆匆，却又不很守时，至少在社交活动中是这样的。一般来说，与别人进行约会时，许多意大利人都会晚到几分钟。据说，意大利人认为，这既是一种礼节，也是一种风度。

或许是长期受到艺术熏陶的缘故，意大利人重视友谊，善于交际。一旦得到了他们的信任，双方关系就会迅速升温。平时，意大利人举止潇洒，天真浪漫，心直口快，喜欢开诚布公，但又情绪波动较大。同德国人比，他们少了一分刻板；同法国人比，他们则又多了一些热情。

在交往应酬中，意大利人对自己“古已有之”的礼节非常重视，并且极力主张以本民族优秀的传统来净化社会空气。与他人初次见面时，他们礼数周全，极其客气。在一般情况下，他们大都会以握手礼作为见面礼节，并且会向对方问好。在熟人之间，举手礼、拥抱礼、亲吻礼也比较常用。

意大利的格瑟兹诺人碰上熟人、朋友时，往往会向对方行“压帽礼”，即以手将帽子拉低，这是对对方重视的一种表示。其做法与欧美常见的“脱帽礼”有着明显的不同。

意大利人的姓名由两部分组成，其名字在前，姓氏居后。妇女婚前姓父姓，婚后则改姓夫姓。在正式场合，尤其是在书写函件、请柬时，宜称其全姓。在社交场合，可称其姓氏，或将其与“先生”、“小姐”、“夫人”连称。对于关系密切者，方可直呼其名。为了向交往对象表示恭敬之意，意大利人往往会对对方以“您”相称。

与意大利人打交道时，我国国内所常用的下列称呼不宜使用。其一，“爱人”。在意大利，其含义为“情人”，即“第三者”。其二，“老人家”。意大利人讳“老”，这一称呼在他们听来具有明显的贬义。其三，“小鬼”。在中国，将小孩称为“小鬼”，是一种爱称。但在意大利人看来，其含义是“小妖怪”，对孩子既不尊重，而且又带有诅咒之意。

（四）服饰礼仪

意大利人对于穿着打扮历来讲究，他们普遍认为：每个人的衣着既体现他的修养与见识，又反映了他为人处世的态度。

从总的方面来讲，在穿着打扮上，意大利人大体具有以下三个特点。

第一，极为考究。意大利的时装、制鞋和皮具都举世闻名。受此影响，在正式场合抛头露面时，意大利人个个都会衣冠楚楚，气宇轩昂。他们的衣着不但讲究品牌、做工，而且就连整体搭配的每一个细节都会做得无可挑剔。

第二，非常时髦。在世界上，意大利的服装工业早就在左右着流行、时尚。在此背景下，意大利人的衣着也十分时髦。“穿的就是流行”，对意大利人而言，已经是一种有关时装的共识。一些有地位、有身份的人，甚至讲究每天衣着不重样，一件时装不在社交场合穿两次。

第三，很讲个性。在讲究衣着时髦的同时，意大利人还讲究标新立异，“人无我有，人有我弃”。对他们来讲，如果穿着打扮与他人雷同，毫无自己的个性可言，是令人难堪的。当然，这主要是指社交场合的着装而言。在政务、商务活动中，他们通常也是非穿西装套装或裙装不可的。

在日常生活里，意大利人较少穿着其传统的民族服装。但是，他们大都爱戴假发。平时，男士爱穿背心，戴鸭舌帽；妇女则爱穿长裙，有时则爱戴头巾。

（五）餐饮礼仪

讲求生活质量的意大利人对于饮食非常在乎，并且有不少独特的习惯。

平时，意大利人很爱吃面食。通心粉、比萨饼等面食，都是他们的发明创造。除了面包、蛋糕之外，意大利人不把面食当主食吃，而只是当做一道菜来享用。在他们的餐桌上，通常第一道菜就要上面食，而且大都讲究要把它做的半生不熟。另外，意大利人还爱吃混入菜肴的炒米饭。不过，他们也是将其当作一道菜来吃的，并且讲究每次用餐之时，在面食、炒饭二者之中，只能选择一种。

通心粉，又叫意大利面条，或者根据其音译可叫做“帕斯塔”。它是意大利人平时最爱吃的一种面食。吃它的时候，不可以用餐刀切成小段，或以汤匙取用。正确的做法，是将它缠绕在餐叉上，然后送入口中，必要时可以匙帮忙，但吃时不得出声。

意式菜肴在口味上接近法式菜肴。它注重浓、香、烂，偏爱酸、甜、辣。在烹饪方法上，多采用焖、烩、煎、炸，而不喜欢烧、烤。

对于肉食与蔬菜、水果，意大利人都非常喜欢享用。在这一方面，他们的禁忌较少。

意大利人大都嗜酒，他们之中不少人鼻子红红的，据说就与饮酒过量有关。在饮酒时，他们注重与菜肴的搭配。在所有的酒类之中，他们最爱喝葡萄酒。目前，意大利是世界上最大的葡萄酒生产国。除饮酒之外，意大利人还爱喝咖啡和酸奶。

在一般情况下，意大利人以午餐为主餐。他们认为，拒绝其赴宴的邀请，是很不礼貌的。意大利人请客，大多爱在餐馆进行。他们的一顿宴请，一般要延续两三个小时。在席间，他们主张莫谈公事，以便专心致志地用心品尝美味佳肴。

（六）习俗禁忌

在意大利，玫瑰一般用以示爱，菊花则专门用于丧葬之事，因此这两种花不可以随便用来送给意大利人。送给意大利女士的鲜花，通常以单数为宜。

在动物方面，意大利人最喜欢猫和狗。对于其他生活在自然界的动物，尤其是各种鸟类，他们也十分喜爱。

意大利人最喜爱的色彩是绿色、灰色，对于蓝色和黄色，他们也给予种种好评。而对于紫色，他们则是较为忌讳的。

在图案方面，意大利有不少讲究。动物与鸟类的图案最受其欢迎，而仕女图案、十字花图案则为其所忌。

与其他欧美国家的人基本相似，意大利人最忌讳的数字与日期分别是“13”、“666”与“星期五”。除此之外，他们对于“3”这一数字也不太有好感。

在人际交往中，意大利人有着送礼之习。精美典雅的物品，诸如鲜花、名著、书画、工艺品、葡萄酒与巧克力，都是深受欢迎的。不过要记住，切勿将手帕、丝织品和亚麻织品送给意大利人。意大利人认为，手帕主要是擦眼泪的，因此属于令人悲情之物，故不宜送人。上门拜访意大利人时，他们一般讲究礼品要面呈女主人。

意大利人极爱聊天。在聊天的时候，他们具有下列三个特点。其一，话题多变，几乎无所不包。其二，搞“一言堂”。跟他们聊天，往往会变成聆听对方的“长篇演说”。其三，偏爱争辩。意大利人反对人云亦云，主张直言不讳，因此往往与别人发生争论。不过争辩一过，他们立刻会显得“风平浪静”，不会记仇。此外，对于谈论政治、宗教、纳税、美式橄榄球，意大利人往往会提不起兴趣。要是提起“黑手党”、贪污腐败、政治暗杀、小偷遍地、各地区经济发展不平衡，以及第二次世界大战时意大利曾追随过德国法西斯的那段历史，则会令意大利人极为不快。

在人际交往之中，意大利人不但表情丰富，而且有着很多的独特的形体语言，他们尤其喜欢运用不同的手势来表达自己的思想感情。

例如，竖起食指来回摆动，表示的是“不”、“不行”。用食指顶住面颊来回转动，表示的是“好吃”。以食指按在腮帮上转动两下，表示的是赞美某位女士“真漂亮”。五指并拢后，用食指的侧面敲击额头，表示的是“你真笨”。一边伸出手掌，一边撇嘴，表示的是“不清楚”，或“无可奉告”。五指并拢，掌心向下，对着腹部来回转动，表示的是“我饿了”，“我想吃一点儿东西”。伸出双手，手掌向上，并且耸动肩膀，表示的则是“我不知道此事”。

英国礼俗

(一)基本概况

英国的正式名称是大不列颠及北爱尔兰联合王国，有时它也被人们称为“联合王国”、“不列颠帝国”、“大英帝国”、“英吉利”或是“英伦三岛”。它位于欧洲西部，是由大不列颠岛、爱尔兰岛的东北部及其周围的一些小岛所组成的岛国。英国西部与爱尔兰为邻，东部、南部分别隔北海、多佛尔海峡、英吉利海峡和欧洲大陆相望。英国的国土总面积为24.41万平方公里(包括内陆水域)，海岸线全长大约为11450公里。

“英国”是中国人对大不列颠及北爱尔兰联合王国的称呼，它出自“英格兰”一词。其本意是“盎格鲁人的土地”，而“盎格鲁”的含义则为“角落”。在国外，人们很少用“英国”这一称呼，而大都使用其正式称呼。作为国名，“不列颠”一词出自不列颠人的部族名称。在凯尔特语里，其含义为“杂色多彩”。而“爱尔兰”则源于爱尔兰岛的地名。在爱尔兰语里，它意为“西方的”或“绿色的”。在世界上，英国有一个著名的绰号“约翰牛”。过去，人们曾将英国称为“日不落帝国”、“世界工场”。

英国目前的行政区划，是全国一共分为英格兰、威尔士、苏格兰和北爱尔兰四个部分。具体而言，英格兰下设43个郡；威尔士下设22个区；苏格兰下分为32个区；北爱尔兰则分为26个区。英国的首都是伦敦。“伦敦”一词出自凯尔特语。对于其含义，人们有“山丘上的要塞”、“森林之城”、“停船之港”、“水源之地”等多种解释。在世界上，伦敦是举世知名的“雾都”。

英国目前全国的总人口大约为6020.9多万。英国现在的居民主要有英格兰人、威尔士人、苏格兰人和爱尔兰人，此外还有少量的犹太人。

其中英格兰人所占的比例最大，约为全国总人口的84%左右。

英国的主要宗教是基督教。英国的国教是英国国教会，亦称圣公会。其信徒约占全国人口的60%以上。严格地讲，英国国教会仅仅只是英格兰地区的国教，在威尔士、苏格兰与北爱尔兰地区，它并非国教。

英国的官方语言是英语。在威尔士北部，人们还使用威尔士语。而在苏格兰西北高地与北爱尔兰，则通用盖尔语。货币为英镑。2007年，英国人均GDP（国内生产总值）为45301美元，在世界上排第11位。

英国目前实行君主立宪制政体。英国的国庆日是6月第二个星期的星期四。

1954年6月17日，英国与中国建立了代办级外交关系。1972年3月13日，升格为大使级外交关系。

（二）国家标志

英国的现用国旗启用于1801年1月1日，长宽比例为2∶1。国旗是由三面旗帜，即英格兰的白地红色十字旗、苏格兰的蓝地白色斜十字旗和爱尔兰的白地红色斜十字旗重叠合成的。白边红十字代表英格兰的守

护神圣乔治，白色斜十字代表苏格兰守护神圣安德鲁，红色斜十字代表爱尔兰守护神圣帕特里克。

英国的现用国徽是英国国王的王徽，中心图案为盾形，盾面包括四组图案，左上角和右下角是代表英格兰的三头金色狮子，右上角是代表苏格兰的红色狮子，左下角是代表爱尔兰的金色竖琴；两侧象征英王授予的最高勋位嘉德勋章的蓝色系带上用法文书写着“恶有恶报”；左侧为头戴王冠、象征英格兰的金色狮子，右侧为象征苏格兰的白色独角兽；盾徽上方为金色的骑士头盔、帝国王冠和伫立于王冠之上的狮子；底部为绿地，上有三种英国的主要植物玫瑰、蓟草和三叶草；绶带上用法文书写着象征王权的格言“天有上帝，我有权利”。

英国的现用国歌是《天佑女王》。

英国的国花是玫瑰。另有一种说法，认为玫瑰、月季、蔷薇同为英国国花。

英国的国石是钻石。

英国的国鸟是知更鸟。在英国，它被叫做“红胸鸲”，并被人们视为“上帝之鸟”。

（三）社交礼仪

在待人接物方面，英国人的所作所为不仅与欧洲其他国家的人大不相同，就是与语言、宗教、文化相仿的美国人、加拿大人、澳大利亚人和新西兰人相比，也有许多显著的不同之处。

英国人的特点之一，是他们在为人处世上较为谨慎和保守。对待任何新生事物，英国人往往会持观望的态度，他们原有的生活方式和习惯做法通常都是一成不变的。在外人看起来，他们事事循规蹈矩，不仅保守，而且守旧。英国人逻辑性很强，凡自己所想的事情，他们总要设法做出逻辑性很强的说明。

在人际交往中，如果说美国人为人爽朗，不拘小节，容易“自来熟”的话，那么英国人相对而言则比较难于打交道。这主要是英国人不善于夸夸其谈，感情不大外露，也不喜欢在公共场合引人注目。在交际应酬中，他们轻易不会与人一见如故，更不会立即称兄道弟，推心置腹。

英国人的特点之二，是他们在待人接物上讲究含蓄和距离。从总体上讲，英国人性格内向，不善表达，不爱张扬。他们不仅自己如此，而且也乐于看到别人这么做。因此，在外人看来，英国人个个严肃刻板，神情冷漠，不苟言笑。对他人的喜怒哀乐他们不仅毫无兴趣，而且往往表现的无动于衷，因而使人们觉得他们过于矜持、冷漠。

在世人面前，英国人通常显得非常自信，并且喜欢孤芳自赏，不愿与别人过于亲近。在英国，爱串门、爱找别人聊天的人是很难找得到的。英国人普遍认为：与被人打交道时，没有适当的距离，对于双方都有害而无益。有位英国名人甚至说："我是英国人，请离我远一些，我宁愿孤立独处。"其实，英国人的这种性格是其高度自信的一种表现形式。

英国人的特点之三，是他们在人际交往中崇尚宽容和容忍。与外人进行交往时，英国人一般都非常善解人意，懂得体谅人、关心人、尊重人。他们特别看重的是，既然要讲究个人自由，那么首先就要宽以待人，对别人的所作所为要善于理解和容忍。在一般情况下，他们都不爱跟别人进行毫无意义的争论，而且极少当着外人的面使性子，发脾气。

英国人的这种做法，并不意味着他们自命清高，难于接触。实际上，一旦慢慢地跟他们交上了朋友，他们还是表现得十分亲善、友好的。

英国人的特点之四，是他们在正式场合注重礼节和风度。英国人平时十分重视个人的教养，不仅如此，他们还认识到：教养体现于细节，礼节展现出教养。在英国人看来，一个人在大庭广众之前之所以必须注意自己的举止行为，就是因为他人可以从中察知这个人的风度、礼貌和修养。

在社交场合，英国人极其强调所谓的"绅士风度"。它不仅表现为英国人对妇女的尊重和照顾方面，而且也见之于英国人的仪表修洁、服饰得体和举止有方。

在交际活动中，握手礼是英国人使用最多的见面礼节。在一般情况下，与他人见面时，英国人既不会像美国人那样随随便便地"嗨"上一声作罢，也不会像法国人那样非要和对方热烈地拥抱、亲吻不可。英国人认为，那些做法，都有失风度。

英国人待人十分客气。"请"、"谢谢"、"对不起"、"你好"、"再见"一类的礼貌用语，他们是天天不离口的。即使是家人、夫妻、至交之间，英国人也会经常使用这些礼貌用语。不过，英国人平常不太爱讲寒暄话。

在进行交谈时，英国人，特别是那些上年纪的英国人，喜欢别人称呼其世袭的爵位或荣誉的头衔。至少，也要郑重地称之为“阁下”或是“先生”、“小姐”、“夫人”。

需要特别指出的是，由于种种原因，英国各个地区的人都十分重视自己的民族自尊。他们对于“英国人”这一笼统的称呼极为反感，认为它以偏概全，以“英格兰人”等同于其全国各民族的称呼，抹杀了其他民族的个性。因此，与他们进行交往时，一定要具体情况具体对待，将其分别称为“英格兰人”、“苏格兰人”、“威尔士人”或“北爱尔兰人”。不过，要是采用“不列颠人”这一统称，也能行得通。

（四）服饰礼仪

在穿戴方面，英国人有不少讲究。总的来说，在人际交往中，他们十分注重衣着。一旦出门，他们便会衣冠楚楚，与此同时，他们极爱以衣帽取人。用英国大文豪莎士比亚的话来讲，这主要是因为“一个人的穿着打扮，就是其自身修养的最好的说明”。尽管如此，英国人又十分注意节省衣着方面的开销。对他们来说，一套衣服穿上十年、八年是常有的事情。

英国人在交际应酬之中的衣着，非常注意体现其“绅士”、“淑女”之风。过去，英国绅士参加社交应酬时，非要身穿燕尾服，头戴高筒礼帽，手持文明棍或是雨伞不可。他们的这身“标准行头”，曾经给世人留下了很深的印象。直至今日，英国人在正式场合的衣着，仍然十分庄重和保守。他们一般是男士要穿三件套的深色西装，女士则要穿深色的套裙，或者素雅的连衣裙。庄重、肃穆的黑色服装往往是英国人优先的选择。

在英国的传统民族服装之中，苏格兰男子所穿的“基尔特”最为著名。它实际上是一条由腰至膝的花格子短裙。穿它的时候，还要配上很宽的腰带，并在裙前系上一小块椭圆形的垂巾。在苏格兰，每逢喜庆聚会之时，男人们都要穿上“基尔特”，以寄托自己强烈的民族感情。

英国人在正式场合的着装，大致有下列四条禁忌。其一，忌打条纹式领带。那样会让英国人联想起旧式的“军团领带”或老式学校的制服领带。其二，忌不系长袖衬衫袖口的扣子。不论是直接外穿，还是与西服配套，都不允许那么做。将长袖衬衫的袖管挽起来，也不允许。其三，忌在正式场合穿凉鞋。英国人认为，只有在海滨度假或是在家中闲居时，才能穿凉鞋。不然的话，就是不礼貌的。其四，忌以浅色皮鞋配西装套装。过去，英国男士穿西装套装时，必须要穿黑色系带皮鞋。现在，虽然不像过去那样要求严格，但浅色皮鞋依然难登大雅之堂。

英国男子讲究天天刮脸，“当我年轻时，我每天刮两次脸”，是英国的俗语之一。在英国，留胡须者往往会令人反感。

（五）餐饮礼仪

英国人的饮食，一般而言，可以说是具有“轻食重饮”的特点。说英国人“轻食”，主要是英国人在菜肴上没有多大特色，日常的伙食基本上没有多大的变化。除了面包、牛肉、火腿之外，英国人平常爱吃的也就是土豆、炸鱼和煮菜了。

在英国，“烤牛肉加约克郡布丁”被人称为国菜。它是用牛腰肉、土豆，加上鸡蛋、牛奶、面粉，放在烤箱内一起烤制而成的菜肴。在上桌时，还须另配一些单煮的青菜。在使用刀叉时，英国人往往一丝不苟，他们的做法是在切割食物时，必须左刀右叉，自左至右开始。切好一块，即以叉送入口中。

英国人的饮食禁忌，主要是不吃狗肉，不吃过咸、过辣或带有粘汁的菜肴。做菜时加入味精，也为其忌讳。

在评论欧洲主要国家菜肴的特点时，有人曾概括为：德国人是“考虑着营养吃”，法国人是“夸奖着厨师的手艺吃”，意大利人是“痛痛快快地吃”，而英国人则是“注意着礼节吃”。这一评价，在客观上反映了英国菜肴特色无多的特点。

有别于“轻食”的是，英国人在日常生活之中是非常“重饮”，即讲究饮料的。对世人而言，英国名气最大的饮料当推红茶和威士忌。

与绝大多数欧美人所不同的是，绝大多数英国人视茶如命。英国人所喝的茶是红茶，在饮茶时，他们首先要在茶杯里倒入一些牛奶，然后才能依次冲茶，加糖。他们不仅早上醒来先要赖在床上喝上一杯“被窝茶”，就是在上班期间，还要专门挤出时间来去休“茶休”，即去喝“下午茶”。在英国，喝“下午茶”既是午餐与晚餐之间的一顿小吃，也是人们“以茶会友”的一种社交方式。

英国苏格兰生产的威士忌，曾与法国的干邑白兰地、中国的茅台酒并列为世界三大名酒。英国人除了以威士忌佐餐外，还喜欢净饮。英国人饮酒，很少自斟自酌。他们的习惯是，饮酒最好去酒吧。因此，英国的酒吧比比皆是，并且成为英国人社交的主要场所之一。

（六）习俗禁忌

对于被视为死亡象征的百合花和菊花，英国人十分忌讳。

动物中的孔雀和猫头鹰，在英国名声不佳。

英国人平时十分宠爱动物，其中猫和狗都为其喜欢。只是对于黑色的猫，他们是十分厌恶的。此外，他们也不大喜欢大象。

遇上碰撒了食盐或是打碎了玻璃一类的事情，英国人都是认为很倒霉的。

在色彩方面，英国人偏爱蓝色、红色与白色。它们是英国国旗的主要色彩。英国人所反感的色彩，主要是墨绿色。

英国人在图案方面忌讳甚多。人像以及大象、孔雀、猫头鹰等图案，都会令他们大为反感。在握手、干杯或摆放餐具时，无意之中出现了类似十字架的图案，他们也认为是十分晦气的。

英国人忌讳的数字和日期主要是“13”与“星期五”。当二者恰巧碰在一起时，不少英国人都会产生大难临头之感。对“666”，他们也十分忌讳。

在排列位次时英国人则认定“右高”。在英国，“左撇子”被视为“笨人”，而走路时，人们则讲究先伸出右脚。

与英国人打交道时，需要了解的英国人的主要民俗禁忌还有下列五条：一是忌讳当众打喷嚏，二是忌讳用同一根火柴连续点燃三根香烟，三是忌讳把鞋子放在桌上，四是忌讳在屋子里撑伞，五是忌讳从梯子下面走过。

在人际交往中，英国人不欢迎贵重的礼物。涉及私生活的服饰、肥皂、香水，带有公司标志与广告的物品，亦不宜送给英国人。鲜花、威士忌、巧克力、工艺品以及音乐会门票，则是送给英国人的适当之选。

与英国人交谈时，切勿涉及英王、王室、教会以及英国各地区之间的矛盾，特别是不要对女王、王位继承和北爱尔兰独立问题说三道四。

在英国，动手拍打别人，翘起“二郎腿”，右手拇指与食指构成“V”形时手背向外，都是失礼的动作。英国人用食指将下眼皮往下微微一扒时，表示自己所做的事被人识破了。当他们用手敲鼻子时，表示的是秘密；而耸动肩部，则表示疑问，或者不感兴趣。

在英国，根据法律规定，同性恋婚姻是合法的。

第五章　大洋洲国家礼俗

大洋洲的全称即为大洋洲。洲的名字源于西班牙文，意为“南方大陆”。英文名称为Oceania。

大洋洲位于太平洋西南部和南部的赤道南北广大海域中。介于亚洲和南极洲之间，西邻印度洋，东临太平洋，并与南北美洲遥遥相对。国际日期变更线和赤道均穿过该州。大洋洲的陆地总面积为897万平方公里，占世界陆地面积的6%，是世界五大洲中最小的洲。全洲除少数山地海拔超过2000米外，一般海拔在600米以下，地势低缓。一般分为大陆和岛屿两部分：澳大利亚大陆和旁侧的诸多岛屿。

人口2900万，约占世界人口的0.5%，是世界人口最少的一洲。全洲65%的人口分布在澳大利亚大陆。当地居民约占总人口的20%，欧洲人后裔约占70%以上，此外还有混血种人、印度人、华人和日本人等。土著居民为黄种人和黑种人。绝大部分居民信奉基督教，少数信奉天主教，印度人多信印度教。

大洋洲现有主权国家15个。截止到目前，与中国建立了正式外交关系的大洋洲国家数目为9个。

收录入本书作为介绍对象的大洋洲国家有2个。

澳大利亚礼俗

（一）基本概况

澳大利亚的正式名称是澳大利亚联邦。它位于南半球，地处太平洋与印度洋之间，四面临海。澳大利亚东濒珊瑚海与塔斯曼海，西、北、南三面皆临印度洋，北与印度尼西亚、巴布亚新几内亚相望，东与新西兰、新喀里多尼亚、所罗门群岛隔海相对，南面远隔重洋的则是南极洲。具体而言，澳大利亚是由大陆部分与塔斯马尼亚等众多的岛屿所组成，全国总面积为769.2万平方公里，海岸线约长36735公里。

澳大利亚作为国家的名称，来自于拉丁文。在拉丁文里，它的含意是“南方之地”。由于澳大利亚犹如一座大岛，故有“岛大陆”之称。因为它建国不久，有人又称之为“古老大陆上的年轻国家”。此外，它因为畜牧业发达、矿产丰富而有“牧羊之国”、“骑在羊背上的国家”、“淘金圣地”、“坐在矿车上的国家”之名。

澳大利亚的行政区划，是将全国分为6个州和2个地区。澳大利亚的首都是堪培拉。在当地土著的语言中，“堪培拉”具有“会场”、“河湾”和“女人的乳房”等多种意思。

澳大利亚的全国总人口为2051.86万左右。其中当地土著居民仅占2.3%，其余主要是外国移民的后裔。在外国移民后裔里，欧洲各国的移民后裔，尤其是英国移民的后裔，又占绝大多数。具体而言，他们约占澳大利亚人口总数的95%，华人则占该国全国总人数的约2%。

澳大利亚的主要宗教是基督教。全国居民之中约70%的人都是基督教教徒。

澳大利亚的官方语言是英语。货币为澳大利亚元。2007年，澳大利亚人均GDP（国内生产总值）为42553美元，在世界上排第15位。

澳大利亚目前实行君主立宪政体。它是英联邦成员之一，奉英国国君为国家元首。但是，该国议会已决议实行共和政体。澳大利亚的国庆日是1月26日。

1972年12月21日，澳大利亚与中国正式建立了大使级外交关系。

（二）国家标志

澳大利亚的现用国旗启用于1908年12月19日，长宽比例为2∶1。国旗为深蓝色旗面，左上角为英国国旗图案，下方为一颗白色大七角星；右侧有四颗白色小七角星和一颗白色小五角星。英国“米字旗”图案表明澳大利亚与英国的历史传统关系，下方的大七角星被称为“联邦之星”，代表成立联邦时的六个州和一个地区；右侧五颗白色小星星代表南十字星，表示澳大利亚位于南半球的地理位置。

澳大利亚的现用国徽中心图案为盾形，盾面由代表澳大利亚六个州的徽章组成，带有一只金狮和四颗星的红色圣乔治十字代表新南威尔士州，王冠和南十字星座代表维多利亚州，蓝色马耳他十字代表昆士兰州，黑翅白腹的伯劳鸟代表南澳大利亚州，黑色天鹅代表西澳大利亚州，红色狮子代表塔斯马尼亚州。顶端为金色的“联邦之星”和蓝、金两色的顶饰，两侧的袋鼠和鸸鹋都是澳大利亚特有的动物。澳大利亚国树金合欢树的花枝围绕着盾徽，底部的白色绶带上用英文书写着国名“澳大利亚”。

澳大利亚的现用国歌是《澳大利亚，前进！》，启用于1984年4月19日。

澳大利亚的国花和国树分别是金合欢花与桉树，它们是澳大利亚人最喜欢的植物，并且被视为澳大利亚的象征。

澳大利亚的国石是蛋白石，是澳大利亚人很珍爱的一种宝石。

澳大利亚的国鸟是琴鸟。

（三）社交礼仪

近年以来，虽然要求彻底脱离英联邦的呼声在澳大利亚此起彼伏，但是由于民族、宗教、语言、文化和生活习惯的影响，澳大利亚人在待人接物方面的习惯做法，依旧英国味道十足。在正式的官方交往与商务应酬中，就更是如此。有人曾经说过：“同澳大利亚人打交道，与同英国人打交道没有多大的差别。”由此可知，澳大利亚的社交礼仪在主流

方面，深受英国的影响。

另一方面，由于近些年来英国地位的衰落与美国势力的膨胀，美国的社交礼仪已经日益渗入澳大利亚社会，并且逐渐为澳大利亚人，特别是澳大利亚青年一代所接受。目前，在交往应酬的各个方面，澳大利亚人的具体做法业已越来越显得很有一些“美国化”了。

如上所述，“亦英亦美”，以“英”为主，可以说是澳大利亚人在人际交往中呈现出的第一个基本特点。

在澳大利亚，除了居于支配地位的英国移民的后裔之外，还同时生存着许多其他的民族。澳大利亚各民族人民在共同奋斗，创造澳大利亚文明与繁荣的同时，也在一定程度上保留了本民族的传统礼仪与习俗，并且努力使其发扬光大。因此，澳大利亚的社交礼仪便形成了第二个基本特点，即兼收并蓄，多姿多彩。

这一基本特点，在澳大利亚人的交往应酬中表现得十分明显。以见面礼节而论，他们所行的既有拥抱礼、亲吻礼，也有合十礼、鞠躬礼、握手礼、拱手礼、点头礼，可谓无奇不有。

当时土著居民在见面时所行的勾手礼，便极具特色。它的做法是，相见的双方各自伸出手指来，令双方的手指紧紧勾住，然后再轻轻地往自己身边一拉，以示相亲、相爱。

总而言之，作为一个独立国家的人民，澳大利亚人在待人接物方面毕竟也有自己的总体特征，这就是他们人情味很浓，待人朴实无华。

或许是因为澳大利亚地广人稀，澳大利亚人普遍乐于同他人进行交往，并且表现得质朴、开朗、热情。过分地客套或者做作，均会令其不快。在讲英语的国家中，澳大利亚人可能是最无拘无束、轻松自在、爱交朋友的了。在公共场合，他们爱跟陌生人打招呼、聊天，并且爱请别人到自己家里做客。澳大利亚人的这种自由、实在劲儿，不但与英国人难以同日而语，而且连美国人也往往自叹弗如。

（四）服饰礼仪

澳大利亚人除了在极为正式的场合要穿西装、套裙之外，平时的一般穿着，大都是T恤、短裤，或者牛仔装、夹克衫。由于阳光强烈，他们在出门之时，通常喜欢戴上一顶棒球帽来遮挡阳光。

在澳大利亚的达尔文市，当地居民的穿着自成一体。他们在正式场合一定要穿衬衫、短裤和长袜。这种穿法，当地人叫做“达尔文装”。

澳大利亚的土著居民平时习惯于赤身裸体，至多是在腰上扎上一块围布遮羞而已。与着装不甚讲究所不同的是，对于打扮他们却十分介意。在身上，他们通常要佩戴额箍、鼻针、臂环、项圈等多种饰物，并且还要以石刀或贝壳刻出用以装饰的精致的疤痕。有的时候，他们还会在身上扎上一些羽毛，并且涂上各种颜色。

有趣的是，由于澳大利亚地处南半球，季节正好与北半球相反，所以澳大利亚人在同一个季节的穿着可能恰恰与北半球的人相反。举例而言，在欢庆圣诞节的时候，澳大利亚人是要穿夏季服装的。那个时候，澳大利亚绝无皑皑白雪，而只有炎炎夏日。

（五）餐饮礼仪

澳大利亚人的饮食习惯可谓多种多样。就主流社会而言，人们一般喜欢英式西餐。其特点，是口味清淡，不喜油腻，忌食辣味。有不少的澳大利亚人还不吃味道酸的东西。

具体而言，澳大利亚人都爱吃牛羊肉，对于鸡肉、鱼肉、禽蛋也比较爱吃。他们的主食是面包，爱喝的饮料则有牛奶、咖啡、啤酒与矿泉水等。

一般来讲，澳大利亚人不吃狗肉、猫肉、蛇肉，不吃动物的内脏与头、爪。对于加了味精的食物，他们十分厌恶。他们认定味精好似“毒药”，令人作呕。

在用餐时，澳大利亚人是使用刀、叉的。在有些地方，比如达尔文市，人们外出用餐时必须衣冠楚楚，否则将被禁止入内。平时，澳大利亚人还很爱外出野餐，并以烧烤为主。

澳大利亚土著居民目前大多数尚且不会耕种粮食，不会饲养家畜。他们靠渔猎为生，并且经常采食野果。一般来说，他们的食物品种甚多，制作方法往往也各具特色。在进食的时候，他们经常生食，并且惯于以手抓食。

（六）习俗禁忌

澳大利亚人最喜爱的动物除了国鸟琴鸟外，还有袋鼠。它被澳大利亚人视做澳大利亚大陆最早的主人。在澳大利亚人眼里，兔子是一种不吉利的动物。他们认为，碰到了兔子，可能是厄运将临的预兆。

在数字和日期方面，受基督教的影响，澳大利亚人对于“13”、“666”与“星期五”普遍反感至极。

在人际交往中，喜好娱乐的澳大利亚人往往有邀请友人一同外出游玩的习惯，他们认为这是拉近双方关系的捷径之一。对此类邀请予以拒绝，会被他们理解成不给面子。

澳大利亚人崇尚人道主义和博爱精神。在社会生活中，他们乐于保护弱者。除了保护老人、妇女、孩子、弱小种族之外，他们还讲究保护私生子的合法地位，甚至将保护动物看做是自己的天职。议论种族、宗教、工会和个人私生活以及等级、地位问题，最令澳大利亚人不满。

同澳大利亚人打交道时，还有下列四点事项需要特别注意。

第一，澳大利亚人不喜欢将本国与英国处处联系在一起。虽然不少人私下里会对自己与英国存在某种关系而津津乐道，但在正式场合，他们却反感将两国混为一谈。

第二，澳大利亚人不喜欢听“外国”或“外国人”这一称呼。他们认为，这类称呼抹杀个性。是哪一个国家，是哪个国家的人，理当具体而论，过于笼统地称呼是失敬的做法。

第三，澳大利亚人对公共场合的噪声极其厌恶。在公共场所大声喧哗者，尤其是门外高声喊人的人，是他们最看不起的。

第四，澳大利亚的基督徒有“周日做礼拜”之习。他们的这种做法“雷打不动”，想在这天与他们约会，往往“难于上青天”。

新西兰礼俗

（一）基本概况

新西兰的正式名称是新西兰。它地处大洋洲，位于太平洋西南部。西隔塔斯曼海与澳大利亚相望，北面隔海相望的国家有斐济、汤加、库克群岛，南部则与南极洲隔海遥遥相对。新西兰是一个岛国，全国总面积约27.05万平方公里，海岸线长达6900公里。

新西兰作为国家的名称，来自荷兰语“新泽兰”，意即“新的海中陆地”。“新西兰”则是对“新泽兰”一词的英语译法。由于新西兰距离其他大洲路途遥远，并且环境十分优美，故有“世界边缘的国家”、“绿色花园之国”和“白云之乡”的称号。新西兰的畜牧业极为发达，国民经济以其为主，因此又有“畜牧之国”、“牧羊之国”之称。

新西兰的行政区划，是将全国划分为12个大区，设有74个地方行政机构。新西兰的首都是惠灵顿。它在世界上有“港市山城”、“风城”之称。

新西兰的全国总人口现为417.7万，由欧洲移民后裔、毛利人、华人等民族构成。在新西兰的全国居民之中，欧洲移民的后裔占67%，毛利人占14.5%，华人则约为2万左右。

新西兰的主要宗教是基督教和天主教，其信徒约占全国总人数的70%以上。

新西兰的通用语为英语，但毛利人依然习惯于讲本民族的语言毛利语。二者均为官方语言。货币为新西兰元。2007年，新西兰人均GDP（国内生产总值）为29698美元，在世界上排第27位。

新西兰目前实行君主立宪政体，以英国女王为自己的国家元首。它是英联邦的成员国之一。新西兰的国庆日是2月6日。

1972年12月22日，新西兰与中国正式建立了大使级外交关系。

（二）国家标志

新西兰的现用国旗启用于1902年6月12日，长宽比例为2∶1。国旗为深蓝色旗面，左上角为英国国旗图案，右侧有四颗镶白边的红色五角星。英国“米字旗”反映新西兰与英国的历史传统关系，表明新西兰曾为英国的殖民地和自治领；蓝色象征湛蓝的海洋和清澈的天空；四颗白边红五角星代表南十字星，表示新西兰位于南太平洋上的地理位置。

新西兰的现用国徽中心图案为盾形，盾面包括五组图案，中间白色竖条上的三艘帆船表示海上贸易对新西兰的重要性以及新西兰人的“移民”特点，左上角四颗五角星代表南十字星，左下角的麦捆代表农业，右上角的金羊毛象征发达的畜牧业，右下角交叉的铁锤象征工业和矿业。顶端为一顶圣爱德华王冠，表明英国国王是新西兰的国家元首。左侧为一名手持国旗的金发欧洲移民女子，右侧则是一个身穿传统民族服装、紧握长矛的土著毛利人勇士。底部装饰着两片绿色蕨类植物叶片，白色绶带上用英文书写着国名“新西兰”。

新西兰的现用国歌是《上帝保佑新西兰》，启用于1977年。

新西兰的国花和国树分别是银蕨与四翅槐。它们是新西兰人最为偏爱的植物，并被他们视做国家的象征。

新西兰的国鸟是几维鸟。小小的几维鸟被新西兰人看做民族的化身，因而“晋升”为国鸟。

（三）社交礼仪

在新西兰社会中，欧洲移民的后裔，其中特别是英国移民的后裔，不仅占了人口的绝大多数，而且其待人接物的具体做法也居于主导地位。所以，新西兰的主流社会的交际礼仪具有鲜明的欧洲特色，尤其是英国特色。

与外人相见时，新西兰人所行的见面礼主要有下列三种。

其一，握手礼。这是新西兰人所用最多的见面礼节。不过与新西兰妇女握手时，必须由其首先伸出手来。

其二，鞠躬礼。新西兰人在向尊长行礼时，有时会采用此礼。他们行鞠躬礼的做法十分独特，与中国人鞠躬时低头弯腰所不同的，新西兰人鞠躬时是抬着头，挺着胸的。

其三，注目礼。路遇他人，包括不相识者时，新西兰人往往会向对方行注目礼。即面含微笑目视对方，同时问候对方："你好！"

新西兰的土著毛利人属于棕色人种。他们在欢迎来访者时，往往会采用自己的传统礼节。其中闻名遐迩的，就是世人所称的"碰鼻礼"。

"碰鼻礼"在毛利语里叫做"洪吉"。它的具体做法是：在迎接客人时，主人要与对方彼此用鼻子尖，互相碰上两三次。按照毛利人的说法，双方碰鼻子的时间越长，就说明客人所受的礼遇越高。为了让孩子鼻子长得高大一些，以方便行礼，毛利人的母亲常常用双膝夹孩子的鼻子。

在欢迎贵宾时，毛利人通常还会列队举行一定的仪式。在这种欢迎仪式上，毛利人除了载歌载舞之外，往往还会有意对客人们吐舌头，瞪眼睛，扮鬼脸。据说，这些做法既是为了驱邪免灾，也是为了验证一下客人有无相交的诚意。

新西兰人在人际交往中奉行"平等主义"。他们认为，一切人都是生而平等的。在普通的交际场合，新西兰人非常反对讲身份，摆架子。在新西兰，各行各业的人都会对自己的职业引以为荣，并且在彼此之间绝对不分三六九等。称呼新西兰人时，特别要注意：直呼其名常受欢迎，称呼官衔却往往令人侧目。

（四）服饰礼仪

新西兰欧洲移民的后裔，在日常生活里通常以穿着欧洲服装为主。在服饰方面，他们看重质量，讲究庄重，偏爱舒适，强调因场合而异。从总体上看，新西兰人的服装正在日益趋向于简单随便。

外出参加交际应酬时，新西兰妇女不但要身着盛装；而且一定要化妆。在她们看来，参加社交活动时化妆，是一种基本的礼貌修养。

毛利人的服装与欧洲移民的后裔迥然不同。毛利人的服装，一般是他们自己手工用亚麻布编织而成的。平时，他们习惯于身披披肩，腰扎围裙。头上有时还会戴上头篷，或者是花环，其上往往还会插上一些羽毛。

举行庆典、仪式时，毛利人喜欢穿得漂漂亮亮。他们除了身穿色彩鲜艳的服装之外，手里经常还会拿上长矛和剑，以便耀武扬威。

（五）餐饮礼仪

在新西兰，欧洲移民的后裔通常习惯于吃英式的西餐。他们的口味都比较清淡，对动物蛋白和乳制品的需求量很大。牛肉、羊肉、鸡肉、鱼肉都是他们所爱吃的。在用餐时，他们以刀叉取食，但是忌讳吃饭时频频与人交谈。

除了爱吃瘦肉之外，欧洲移民的后裔们还爱喝浓汤，并且对红茶一日不可或缺。受英国习俗的影响，他们也养成了“一日六饮”的习惯，即每天要喝六次茶。它们分别称作早茶、早餐茶、午餐茶、下午茶、晚餐茶和晚茶。每逢循例饮茶时，他们都会按部就班，一丝不苟。

新西兰人中爱喝酒的人不少。不管是威士忌之类的烈性酒，还是啤酒或葡萄酒，新西兰人都非常喜欢。可是，饮酒在新西兰又受到了极为严格的限制。新西兰法律规定：在特许售酒的餐馆里，只准出售葡萄酒。在极少数准许销售烈性酒的餐馆里，顾客惟有购买了一份正餐以后，才有机会买到一杯烈性酒。

毛利人在一般情况下都爱吃一种叫做“夯吉”的食物，它是利用地热蒸熟的牛羊肉和土豆一类的东西。

在招待贵宾的时候，毛利人最高档次的大菜，叫做“烧食烤饭”。它的制作方法是，在地灶之中首先将许多鹅卵石烧红，泼上一瓢冷水后，将分层装有芋头、南瓜、白薯、牛排、猪肉、鸡肉、鱼肉等食物的铁丝筐放入，先盖上湿土，后以稀泥糊严，经数小时后取出，洒上食盐、胡椒之后食用。

（六）习俗禁忌

几维果，即中国人所说的猕猴桃，是新西兰人最爱吃的一种水果，并且是其待客和出口的主要果品。在新西兰人眼里，它是当仁不让的“国果”。

新西兰人喜爱动物。在所有动物之中，最让他们看重的，除了国鸟几维鸟外，还有狗。狗被新西兰人当成了人类的朋友。尤其是忠诚、勇敢的牧羊犬，更为以畜牧业为主的新西兰人帮了大忙，成为其不可缺少的助手。因此，在新西兰民间，一向有“勤奋的牧羊犬创造了新西兰”的说法。若是对新西兰人谈论狗肉如何好吃，如何大补，定然会触怒对方。

受基督教、天主教的影响，新西兰人讨厌“13”、“666”与“星期五”。要是有一天既是13日，又是星期五，那么新西兰人无论干什么事都会提心吊胆。对于在这一天外出赴宴、跳舞、观剧之类的邀请，他们则能推就推。

毛利人信奉原始宗教，相信灵魂不灭，因此对拍照、摄像十分忌讳。在一般情况下，最好不要这么做。

新西兰虽然大都讲英语，但是他们却不喜欢像英国人那样，用“V”字手势去表示胜利。

由于自然条件优越，生活富足，新西兰人大都喜爱户外运动。他们最喜爱的运动项目是赛马和橄榄球，并且常常以此作为交谈的话题。

同新西兰人打交道时，还有下列三条主要的注意事项。

第一，新西兰人做人比较严肃寡言，并且很讲绅士风度。当众闲聊、剔牙、吃东西、喝饮料、嚼口香糖、抓头皮、紧腰带，均被新西兰人看做不文明的行为。

第二，新西兰人奉行所谓“不干涉主义”，即反对干涉他人的个人自由，对于交往对象的政治立场、宗教信仰、职务级别等，他们一律主张不闻不问。对其国内种族问题，以及将新西兰视为澳大利亚的一部分，他们则更为反感。

第三，新西兰人在男女交往方面较为拘谨保守，并且有种种清规戒律。在新西兰，男女同场活动往往遭到禁止。即使是看电影，男女也要分场。男士不准观看女士专场，女士也不准观看男士专场。

另外，在新西兰，根据法律规定，同性恋婚姻是合法的。

主要参考书目

1. 金正昆：外事礼仪概论，北京：中国人民大学出版社，2007

2. 杨黎炜：世界国旗图志，北京：知识出版社，2007

3. 周国宝等：等现代国际礼仪，广州：华南理工大学出版社，2006

4. 传彬等：世界各国国旗国徽，重庆：重庆出版社，2006

5. 钱其琛：世界外交大辞典，北京：世界知识出版社，2005

6. 金正昆：国际礼仪，北京：北京大学出版社，2005

7. 陈红：国际交往实用礼仪，北京：清华大学出版社，2004

8. 文泉：国际商务礼仪，北京：中国商务出版社，2003

9. 朱立安：国际礼仪，广州：南方日报出版社，2001

10. 李天民：现代国际礼仪知识，北京：世界知识出版社，1999

11. 广东省外办礼宾处：外事礼宾实用手册，广州：中山大学出版社，1998

12. 对外经贸部交际司：涉外礼仪ABC，北京：中国人民大学出版社，1997

13. 龚抒：最新世界各国国旗国徽，北京：世界知识出版社，1996

14. 钟敬文：中国礼仪全书，合肥：安徽科技出版社，1995

15. 李柠：国际商务礼仪，北京：中国财政经济出版社，1995

16. 张敏杰：当代国际礼仪指南，长春：长春出版社，1994

17. 佟玉华等：百国（地区）礼俗与食俗，北京：中国商业出版社，1993

18. 谭敏等：国际社交礼仪，北京：中信出版社，1990

19. 耿建华：国际交往礼节趣谈，天津：天津人民出版社，1989

20. 李斌：国际礼仪与交往礼节，北京：世界知识出版社，1989

21. [法] 玛丽·佛朗索瓦·杜兰等：全球化地图，北京：社会科

学文献出版社，2007

22.［日］21世纪研究会：常识的世界地图，沈阳：万卷出版社，2007

23.［美］特里·莫里森等：国际商务礼仪大全，北京：电子工业出版社，2006

24.［加］路易·迪索：礼仪，北京：外语教学与研究出版社，2005

25.［英］克里夫·吉福德：最新不列颠世界地理百科全书，济南：明天出版社，2005

26.［法］柯道夫·克尼格：克尼格礼仪大全，北京：中国商业出版社，2004

27.［美］伊利莎白·波斯特：西方礼仪集萃，北京：三联书店，1991

28.［日］寺西千代子：国际礼仪手册，长春：吉林文史出版社，1988

后 记

进入21世纪以来，在党和政府的正确领导下，中国的改革开放进一步发展，中国的国际地位空前提高，中国人的国际交往越来越多。在此背景下，中国人民学习国际惯例与各国礼仪的积极性空前高涨。2001年中国加入WTO以及2008年举办的北京奥运会和2010年即将举办的上海世博会，则更是进一步激发了广大人民群众学习涉外礼仪的无比热情。

学习涉外礼仪，除了需要掌握国际交往惯例之外，还必须对各国礼仪习俗有所了解。正所谓“礼出于俗，俗化为礼”。二者之间的关系，实际上也是“共性”与“个性”的关系：“共性”寓于“个性”之中，“个性”则又反映着“共性”。在涉外交往中，若是只了解国际交往惯例，而对各国礼仪习俗知之甚少，不仅难于深入理解国际交往惯例，而且还往往会使“入乡随俗”、“客随主便”、“相互尊重”等国际交往的惯例成为空谈。

2007年初，世界知识出版社编辑胡孝文先生多次拜访我，希望我能够编写一本专门介绍世界主要国家礼俗的《国别礼仪金说》，世界知识出版社总编辑沈国放先生对此也给予了高度的关注。在他们的鞭策下，我勉为其难，经过近一年的努力，终于完成了这本《国别礼仪金说》，以供广大读者阅读、参考。

在本书中，被介绍的一共有48个国家。它们有的是我国的友好国家，有的是我国的重要贸易伙伴，有的是我国的周边国家，有的则在国际性、地区性事务中发挥着一定的影响。

对这48个国家的礼仪习俗的介绍，均各自分作基本概况、国家标志、社交礼仪、服饰礼仪、餐饮礼仪、习俗禁忌等六个部分。之所以如此划分，主要是为了便于读者对这些国家的礼仪习俗能有一个较为全面的认识，并且有助于与这些国家的人员进行各种交往。

由于国际交往中各个国家之间的相互影响，以及宗教、民族、语言、文化和历史诸方面的原因，在所介绍的48个国家的礼仪习俗之中，往往会有一些大同小异之处，甚至还有极个别雷同的地方，为了使介绍求全、求准，故不避此类“似曾相识”的情节。

在48个国家的顺序排列上，为系统起见，特分作五章，按亚洲、非洲、美洲、欧洲、大洋洲这一约定俗成的排列方法书写。而在排列具体的国家顺序时，则采取了按其各自国名的汉语拼音字母的先后顺序进行。

自20世纪80年代起，我即从事涉外礼仪的研究与教学。本书的内容，可谓我多年研究与教学成果的一种沉淀。

有道是“十里不同风，百里不同俗，千里不同国”。写作本书之难主要有三：其一，各国礼仪亦有主流与非主流之别，其具体区分有一定困难。其二，各国礼仪自身往往有所变化，并具有其一定的时效性。其三，立场决定观点，对一国礼仪观察角度的不同，往往会得出不同的结论。

为了使本书减少谬误，在其写作过程中，我一方面主要参考权威著作，认真、反复核查多种数据、资讯，另一方面则多次向我国驻外使馆与外国驻华使馆寻求帮助。尽管我为本书不遗余力，其错误之处仍在所难免，在此恳请国内外的专家、学者与广大读者予以指正。

最后，感谢世界知识出版社总编辑沈国放先生为本书作序、本书责任编辑胡孝文先生、张萱女士为本书的出版所付出的辛勤劳动！感谢各界朋友、广大读者对我的鼎力支持！

2008年2月16日

图书在版编目(CIP)数据

国别礼仪金说 / 金正昆著. —北京：世界知识出版社，2008.7

ISBN 978-7-5012-3360-1

Ⅰ.国… Ⅱ.金… Ⅲ.礼仪—世界 Ⅳ.K891.26

中国版本图书馆CIP数据核字（2008）第057612号

责任编辑 胡孝文 张 萱

责任出版 刘 喆

封面设计 凌 人

书　　名 国别礼仪金说

Guobie Liyi Jinshuo

作　　者 金正昆 著

出版发行 世界知识出版社

地址邮编 北京市东城区干面胡同51号（100010）

电　　话 010-65265919（直销） 010-65265923（发行）

网　　址 www.wap1934.com

印　　刷 河北新华印刷一厂

经　　销 新华书店

开本印张 980×680毫米 1/16 19印张 4插页

字　　数 260千字

版次印次 2008年7月第一版 2008年7月第一次印刷

标准书号 ISBN 978-7-5012-3360-1

定　　价 29.80元